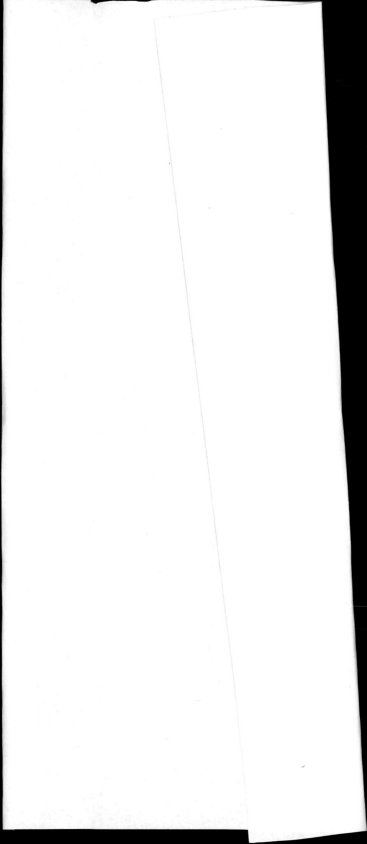

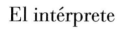

El intérprete

Richard Sennett

El intérprete

Arte, vida, política

Traducción de Jesús Zulaika

EDITORIAL ANAGRAMA

BARCELONA

Título de la edición original:
The Performer. Art, Life, Politics
Allen Lane
Londres, 2024

Ilustración: escenario en Rossendale, Reino Unido. © Paul Green / Unsplash

Primera edición: septiembre 2024

Diseño de la colección: lookatcia.com

© De la traducción, Jesús Zulaika, 2024

© Richard Sennett, 2024

© EDITORIAL ANAGRAMA, S. A. U., 2024
   Pau Claris, 172
   08037 Barcelona

ISBN: 978-84-339-2711-8
Depósito legal: B. 8883-2024

Printed in Spain

Romanyà Valls, S. A.
Verdaguer, 1, 08786 Capellades (Barcelona)

Para QQ

PREFACIO: EN EL ESCENARIO
El autor muestra sus enseres

UN ARTE

«El mundo es un escenario», hace declarar Shakespeare al «melancólico Jaques» en *Como gustéis*. No es una idea original. La idea de que la vida es un teatro se remonta a la antigüedad, cuando el poeta romano Juvenal declaró que «toda Grecia es un escenario y todos los griegos son actores», y más adelante al sociólogo norteamericano Erving Goffman, que creía que la «vida social es un mosaico de actuaciones». Pero el pensamiento en cuestión oculta más de lo que revela.

Cuando empecé a escribir este ensayo sobre la sociedad y las artes escénicas, un grupo de demagogos había llegado a dominar la escena pública. Donald Trump, en Estados Unidos, y Boris Johnson, en Reino Unido, son consumados intérpretes. Las actuaciones malignas de este tipo se inspiran, eso sí, en las mismas fuentes que otras formas de expresión. Las marcas, la iluminación y el vestuario son recursos no verbales que se utilizan en todo tipo de representaciones, al igual que la cadencia de las palabras y los sonidos, y el movimiento expresivo de brazos y pies.

Físicamente, la *performance* constituye un arte: un arte

9

impuro. No deberíamos intentar enderezar la madera torcida mediante la vinculación de las actuaciones a los valores sociales correctos. Tal fue la idea de Rousseau en su texto sobre el teatro en la *Carta a D'Alembert* de mediados del siglo XVIII, y es lo que siempre han hecho los regímenes autoritarios. La pureza en nombre de la virtud es intrínsecamente represiva. Deberíamos desear comprender el arte en toda su impura plenitud. Pero, del mismo modo, deberíamos querer hacer un arte que fuera ético, sin sucumbir a la represión. Un dios antiguo sugiere cómo podría hacerse esto.

PRESIDE JANO

Cuando a alguien se le dice que tiene cara de Jano quiere decir que no es honrado; que la cara que presenta al mundo no es la de la persona que es en realidad. Los romanos no pensaban lo mismo de Jano. Era el dios de las transiciones, de los pasajes, de las posibilidades. El primer día de enero lleva su nombre porque en él se cruza un umbral temporal. Antiguamente se colocaban placas con el rostro de Jano sobre los dinteles de puertas y portales a fin de marcar el paso de la calle al interior de la casa.

Todos los ritos romanos comenzaban con una plegaria a Jano, en la esperanza de que el futuro fuera propicio. Pero no era un dios tranquilizador. Como dios de las transiciones y transformaciones, inauguraba el viaje en el tiempo y el espacio, pero dejaba abierto el destino. Así, los primeros teólogos cristianos pensaban que Jano, a diferencia de Jesucristo, era un dios cruel, porque se negaba a responder a las plegarias de la gente, a decirle cómo iban a resultar las cosas. Lo único que hacía Jano era llamar la atención sobre la

10

nueva página del calendario, sobre el dintel de la puerta. No obstante, tal indeterminación tiene su lado bueno. El arte escénico realizado con el buen espíritu de Jano se centra en el proceso más que en un producto acabado y fijo. Con el tiempo las actuaciones mutan porque no existe una interpretación fija; el buen artista está siempre buscando formas de renovar una obra, de hacerla avanzar, de hacerla de manera diferente. Del mismo modo, un espectáculo abierto pide a los espectadores que participen en el progreso de la expresión en lugar de contemplar pasivamente el viaje de los intérpretes. Deberían participar como críticos, como jueces. Si el arte janusiano es abierto, no carece de forma. A medida que acumula experiencia, el artista aprende los puntos concretos en los que la expresión puede cambiarse y cómo.

No creo que practicar un arte abiertamente, bajo el signo de Jano, vaya a disolver el poder de las actuaciones manipuladoras y malignas. La expresión maligna es demasiado convincente en lo emocional. Pero la creación artística puede contraatacar ofreciendo un modelo de libertad en el que las pretensiones de verdad, de corrección, dejen de regir, y la expresión se convierta en exploración.

UNA FRASE INFAME

Nunca me he creído la célebre declaración de que «el pasado es un país extranjero». ¿Cómo habría sido ser un guerrero africano capturado, esclavizado y enviado a América en el siglo XVII? Por supuesto, no podemos entender todos los detalles de su experiencia, pero negar que podamos relacionarnos con él como ser humano es absurdo; a su vez, no somos tan especiales para que él no fuera capaz de en-

11

contrarnos sentido. Del mismo modo, es pura arrogancia creer que Platón, Maquiavelo o Kant no tienen nada relevante que decirnos porque vivieron –pobre gente– antes de la modernidad.

En todos mis escritos he procurado buscar vínculos que se expanden a través del tiempo y el espacio entre distintas gentes. Las diferencias que existen pueden revelar las posibilidades de vida o de expresión que han decaído o han sido estranguladas por el poder. El pasado critica el presente.

ESTE LIBRO

De ahí surge la historia que se cuenta en estas páginas. El «Libro 1» analiza los poderes inquietantes, ambiguos, peligrosos de la expresión escénica. El «Libro 2» examina dónde tienen lugar las representaciones y, más concretamente, la separación gradual de los escenarios de las calles. El «Libro 3» se centra en cómo, en un momento crucial de la historia, el artista da un paso adelante como persona singular. El «Libro 4» fija la mirada en el espectador, que hoy en día desempeña un papel eclipsado. El «Libro 5» explora cómo podría atenuarse de alguna manera la tristeza mediante formas más dignas de actuación. El «Libro 6» imagina cómo la interpretación podría elevar tanto la política como la vida cotidiana.

YO

Abordo la interpretación desde un punto de vista personal de privilegio, como intérprete. En mi juventud me formé para ser músico profesional, e interpretar música

12

clásica de cámara; luego trabajé como artista sonoro para grupos de danza experimental. Una lesión en la mano y una posterior cirugía fallida acabó con el violonchelo, y perdí la ilusión por hacer arte sonoro. Así que cambié radicalmente, y me dediqué a escribir sobre la sociedad, en particular sobre el trabajo en las ciudades y el diseño de espacios públicos. Pero al labrarme una nueva vida no olvidé del todo la anterior.

En dos ocasiones traté de explorar las relaciones entre el arte y la sociedad sociológicamente: primero, en *El declive del hombre público*, en 1977, y luego en *La conciencia del ojo*, escrito catorce años después. Fueran cuales fueren sus virtudes académicas, estos libros no se escribieron desde el punto de vista del artista. Como intérprete, lo único que siempre he sabido es que el gran peligro es reducir el arte escénico a una simple manifestación, una representación de la sociedad. Los problemas éticos de la interpretación son más profundos, están dentro del arte.

La «interpretación» abarca un enorme abanico de actuaciones. Desearía que mis experiencias en el campo de la creación artística fueran más amplias. Si exceptuamos mi experiencia en la música clásica occidental, soy un bisoño musical. Pero he intentado subsanar esta carencia explorando cómo el arte elevado podría hablarle a la vida cotidiana. Por razones biográficas que también se revelarán, tengo poca experiencia en la interpretación: una limitación más que he tratado de contrarrestar centrándome en los aspectos corporales del teatro que se comparten con nosotros, los músicos y los bailarines, que no hablamos en el escenario.

Si vivo lo bastante escribiré tres ensayos sobre la presencia del arte en el interior de la sociedad: uno sobre la interpretación, otro sobre la narración y un tercero sobre la imagen. A mi juicio, estos tres aspectos abarcan toda la gama

13

de expresiones del ser humano; constituyen nuestro ADN expresivo. Son, por supuesto, expresiones distintas: leer una historia no es en absoluto lo mismo que verla representada en un escenario, ni verla en forma de película. Aun así, la conexión ética es más fuerte que el medio: las tres pueden tanto dañar como inspirar.

Debería explicar la frase del epígrafe de arriba: «Si vivo lo bastante». Tengo casi ochenta años; la parca puede visitarme en cualquier momento, así que escribo los tres ensayos como textos autónomos, y cruzo los dedos.

RECORDAR Y PENSAR

El consejo que se suele dar a los autores jóvenes es que escriban de lo que conocen. Es un mal consejo. Cuando se es joven hay que dar rienda suelta a la imaginación. Pero, para los autores de más edad, el consejo es bueno; ahora urge dar sentido a lo vivido. Recordar, sin embargo, puede ser peligroso. En un café, sentado en silencio con un cigarrillo prohibido en la mano –el placer a los ochenta años es, con razón, más importante que la salud–, uno se pierde fácilmente en sus cavilaciones. Estos recuerdos podrán resultar aburridos o irrelevantes para los demás. Hay que preguntarse si algo de lo que te sucedió en el pasado puede importarle a la gente cuya vida difiere de la tuya. Hay que disciplinar el recuerdo.

PRESENCIA DE LA CIUDAD

Existe una afinidad especial entre el arte y la ciudad. «Las artes son el resultado del hacinamiento», declaró en

14

cierta ocasión el crítico William Empson, en el sentido de que los lugares densos estimulan a la gente, que, comparando y compitiendo, ven nuevas formas de hacer cosas. Estos estímulos creativos no se dan si los «creativos» están aislados, o confinados en una localidad o en un campus de personas con ideas afines. *Ville* y *cité* son términos franceses que designan dos aspectos de la vida urbana. La *ville* es el lugar físico en el mapa, sus edificios y espacios; la *cité* designa los comportamientos y creencias de las gentes que habitan el entorno físico. Ambos aspectos no encajan perfectamente. Por ejemplo, culturas diferentes habitan los mismos tipos de vivienda de forma diferente. Por el contrario, un buen diseño puede cuestionar los modos de vida normalizados. Las ciudades no funcionan como máquinas bien engrasadas, en gran medida porque existe fricción entre *ville* y *cité*.

Aplicado al arte escénico, el escenario es un edificio físico, y la calle, una alineación física de espacios en torno. La *ville* material de la representación consiste también en atuendos, máscaras y maquillajes, decorados pintados, la iluminación de los teatros, la tecnología de los estudios de grabación. La *cité* del arte, por el contrario, consiste en los significados de un texto, los esfuerzos del artista para interpretarlo y las necesidades, deseos y valores que el público aporta a la representación. Una vez más existe tensión entre la *ville* del arte y su *cité*, entre su materialidad y sus significados. Y tal tensión conforma la experiencia de una representación, al crear su originalidad y su complejidad.

Debo confesar sin dilación que no he intentado encajar este libro en el floreciente campo académico de los «estudios interpretativos». He querido pensar las cosas por mí mismo. Sin duda, el resultado no ha sido otro que el equivalente académico de reinventar la rueda. Sin embargo, confío en captar al lector, que seguramente tampoco sea un especialista académico.

Tengo una especial deuda de gratitud con el difunto Patrick O'Connor, cuya pasión por los *music halls*, las divas latinoamericanas desvaídas y la cantante Josephine Baker me descubrió placeres desconocidos por la Juilliard School of Music. A los músicos Richard y Marcia Goode les debo décadas de discusión, con idéntica pasión, sobre cocina y el sentido del arte. Estoy agradecido a Ian Bostridge, que me ha dado ejemplo acerca de cómo escribir sobre música de modo informal y evocador. Pero sobre todo quiero dar las gracias al pianista y poeta Alfred Brendel, mi amigo desde hace cincuenta años.

Dos personas me abrieron a las interpretaciones fuera de mi zona de confort. En los años setenta, Robert Gottlieb me arrastró a ver el New York Ballet, por aquel entonces la mejor compañía de danza del mundo, que él conocía y yo no. John Guare me llevó del mismo modo a obras de teatro para las que yo era aún demasiado esnob y estrecho de miras para asistir por mi cuenta.

Este volumen se une a obras sobre interpretación de músicos amigos que escriben: George Lewis, Georgina Born y Alex Ross. Estoy en deuda asimismo con las ideas de autores que no conozco, en particular el sociólogo Jeffrey Alexander, el musicólogo Richard Taruskin y la filósofa Judith Butler.

He aprendido de las charlas con amigos más jóvenes: John Bingham-Hall y Gascia Ouzounian, mis socios en el proyecto Theatrum Mundi; la bailarina Adesola Akinleye, que me infundió valor para volver a actuar (aunque fuera mal); y Daniel Jütte, lector de lo más erudito y atento. En este desfile de juventud, y para mí de mayor importancia personal, está Andrew Barratt, que ha leído este ensayo con cautela, palabra por palabra, y que me ha centrado en lo que está ocurriendo más que en lo que ya ocurrió. Por último, quiero agradecer a mi exigente pero amable editor Stuart Proffitt y a mi agente y enfermera psiquiátrica a la vez Cullen Stanley. Emily Villareal y Niki Puskas cumplieron con dedicación su papel de investigación. La correctora Bela Cunha ha mejorado lo que le llegó como un texto desordenado y mal organizado.

Este libro ha recibido una subvención de la Fundación Leverhulme.

INTRODUCCIÓN: ARTE Y VIDA
EN EL VERANO DE 1963
Soy demasiado joven para entender tres tensiones
entre el arte y la vida

I. EL ARTE AL SERVICIO DEL PODER

Sylvia, la prima de mi padre, y yo estamos en el cine
Thalia de Nueva York a comienzos del verano de 1963. Ella
es una exiliada por partida doble: de adolescente, primero
fue de Odesa a Múnich durante las purgas de Stalin en 1936,
y luego de Múnich a Nueva York durante las purgas de
Hitler en 1938. En su madurez, Sylvia se ha labrado una
carrera como marionetista en Nueva York, actuando ocasionalmente como sustituta de Ollie (un dragón) en el programa de televisión *Kukla, Fran and Ollie*. Lo más habitual es
que actúe en espectáculos de marionetas en colegios donde
su acento extranjero, aún muy marcado, les resulta agradable a los niños.

El cine Thalia era una sala de arte y ensayo especializada
en películas extranjeras de escaso valor comercial. En los
años sesenta del siglo xx surgieron pequeñas salas de este
tipo por toda la ciudad, en barrios donde se reunían artistas,
extranjeros y estudiantes universitarios; la calle 95 con
Broadway situaba a la sala Thalia directamente en esa comunidad políglota del Upper West Side de Manhattan. El

19

Thalia estaba en el sótano de un edificio que arriba albergaba un teatro más popular. Era un edificio extraño, en forma de barco ladeado por una ola y con las butacas a un nivel más bajo que la pantalla. Como a menudo enlazaba películas de un director, los espectadores asiduos pasaban horas allí, de forma que el barco del arte, con escasa ventilación, olía fuertemente a sudor.

A petición de Sylvia, asistimos a una retrospectiva de filmes de Leni Riefenstahl, que ella vio con suma atención, pero en silencio. Aunque dicharachera cuando tenía la mano dentro de una marioneta y se dejaba llevar por la diversión, fuera del escenario era dada a declaraciones breves, délficas (y eso en caso de decir algo), tal vez debido a su inglés confuso, o a sus recuerdos.

El filme de Riefenstahl *El triunfo de la voluntad*, que celebra la visita de Hitler a Núremberg en 1934, conecta el arte y la vida sin palabras. Su banda sonora es brillante. En el comienzo del filme oímos el ruido de un avión mientras vemos el cielo; el Führer está oculto en las nubes, pero el ruido nos dice que está allí, a punto de descender a la ciudad. El murmullo mezclado de los sonidos de la calle señala, abajo, el habitual revoltijo urbano de actividades y gentes. Suena la canción nazi de Horst Wessel, pero amortiguada por el zumbido de las hélices del avión. Luego, el silencio. Pronto aparece la caravana automóvil; está llegando. Ahora se oyen gritos organizados: «*Heil Hitler*!». Riefenstahl filma el desfile a cámara lenta, como un despliegue gradual. Cuando el Führer sube al podio, todo se acelera; su discurso es una explosión súbita, que se intensifica y aviva.

Así, un teatro no verbal da vida a su carisma. Ciertamente, los momentos más débiles de *El triunfo de la voluntad* tienen lugar cuando Hitler habla de verdad, escupiendo clichés que para entonces los espectadores conocen prácticamente de memoria. Riefenstahl compensa este fallo fijando la cámara en sus expresiones faciales, en los gestos de sus brazos, en sus movimientos en el podio. Leni Reifenstahl hace físico y visceral el dominio del demagogo sobre el pueblo. En este poder sin palabras no hay nada burdo. La película hace, por ejemplo, un uso astuto de *Los maestros cantores*, de Wagner. El compositor creó en Beckmesser un personaje judío arquetípicamente inquietante. En el acto II, escena 6, el poder de Beckmesser se pone a prueba y luego es derrotado, en una de las músicas más tensas y enrevesadas que Wagner compuso jamás. Lo que sigue, el «Coro del despertar», al principio del acto III, es por el contrario apacible, y muchos de los gestos armónicos no resueltos se suavizan de pronto. *El triunfo de la voluntad* se apropia del «Coro del despertar» para acompañar las imágenes de Núremberg amaneciendo en paz la mañana después de la visita de Hitler. Un momento sublime en la ópera marca el poder de Hitler sobre una ciudad; resulta convincente incluso para mí, que soy judío.

Nos quedamos a ver la película siguiente del festival, *Olympiad*, sobre los Juegos Olímpicos de Berlín de 1936, y que yo acabo de volver a ver, aún más impresionado por el talento artístico de la autora. Aquí, Riefenstahl muestra campeones de natación «zambulléndose en la limpieza», como escribió con inocencia Rupert Brooke sobre la natación unos años antes. Repetidos una y otra vez, con los vítores y el silencio mezclados en cada repetición (hay cortes del filme en los que el sonido se apaga en cada salto del trampolín, como si estuviéramos conteniendo la respiración), la desnudez de los nadadores se convierte en un símbolo del idealizado cuerpo rubio de los arios.

Los cuerpos desnudos han hecho una labor política

21

desde la antigüedad, al representar la fuerza virtuosa. La desnudez, en el contexto nazi, simbolizaba la pureza del cuerpo, como en los torsos heroicos del escultor nazi Arno Breker. La lógica del desprecio racial se desprende de esta imagen del ideal corporal ario. El supuesto cuerpo judío se compone de carne flácida y piel velluda. Pero las estatuas de Breker son basura, y, de hecho, la mayoría del arte político no es más que cliché, mensaje transmitido como un mazazo: la tosquedad lo hace accesible. Sin embargo, el arte de Riefenstahl es de todo menos tosco; el arte elevado se pone al servicio del Estado nazi.

Sin palabras, el arte elevado, por supuesto, no explica la política. La cineasta explotó daños y confusiones en sus espectadores, cuyas raíces estaban en otro lugar: la pérdida de una guerra anterior, la gran inflación de los años veinte, la corrupción endémica del Estado... Pero el teatro transformó luego estos hechos a fin de que el fascismo hechizara a los ciudadanos de un modo difícil de desafiar, porque trascendía las palabras. Los traumas se convirtieron en experiencias que no admitían discusión.

Sylvia jamás perdió el miedo que le impelía a tener una maleta preparada, por si acaso tuviera que salir sin apenas aviso previo. Sin embargo, en Thalia estaba viendo el poder de una compañera intérprete; se inclinaba hacia la pantalla, hipnotizada por Leni Riefenstahl. Debería haber debatido este encantamiento maligno con Sylvia, pero no lo hice. Cuando somos jóvenes, evitamos por instinto los temas que no podemos entender, y no es una época de la vida en la que se desee saber de pérdidas irremediables e indelebles.

Yo estaba, en cambio, sumido en un problema que creía, harto equivocadamente, diferente.

II. LA DIGNIDAD DEL ARTE

En 1963 viajé a Nueva York para consolidar mi carrera musical. Dos años atrás me había matriculado en la Universidad de Chicago con una beca. Había pensado utilizar la universidad como una especie de hotel con conferencias servidas después del desayuno, pero el trabajo académico era mucho más exigente de lo que yo, a mis diecisiete años, había imaginado –sobre todo en la Universidad de Chicago, entonces un bastión de rigor intelectual–. Además empezaba a conseguir conciertos con un cuarteto de músicos algo mayores que yo, y me resultaba imposible encajar estos viajes en mi horario de clases. Frank Miller, mi mentor en la Sinfónica de Chicago, me sugirió que me fuera a Nueva York y me dedicara por completo a la música en la Juilliard School.

El conservatorio se encontraba entonces en el extremo occidental de Harlem. Talleres de chapa y pintura, aparcamientos y almacenes se alineaban en unas calles normalmente vacías de gente. Sin embargo, el edificio Juilliard, una enorme fortaleza de ladrillo y piedra, encerraba a músicos y bailarines como si el peligro los acechara fuera. Los conservatorios de la época gozaban de muy buena fama. Funcionaban como invernaderos cuyos maestros jardineros alimentaban, podaban y desherbaban las jóvenes plantas musicales. En la escuela Juilliard no estudiaban muchos negros ni muchas mujeres. Y no era en absoluto un conservatorio contracultural. Dudo mucho que nuestros profesores pudieran identificar el olor de la marihuana, que en ningún caso se dejaba notar por los pasillos. Al igual que el conservatorio encarnaba la ortodoxia cultural, lo hacíamos también nosotros: niños autodisciplinados que practicaban de cuatro a seis horas al día, en su mayoría obedientes a sus maestros.

23

Tal aislamiento amainó durante un tiempo a finales de la primavera de 1963, cuando una manifestación por los derechos civiles que recorría Broadway atrajo a los estudiantes fuera del edificio para observar y escuchar. Los manifestantes habían contratado los servicios de una banda de blues de Nueva Orleans, pero, aunque muchos alumnos de Juilliard se mostraban solidarios con los postulados políticos de los participantes de la marcha, a violonchelistas, arpistas o percusionistas de atabales les habría sido físicamente imposible unirse a ellos. Pocos músicos del interior de la fortaleza conocían las melodías, y tampoco el fraseo correcto de los primeros compases del Quinteto para violonchelo de Schubert parecía poder ofrecer reflexión alguna sobre la lucha por la justicia racial.

Dejando a un lado la política, la atmósfera de invernadero de Juilliard provocó entre un buen número de alumnos el temor de que la música clásica –cambiando de metáfora– fuera un arte de museo en el que el intérprete operaba como un conservador, renovando y poniendo al día a Schubert en la forma de interpretación, como se limpian y restauran las pinturas en un museo. En parte, nuestro miedo a resultar irrelevantes en nuestro propio tiempo reflejaba el cambio en el peso otorgado en la década de los sesenta al arte popular en detrimento del arte clásico. Bob Dylan era un músico que inspiraba infinito más entusiasmo que el académico y hoy justamente olvidado compositor Easley Blackwood. Nos preocupaba ser estetas, pero nuestros profesores, al estar aislados, vivieron una experiencia muy distinta.

La mayoría de los músicos que estudiaban en Juilliard o en la Mannes School of Music vivían en enormes apartamentos del Upper West Side que habían dejado vacantes familias que se habían mudado a zonas residenciales de las afueras de la urbe. Estos edificios eran y son particularmente atractivos para los músicos, porque sus suelos de grueso hormigón y sólidas pareces de enlucido hacían posibles los ensayos a altas horas de la noche sin demasiadas protestas de los vecinos. Muchos de nuestros profesores vivían también en esos apartamentos. En la vivienda de estos profesores solía haber un cenicero del café de Múnich de donde los nazis los habían expulsado, o una preciada edición temprana de los poemas de Novalis que el refugiado había logrado meter en su equipaje.

El padre de Sylvia, tras huir de Europa, fue a parar a Chicago, donde, en lugar de dormir, revivía sus sesiones de tortura noche tras noche. Pero los músicos en el exilio, si bien angustiados, no estaban destrozados: la música los mantenía en pie. El arte practicado por sí mismo es una idea pasada de moda en las aulas de hoy. Evoca, evidentemente, a estetas y *connaisseurs* paladeando raros bocetos en bibliotecas de paredes paneladas. Tal esnobismo proviene, en el lenguaje de las propias aulas de estudios culturales, de una «posición privilegiada». En cambio, el hecho de creer en el arte por sí mismo mantuvo cuerdos a nuestros maestros perseguidos. Lo cual significaba la preservación no solo de la música compuesta por músicos judíos como Mendelssohn y Mahler, sino también del amplio espectro de expresión humanística en la literatura, pintura y teatro proscritos por el régimen nazi. «Conservatorio», para los exiliados, significaba «conservar», y para ellos la palabra «esteta» designaba la fe en el arte que les infundía fuerza.

Como habría de aprender aquel año, el arte practicado por sí mismo sostenía a los artistas de Harlem para quienes el exilio era un desplazamiento más social que político.

En la efervescencia de la lucha por los derechos civiles, Juilliard hizo un gesto al vecindario: abrió una de sus salas de ensayos para uso de la comunidad. Los músicos de Harlem respondieron de forma positiva, porque en esa sala había una buena batería, pieza cara y sorprendentemente delicada. Pronto siguió una confraternización de tazas de café. Resultó que quienes habían participado en la marcha mostraron sentimientos encontrados respecto a interpretar melodías de Nueva Orleans para atraer a las multitudes. «Música Sambo», la llamaban, pensando en el jazz fácil de escuchar de Nueva Orleans como algo comercializado y colonizado para turistas blancos. La pasión artística de los músicos de la marcha era el «bebop de la segunda etapa», una música compleja e innovadora.

Puede escucharse cómo suena esta música en un álbum grabado por Ornette Coleman en 1960 y titulado *Free Jazz: A Collective Improvisation*. Hay un cuarteto doble de instrumentos, ordenados estereofónicamente para que los músicos toquen tanto unos contra otros como de forma conjunta; los ritmos son combinaciones complejas como 5/8 pulsando a diferentes velocidades en los dos cuartetos. El material melódico es más escaso que el del bebop barroco de la primera etapa de Charlie Parker, que trabajó una generación antes que Coleman; las disonancias armónicas ahora se escriben, aunque esto se anuncie como «free jazz», para asegurarse de que los tonos principales (las notas que podría parecer que llevan a una armonía de resolución) se dejan colgando. *Free Jazz* es muy largo, pero no tiene principios, ni intermedios ni finales. Es puro proceso.[1]

Unos amigos y yo fuimos a escuchar a intérpretes de free jazz a un club de la calle 125. Los músicos no estaban a la altura de Coleman, pero eran realmente buenos, y no muy alejados de piezas que nos seducían como *Le Marteau sans maître* de Pierre Boulez. Lo que resultaba sorprendente era su relación con la comunidad de Harlem.

Los grandes clubes de jazz de la calle 125, como el Apollo, complacían a los turistas, en especial a los franceses, encantados de viajar –en autobús, no a pie– desde el centro de la ciudad hasta el gueto de la parte alta. La música en estos locales era del tipo hot jazz, swing de big band fácil de escuchar, grabado y distribuido para consumo internacional. Los músicos que escuchábamos tocaban en una sala deslucida y sin demasiadas mesas ocupadas. Actuaban a lo largo de una pared, y el espacio libre hacía las veces de escenario elevado. La música era, sin duda, difícil, pero en cualquier caso no impresionaba demasiado a los clientes, que eran más vecinos de la urbe que turistas franceses. Utilizaban el local como un club social, charlaban, fumaban y bebían, con el arte como telón de fondo.

En aquel momento no establecí ningún tipo de relación entre los músicos posbebop y nuestros maestros centroeu ropeos. Hoy veo que los músicos de jazz experimentaron una escisión entre el arte y la sociedad distinta y no tan distinta de la de los músicos de música clásica.

No tan distinta porque, en contraste con los maestros exiliados, los intérpretes posbebop padecían más de indiferencia que de hostigamiento. Los músicos de jazz estaban dispuestos a tocar «música Sambo» por el bien de la causa, pero su arte no significaba mucho para la comunidad. Los músicos del cuarteto habían nacido en Harlem –sus padres habían emigrado tiempo atrás desde el Sur Profundo–, y conocían todos los rincones del barrio como solo los conocen los niños que han crecido allí. Como artistas, sin embargo, padecían una especie de exilio interno. Los propietarios de los clubes los rechazaban por no tocar música «accesible».

El cordón de salvamento que daba acceso a Juilliard desapareció poco después, cuando nuestro conservatorio abandonó Harlem para convertirse en parte del centro cultural que es hoy el Lincoln Center for the Performing Arts, a cinco kilómetros del centro de la ciudad. Aun así, los músicos persistieron, como descubriría años más tarde cuando me encontré con el bajista en Patelson's, una tienda de partituras situada detrás del Carnegie Hall que funcionó como plaza pública para todos los músicos neoyorquinos hasta que fue derribada para la construcción de bloques de apartamentos de lujo. Carl, igual que la cantante Alberta Hunter, trabajaba en un hospital. Ella pasaría décadas ejerciendo de enfermera, y él, de portero. Como ella, Carl continuó haciendo música después de su jornada de trabajo.

Resulta demasiado fácil idealizar el genio desatendido. Ni a los exiliados ni a los exiliados internos les habría hecho felices considerarse meras víctimas. En cambio, Alberta Hunter y Carl llevaron vidas tranquilas, como la mayoría de nuestros profesores, que no eran estrellas pero que perseveraron porque en la práctica artística obtenían la gratificación de la autoestima y el sentido. La pregunta que me ha rondado la cabeza es qué fue lo que los mantuvo, porque los artistas intérpretes necesitan al público y, por encima de todo, el contacto directo con él. No podemos trabajar aislados, como los escritores.

Este sustento interior se ha vuelto especialmente desconcertante porque en la escena cultural hay cada día menos espacio para estetas como Carl. En los últimos cincuenta años, los «pequeños conciertos» han ido desapareciendo poco a poco en Nueva York. El público quiere saber quién toca antes que qué toca. Si no reconoce el nombre, no asiste al concierto. La economía del espectáculo se funde con un culto a la personalidad más generalizado socialmente, encarnado por Facebook y otras formas de autopublicidad en línea. Por el contrario, lo único que vi entonces fue que

Carl, como mis profesores de Juilliard, se había mantenido de algún modo gracias a la interpretación –incluso si tal arte no era el deseado.

III. CAMINOS DIVIDIDOS

En el otoño de 1963 ya hacía incursiones al centro de la ciudad, a la floreciente escena de danza y musical experimental ubicada en el Judson Memorial Church de Washington Square, en pleno Greenwich Village. Los coreógrafos de la Judson querían bailar al ritmo de sonidos urbanos. En otoño me pidieron que sustituyera durante tres meses a una integrante del grupo que estaba embarazada en la grabación de esos sonidos; grabamos sirenas ululantes, bocinazos de atascos, lluvia, el zumbido de una central eléctrica. En la zona alta de la ciudad yo había sido un fanfarrón arrogante; en el centro recibía órdenes de coreógrafos y me pasé la mayor parte de los tres meses empalmando y pegando las cintas.

Evocar este esfuerzo no planteaba exigencias a la condenada fragilidad de mi memoria, ya que la escena del centro ha pasado de la oscuridad en la que vivíamos entonces a una categoría icónica, custodiada y archivada, celebrada en instituciones oficiales tales como el Museo de Arte Moderno de Nueva York. Pero, aunque el museo la ha convertido en un emblema de la vanguardia, algo se ha perdido: nuestra reiterada frustración al tratar de tender un puente entre el arte elevado y la vida cotidiana.

Washington Square poseía el esqueleto urbano adecuado para el mito bohemio. Los jóvenes que tocaban la guitarra haraganeaban alrededor de su fuente circular central; los borrachos y drogadictos dormían en los bancos del som-

29

breado lado norte, en el parque de cuarenta mil metros cuadrados, donde los ancianos se quedaban en los bancos desprotegidos del lado oeste cotilleando desde el amanecer hasta el crepúsculo. La escena constituía una invitación permanente para los turistas, que la aceptaban de buen grado —los franceses, de nuevo, tal vez llegados en los mismos autobuses que los habían llevado al hot jazz de la calle 125.

En el lado sur se alzaba la iglesia Judson, una copia arquitectónica de las iglesias de los pueblos pequeños de los que procedía la mayoría de los feligreses italianos, pero esta no era católica. De hecho, en 1957, cuando nombraron pastor a Howard Moody, una de las voces adalides del movimiento de los derechos civiles, la iglesia pasó a ser esencialmente aconfesional. El compromiso de Judson con las artes comenzó cinco años más tarde, cuando Al Carmines se unió a Moody. Sacerdote de imponente educación, Carmines era también compositor y letrista. De 1962 a 1964, el Judson Dance Theater ensayó en las salas de vestuario y de confraternidad juvenil de Judson, actuó en el sótano de la iglesia y, en alguna ocasión, salió al exterior para ocupar el espacio de alrededor de la fuente de Washington Square.

Los coreógrafos se dirigían más a la gente de edad usuaria de los bancos del parque que a los jovencitos que tocaban la guitarra o a los drogadictos de la plaza; blancos y viejos, los italianos y los polacos eran visiblemente de clase obrera y, por tanto, «el pueblo». Moody, figura popular entre ellos, aseguraba a la comunidad que nuestro esfuerzo era «de servicio» a la iglesia. Lo ayudaba el hecho de que trabajábamos duro y no pretendíamos parecer artísticos, a diferencia de los chicos del parque, que desempeñaban el papel de Juventud Liberada con sus camisetas teñidas multicolores y sus blusas transparentes. Carmines urgía a los bailarines a considerarse actores políticos: «Estáis bailando», afirmaba, «en

30

el mismo sitio donde Howard Moody organiza protestas contra la injusticia racial. Ambos son el mismo proyecto».

El arte elevado y la vida cotidiana estaban «desconectados» en dos sentidos, uno físico y el otro espiritual. Los bailarines buscaban establecer un vínculo físico incorporando a la danza movimientos naturales no aprendidos como caminar o tropezar. Yvonne Rainer, en su adiestramiento a los ancianos, utilizaba secuencias de pasos que podían dominarse en poco tiempo. Rainer detestaba ese tipo de teatro de Broadway en el que la estrella hipnotiza a un público adorador y sumiso. Instada por Yvonne, Trisha Brown intentó hacer lo que ella llamaba «danza democrática». Elaboró una técnica en la que el cuerpo en movimiento sigue el modo de menor resistencia al saltar (nada de difíciles saltos asombrosos), dando la vuelta despacio en lugar de girar rápidamente, o cayendo de verdad en lugar de derrumbarse con gracia.

El impulso de mezclar el arte elevado y la vida cotidiana no era exclusivo de los bailarines de Judson, o de la danza. En la música, la mezcla de lo elevado y lo cotidiano se remonta a los orígenes mismos del arte. El matiz político de esta conexión es moderna. Por ejemplo, Béla Bartók recopiló, grabó e incorporó a sus composiciones música folklórica de Hungría y Rumanía. En 1904 escribió a su mujer: «Otro factor completamente diferente hace que la música contemporánea [del siglo XX] sea realista: que, medio consciente, medio intencionadamente, busca impresiones de esa gran realidad del arte folklórico, que lo abarca todo».[2] Este realismo en el sonido servía de reproche político: cómo suena la gente corriente es, según afirmaba él mismo en otro lugar, un sonido «sano» y fustiga la música decadente, retorcida y burguesa que, a su juicio, provenía de Viena.

Los bailarines de Judson mostraban la dificultad de establecer la conexión cargada de política entre el trabajo elevado y el popular. Sin embargo, Trisha Brown, defensora de la «danza democrática», al creer que incluso los ancianos del parque podían ejecutar sus movimientos, hizo imposible la conexión. Utilizando la ciudad como escenario, situó a los bailarines en lo alto de distintos edificios de viviendas, donde actuaban unos con otros enviando algo parecido a señales de humo corporales a través de los tejados: cuando yo me inclino hacia delante, tú te arqueas hacia atrás. Estos movimientos de baile no se parecían en nada a la manera en que se entretenían los encargados de las reparaciones o hacían ejercicio los inquilinos. Los bailes a veces tenían lugar al borde del tejado, algo que solo un bailarín experimentado podía acometer sin sucumbir a un vértigo catastrófico. Así, también, el esfuerzo inicial de Brown para crear movimientos que cualquiera pudiera realizar se materializó en experimentos que desorientaban incluso a los cuerpos entrenados profesionalmente. Por ejemplo, proveyó a los bailarines de arneses a fin de que pudieran trepar por las paredes a bailar, con las piernas libres de gravedad pero privadas de la seguridad de un apoyo en suelo firme. Más que expresar el movimiento cotidiano, tal experimento exploró hasta qué punto podía subvertirse. Su problema de relación con el público radicaba en la propia audacia de su arte. Y ahí sigue.

Un acontecimiento de 2020 me hizo volver a pensar en la complicada relación entre el arte inclusivo y la innovación artística. Tuve el privilegio de participar en un jurado que premió al escritor keniano Ngũgĩ wa Thiong'o por toda una vida de trabajo.* En 1977 fundó un teatro para derribar las barreras entre el intérprete y el público, para «desmitificar el escenario» a través de obras escritas en kikuyu, logrando

---

* El Premio Internacional Catalunya, concedido cada año por el Govern de Catalunya.

una conexión más directa con el público keniano que con obras escritas en inglés. Mientras me traducía el guión de *Ngaahika Ndeenda*, el traductor me iba explicando que algunas palabras o frases eran derivaciones radicales en kikuyu, y debían, por tanto, ser difíciles de seguir. Desde entonces, el arte de Ngũgĩ se ha vuelto cada vez más experimental y, por ende, más desafiante para las audiencias. Sin embargo, Ngũgĩ era y sigue siendo un artista comprometido socialmente; no ha renunciado a incluir a su público.

Al recordar mi estancia en Judson, lo que hoy me parece admirable es la escasa voluntad de los bailarines de renunciar al riesgo en aras de la inclusión, de negarse a sacrificar la dificultad en aras de la «accesibilidad», esa versión represiva, burócrata y mediática del arte y la vida cotidiana. Los bailarines de Judson, como Carl o Alberta Hunter, tuvieron el coraje de practicar el arte por el arte. Yo diría que al final esa integridad honra más a la audiencia que a la «accesibilidad», que en realidad es un apodo de la condescendencia: «No lo entenderían». Más que algo que haya salido mal, la tensión entre el arte y la vida cotidiana hace que la experiencia, a la postre, sea más desafiante, más profunda, tanto para el creador como para las audiencias. Por tanto, deberíamos desear mantener la dificultad abierta, en lugar de cerrarla fomentando un arte de consumo fácil, «amable».

Al mirar hoy hacia atrás, veo que Judson me ofreció el primer atisbo de una tensión afín más espiritual que sociológica. En el sótano de Judson se hacía arte. Arriba, en la capilla, los bautizos daban la bienvenida a las vidas nuevas, se intercambiaban votos matrimoniales, se conmemoraba a los muertos. Trepar por las paredes no parecía tener nada que ver con estos rituales. Los rituales rara vez son actos que la gente se inventa de la nada. Mientras que en el arte la originalidad del artista es importante, en los rituales no lo es tanto. Entonces, ¿qué relación existe entre estos dos dominios del espectáculo? Veinte años después, la cuestión se ha revelado urgente dentro de una gran crisis para los homosexuales de mi generación.

Libro 1
Actuaciones problemáticas

1. LA ACTUACIÓN Y EL RITUAL COEXISTEN CON INCOMODIDAD
La actuación frente la muerte

I. EN UN PABELLÓN DE SIDA

A principios de la década de 1980, el hospital St Vincent de Greenwich Village albergaba uno de los pocos grandes pabellones de sida de la ciudad. No muchos hospitales se dotaron del equipo necesario para tratar esta enfermedad –al menos a mayor escala–. Si tenían que admitir a algún paciente, la mayoría de las veces lo ingresaban en Aislamiento. El St Vincent, por el contrario, disponía de una sala abierta para enfermos de sida en la que familiares, amantes y amigos podían entrar y salir libremente sin necesidad de utilizar una puerta especial o ponerse guantes quirúrgicos, como se exigía en otros hospitales. Esto resultaba harto sorprendente habida cuenta de que el St Vincent era un hospital católico, y la jerarquía de la Iglesia católica de Nueva York consideraba la homosexualidad un pecado venial, casi mortal. Las hermanas del pabellón, sin embargo, charlaban con naturalidad con sus pacientes mientras se ocupaban de su limpieza. Engatusaban a los hombres para que comieran aunque quedara poca comida, cotilleando con las visitas entregadas a inútiles y largas vigilias nocturnas. Yo conocía muy bien el lugar, porque muchos amigos iban al St Vincent a morir.

Charles era mi excesivamente organizado asistente de día, y director y actor teatral de noche. En el St Vincent, donde se alojó a medio camino de su último viaje, fue invitado a dirigir una lectura de *Como gustéis*, de Shakespeare, con pacientes del pabellón, tal como la había puesto en escena antes –una versión exclusivamente con varones– en un teatro cercano a la Judson Memorial Church de Washington Square.

Los pacientes, en su mayoría más bien jóvenes, habían elegido bien la obra, ya que el guión puede desarrollarse mediante cruces de géneros que resultan placenteros en lugar de descarados –como bien sabía Virginia Woolf al escribir *Orlando*, su glosa de la obra de Shakespeare–. *Como gustéis* comienza en un lugar oscuro, un reino en el que un usurpador amenaza a su legítimo líder. Eludiendo el acoso, el duque, su familia y su séquito huyen al mágico bosque de Arden, donde, después de varios sucesos asombrosos, la derrota de una leona desencadena una serie de acontecimientos que ponen las cosas en su sitio.

Es absolutamente cierto que, en la época isabelina, todas las obras las representaban hombres, actores varones que interpretaban los papeles femeninos. No había nada transgresor en ello. En la década de 1980, sin embargo, era provocador ver en escena a hombres hechos y derechos, a menudo con bigote, vestidos de mujer, abrazándose. Era particularmente extraño ver a hombres interpretando a mujeres dentro de los confines de un hospital católico. En el pabellón, los actores vestían batas de hospital, y su maquillaje consistían en una crema color carne que disimulaba las lesiones castaño rojizas del sarcoma de Kaposi en cuello, cara y manos. El resultado, en conjunto, resultaba convincente: agradaba a los actores, los liberaba de las llagas cancerosas de su cuerpo. Acostados o sentados en sillas –pocos tenían la fuerza necesaria para mantenerse en pie mucho tiempo o para pasearse en torno–, los pacientes/actores leían su papel, a menudo sonriendo para sí a medida que avanzaban.

Con los pulmones debilitados por la enfermedad –y hablando por ello a media voz–, Charles interpretó en el hospital el papel del melancólico Jaques, tal como lo había hecho antes en el escenario. Tuvo un acceso de tos en mitad del famoso discurso de Jaques que empezaba así: «El mundo es un escenario, / y todos los hombres y mujeres meros actores». Cuando dejó de toser, repitió todo el discurso como si respondiera a un público entusiasta. Hablaba con ligereza, irónicamente, como si las palabras le resultaran divertidas.

Con lo remilgado que había sido yo dos décadas atrás, cuando me preocupaba que me dejaran al margen, y ahora mi generación de hombres se veía amenazada por una enfermedad contra la que nadie podía hacer nada. En retrospectiva, parece que hay algo heroico en que los actores se negaran –aunque solo fuera durante un par de horas– a ser pacientes sumisos ante su destino. ¡No nos compadezcáis, no oréis por nuestras almas (al menos, aún no)! Hemos huido al bosque de Arden.

Los afligidos amigos y familiares, sin embargo, no mostramos ningún entusiasmo; permanecimos con el semblante pétreo. Tampoco estaba claro qué pensaban de esta actuación travestida los sacerdotes que iban a administrarles bálsamo espiritual y, sobre todo, las hermanas del pabellón, que parecían disfrutar del espectáculo. Los sacerdotes querían brindar oraciones de consuelo, palabras y gestos rituales que podrían habernos conectado con aquellos que pronto morirían. Pero los actores no lo aceptaban y rechazaron la compasión de los sacerdotes –y la nuestra–. La línea divisoria entre crear arte y cumplir con un ritual sagrado observada una generación antes en la iglesia Judson había dado un giro mortal.

El subtexto (no tan *sub*) de la muy conservadora Diócesis Católica de Nueva York en la década de 1980 afirmaba que los gais moribundos debían buscar el perdón a fin de que ellos y sus parientes, amigos e incluso amantes pudieran unirse y hacerse «uno». Lo que Charles y los demás (creo) se negaban a admitir era el perdón de los pecados. Él no consideraba su homosexualidad un pecado, ni su enfermedad un castigo divino. El catolicismo, que es más generoso, más grande de espíritu, es capaz de enmarcar los mismos rituales de cabecera que alivian los padecimientos de la vida; los esforzados intérpretes de *Como gustéis* buscaban un placer último. Actuaban.

Debo decir que Charles no se sentía cómodo. Al igual que los amigos y familiares que presenciaban *Como gustéis* necesitaban un marco para aquel final de la vida, Charles sentía también que lo necesitaba a medida que se iba hundiendo en la cercanía de la muerte. Su actitud con los sacerdotes que lo visitaban a diario pareció suavizarse. Ya no les sonreía sardónicamente, sino que los acogía; pero los rehuía cuando comenzaban a rezar por él. En lugar del acto desafiante de actuar, al final mostró coraje: el coraje de morir solo, sin consuelo.

II. UN RITUAL DE CONSUELO

El ritual es una actuación

Los antropólogos y otros científicos han debatido interminablemente sobre el significado de los rituales. El antropólogo Victor Turner proporcionó una vez una definición que, si bien árida, es tan buena como cualquier otra:

> Un ritual es una secuencia estereotipada de actividades que implican gestos, palabras y objetos, realizadas en un lugar aislado y diseñadas para influir en entidades o fuerzas sobrenaturales en nombre de los objetivos e intereses de los actores [...] Los rituales tienden a organizarse en un ciclo de actuaciones (anual, bienal, quinquenal, etcétera) [...] Los rituales de consuelo infunden emoción a estas «secuencias estereotipadas de actividades» sin vida [...][1]

Los seres humanos han escenificado rituales desde los albores de la vida social organizada, varios miles de años antes de la aparición del lenguaje escrito. En sus orígenes, un ritual era una representación no verbal. Hoy, como entonces, el rito físico es más una acción colectiva que individual. Para que funcionen como expresión colectiva, los rituales precisan de normas bastante estrictas que orienten a un celebrante en relación con otros y que puedan transmitirse de una generación a la siguiente. Estas normas indican el lugar donde han de moverse los cuerpos entre sí, y qué gestos han de hacer los celebrantes del ritual; normas sobre cuándo hablar, cuándo guardar silencio. Como en cualquier actuación, los rituales también fijan patrones sobre cómo actuar bien. El rigor de los rituales es menos indulgente que cualquier actividad mundana, como moldear un puchero: se puede cocinar un buen guiso en un puchero de barro aceptable, aunque no sea perfecto. Pero, si se hace un movimiento erróneo o hay una equivocación en las palabras o detalles de la oración, puede que los dioses no acaben con una plaga o no envíen la lluvia.

En principio, no parece haber dificultad alguna en relacionar el arte y el ritual como representaciones: pensemos en cualquier misa compuesta desde Bach hasta Bernstein. Los compositores del Renacimiento, como Josquin des Prés, se movían entre el arte sacro y el secular empleando las mismas melodías para las misas que para las canciones profanas. En el jazz, este tránsito de una modalidad a otra se percibe, por ejemplo, en las últimas actuaciones de Duke Ellington. Ellington convierte en celebraciones religiosas la música de big band compuesta para él por Billy Strayhorn. Pero, como le dijo a un crítico musical en 1965, sus «conciertos espirituales» no pretendían continuar viejas formas de experimentar la fe, sino hacerla nueva y viva en lugar de limitarse a observar y transmitir una tradición. El tópico que evoca «la mano muerta de la tradición» parece, por el contrario, describir el ritual. En el deseo de hacer de la fe algo fresco y original, habla el artista que hay en Ellington.

Sin embargo, recitar una oración que has rezado cientos de veces no es algo intrínsecamente caduco; por el contrario, cuando la repites se vuelve una presencia viva. Lo cual es un enigma. ¿Cómo unos rituales no verbales y formalmente estrictos, que se transmiten de generación en generación casi intactos, pueden sentirse frescos como si los estuviésemos interpretando por vez primera?

Kaddish

Llevo un tiempo pensando en la presencia viva del ritual en los rituales de consuelo del judaísmo, mi fe. Más concretamente, preguntándome cuál sería la diferencia si *Como gustéis* se hubiera representado en un hospital judío. En la época en cuestión, esto habría sido poco probable, ya que los hospitales de administración judía no abrían sus puertas a varones gais moribundos de forma indiscriminada, algo que el católico St Vincent sí hacía. Aun así, el enfoque habría variado, dado que nuestros rituales en torno a la muerte no enjuician, por lo que Charles quizá no habría rechazado la presencia de un rabino.

El momento del consuelo también es distinto en el judaísmo, pues este tiene lugar después de la muerte. El *Kaddish* de quienes están en duelo es una oración que afianza los funerales, se recita junto a la tumba y se repite en el hogar durante once meses tras la muerte de uno de los progenitores, y treinta días en caso de muerte de un cónyuge o de un hijo. A pesar de la muerte, el doliente reafirma su fe en Dios. En términos teológicos es una «doxología», creada en el siglo XIII para que el *Kaddish* pudiera recitarse tanto por los dolientes comunes y corrientes como por los rabinos eruditos. Aflicción y justicia se entremezclan en el *Kaddish*, porque la muerte involuntaria y no natural –genocidios o pogromos esporádicos - ha asolado la historia judía. El *Kaddish* afirma que aquellos que son asesinados, del mismo modo que quienes fallecen por causa natural, no serán olvidados.[2]

A lo largo de los miles de años de existencia del judaísmo, las palabras y gestos correctos del *Kaddish* han cambiado, y varían un tanto en las distintas ramas del judaísmo. Pero, sean cuales sean las reglas en un momento dado, habrán de realizarse de forma precisa y correcta a fin de canalizar los descarnados sentimientos de pérdida. Recitar bien el *Kaddish*, igual que una buena actuación, no depende de la condición moral del celebrante; y los muertos que se conmemoran pueden ser tanto santos como pecadores.

Cinco reglas de consuelo

Los rituales como el *Kaddish* se apartan de las representaciones teatrales al menos en cinco aspectos.

En primer lugar, los rituales son estrictos en el tiempo. Cuando alguien muere, se recita el *Kaddish*, y se especifica exactamente el día. El *Kaddish* no puede comprimirse ni expandirse, no es elástico en el tiempo. Sin embargo, *Como gustéis* puede representarse en cualquier momento. Los rituales pueden inspirarse en mitos, pero los mitos no se fijan en el tiempo del mismo modo. La palabra griega *mythos* designa una historia que puede contarse de formas diferentes, a gentes diferentes y en momentos y lugares diferentes; las circunstancias externas difieren, no son fijas. Tampoco la narración del mito se fija en el tiempo. La duración de una guerra, o de un amor, puede ornamentarla o alterarla el narrador para retener el interés de sus oyentes, que conocen ya las líneas generales del mito.[3]

El rigor temporal del ritual señala algo básico sobre la propia creatividad. La palabra griega para «hacer» es *poiein*, que puede traducirse como «crear algo donde antes no había nada» (la palabra moderna «poesía» viene de esa raíz antigua). Para el intérprete, *poiein* implica glosas e improvisaciones en gesto y movimiento. Dado que las líneas básicas de una trama o partitura se conocen y son fijas, tales modificaciones ponen de relieve la propia presencia creativa del intérprete, su carácter «agencia» en la jerga de los estudios culturales.

Sin embargo, en un ritual como el *Kaddish,* si se añadieran glosas y ornatos, se distraería la atención del poder del ritual mismo. La «agencia» no es lo que se persigue en el recitado del *Kaddish.* Al igual que es estricto en el tiempo, el *Kaddish* es riguroso en el aspecto numérico. Para recitar el *Kaddish* en público se requiere un *minyán,* es decir, un grupo de diez judíos adultos. El judaísmo tradicional es marcadamente sexista desde el punto de vista moderno: solo los varones mayores de trece años pueden integrar ese *minyán.* Formas menos rígidas del judaísmo permiten hoy que las mujeres formen parte de los diez. Se podría decir que esto es una glosa, un adorno –los conservadores, de hecho, hacen esta afirmación, argumentando que cambiar el rito es un sacrilegio–. Pero, según mi experiencia, la admisión de las mujeres afecta poco al ritual, ya que lo que importa realmente es el tamaño del grupo. El *minyán* especifica cuántos integrantes constituyen una comunidad visible; si el número no es el adecuado, Dios no escuchará la plegaria.

En cambio, uno puede representar *Hamlet* para diez, cien o mil espectadores. Y el tamaño es flexible en un escenario; en una obra puedes eliminar personajes secundarios; en una ópera, el tamaño del coro puede fluctuar de pequeño a grande. Como en el judaísmo, en la gran mayoría de las religiones, los fieles pueden orar a solas y en silencio..., pero el *Kaddish* no es una meditación. Es una representación comunitaria que, con precisión numérica, define la «comunidad».

Pero, aunque estrictamente controlado en tiempo y número, el *Kaddish* es trasladable en el espacio. A menudo a los migrantes se les llama «ciudadanos de ninguna parte», lo que tiene una resonancia especial para los judíos, que han sido gentes desplazadas durante milenios. Un refugiado iraquí podría recitar el *Kaddish* en un campo turco, o tal vez podría haber encontrado consuelo en el Brexit británico. La portabilidad tiene matices diferentes en el ritual y en el teatro. El inmigrante judío transporta un texto sagrado cuya integridad no depende del lugar donde se representa, mientras que el libreto teatral puede alterarse a fin de adaptarlo a las circunstancias en las que se representa. El arte con especificidad de lugar, como las bailarinas de Trisha Brown en las azoteas de los altos edificios del bajo Manhattan, por ejemplo, ha de replantearse con rigor para su representación en lugares muy distintos, como en el caso de los edificios más planos y bajos de Marsella.

Los rituales se encarnan. El *Kadidsh* es un texto escrito que ha de recitarse en voz alta, no solo leerse. En su ejecución, los fieles se sientan o se ponen de pie en determinados momentos; si están de pie, el recitador se inclinará en algunos puntos de la ceremonia. Para el último de ellos, el *Oseh Shalom*, los oradores dan tres pasos hacia atrás, se inclinan hacia la izquierda y luego hacia la derecha, pasos que indican que van a despedirse. Las ideas romanas clásicas sobre retórica imaginaban que el acto de inclinarse reverencialmente era una especie de color físico añadido al significado verbal; el gesto es, decía Cicerón, «ilustrativo». Pero la inclinación que indica que uno se va es más que eso. Pretende que se sienta visceralmente el mensaje de consuelo: abandona la aflicción, la vida te llama.[4]

Las reverencias en *Oseh Shalom* no dicen nada sobre la persona que las hace, nada sobre quién es, mientras que las mismas reverencias, en el teatro, caracterizan al actor. En *Hamlet*, por ejemplo, una reverencia poco acusada y prolongada hecha por Hamlet cuando sale por primera vez a escena su madre, la reina Gertrudis, podría ser una forma de señalar su resentimiento.

Por último, la mayoría de los intérpretes han de hacer un gran esfuerzo para librarse de la timidez y la vergüenza que les causa la exposición ante un público, mientras que el embarazo que se pueda sentir al comienzo de una plegaria desaparece una vez que esta se está desarrollando plenamente. Se trata, lo reconozco, de una distinción discutible. Algunos teólogos afirman que la entrega inconsciente a la palabra no se produce de forma automática; hay que prepararse. De lo contrario, los rezos parecerán ajenos y no se recitarán con naturalidad. Por eso en el judaísmo se dice que el estudio de la Torá es de suma importancia. La Torá contiene muchas voces, muchos puntos de vista; y aún más variados y contradictorios son los comentarios sobre la Torá, que abarcan miles de años. Es la disciplina del estudio lo que al navegar por estas complejidades fortalece de forma gradual el compromiso del creyente y hace que la declaración «Yo creo» no implique ninguna trampa interior, ninguna sombra de duda.

Hay otro modo de enmarcar el aspecto inconsciente del ritual. La autoentrega es más fácil en el ritual religioso porque la gama de emociones es más variada en el arte que en el ritual. Hay más espacio para la ironía. En la representación de *Como gustéis* en el hospital de St Vincent, ese extraño escenario, el placer de los actores al cubrirse las llagas de los sarcomas de Kaposi con afeites escénicos o el discurso autoconsciente de Charles fueron una parte importante de la fuerza expresiva de su representación –que nosotros nos perdimos, pues únicamente buscábamos consuelo–. No es que el ritual sea inferior al arte; es más bien que sus pasiones están más focalizadas, más canalizadas.

En suma, este quinteto de estructuras –rigor en tiempo y número, movilidad, encarnación impersonal y falta de inhibición– confieren al ritual su poder de consuelo.

III. ARTE QUE NO CONSUELA

¿Podría el arte obrar la labor de consuelo del *Kaddish*? En la década de los ochenta, esta no era una pregunta abstracta. Muchos de los varones que sucumbieron al sida vivían distanciados de sus familias judías, de forma que sus amigos y amantes a menudo se vieron obligados a inventar ceremonias para honrarlos. Allen Ginsberg asumió el reto de transformar el ritual del *Kaddish* en obra de arte en un poema de 1960, *Kaddish*, en el que llora la muerte de su madre, Naomi Ginsberg. Naomi padecía esquizofrenia desde hacía varios años y finalmente murió en un hospital psiquiátrico en 1956. El poema *Kaddish* revive –de dolorosa estrofa en dolorosa estrofa– el sufrimiento y la impotencia de Ginsberg ante la demencia de su madre. Aunque el título del poema lo toma del ritual, no contiene ninguna de sus palabras. Ginsberg vive en un dolor sin alivio: «No hay nada más que decir ni nada por lo que llorar». El poema invoca la pérdida sin consuelo, diferencia que distingue el poema del ritual.[5]

Tras terminar *Kaddish*, Ginsberg pensó que su poema podía representarse como una pieza teatral, una obra que recuperaría parte de la fuerza de la vieja fe. Primero escribió un guión para el cine, que otro escritor, Robert Kalfin, convirtió en una obra de teatro. El arte y la vida entreverados gracias al empleo de vídeos de Naomi, que certificaban la existencia de una Naomi real. Tanto Ginsberg como Kalfin esperaban que, representado en un escenario, *Kaddish* se acercara más a la vivencia de un ritual.[6]

Para mí, aunque el poema es el mejor de Ginsberg –más profundo que su épico *Aullido* hippy–, esta y las posteriores representaciones teatrales de *Kaddish* no acaban de funcionar, en parte porque los cuerpos de los actores no hacen gran

48

cosa. El cuarto poder del ritual es débil. Los actores que encarnan a Allen y Naomi gritan y sollozan, pero su agitación de brazos y sus tirones de pelo son tropos harto convencionales; no añaden nada imaginativo a las palabras del texto. Los vídeos subrayan esta insuficiencia al brindarse como pruebas de aflicción, pero las proyecciones resultan fallidas, porque parecen mostrarse para hacer más creíble lo que tiene lugar en escena. En el escenario, la crudeza de los gritos y gesticulaciones no evoluciona a lo largo de la obra: los gestos del final y del principio son prácticamente iguales. No hay transformaciones, y por tanto no hay liberación de la pena.[7]

La obra de Ginsberg plantea una pregunta sobre los espectadores: ¿hasta qué punto deben implicarse en las pasiones de la escena? La esencia de doxologías como el ritual del *Kaddish* es que cualquiera puede interpretarlas, no solo los rabinos. Por analogía, una versión de la *performance* artística es que el auditorio está tan profundamente embebido que siente estar también él en el escenario. Ginsberg buscaba avivar esa honda identificación; una obra de teatro, decía, no es un objeto como un poema impreso, sino un acontecimiento comunitario compartido. Esta implicación afín a la doxología la llevó un paso más allá el director teatral Richard Schechner. Su espectáculo *Dionysus in '69* se basaba en *Las bacantes*, de Eurípides, una obra antigua llena de momentos sexuales, de acusado desenfreno. Schechner utilizó estos arrebatos para invitar al auditorio de una fábrica abandonada a desnudarse, participar y exteriorizar sus emociones.

Schechner no cometía necedad alguna al hacerlo. Sus actores debieron de estar bien entrenados en técnicas tanto para vencer la resistencia del público como para guiarlo en la manifestación de su furia. La participación, según escribiría Schechner más tarde, no debía ser «gratuita». Esta obra, por el contrario, trataba de involucrar al auditorio en emociones fuera de control, al igual que los vídeos de Ginsberg en los que su madre era presa de episodios psicóticos. La finalidad era anular la distancia con el espectador.[8]

Esto contrasta con las escenificaciones de Joseph Beuys de la obra titulada *Cómo explicar pinturas a una liebre muerta*. Aquí, tal como la puso en escena por primera vez en una galería comercial en 1965, el artista aparece tras el cristal de una ventana, todo cubierto de miel, con una liebre muerta en los brazos a la que acaricia mientras susurra comentarios sobre los dibujos dispersos por la galería. Los espectadores se ven frente al reto de averiguar qué está pasando, pero el artista mantiene su distancia. Aun con el programa de la galería en la mano, en el que se explica que era una pieza «sobre» la experiencia cercana a la muerte que vivió Beuys en la Segunda Guerra Mundial, ese «sobre» no explica por qué Beuys se había embadurnado con miel ni por qué le susurraba a la liebre muerta. No había forma de sentirse identificado, de participar. Beuys hacía un arte atrayente, pero no participativo.

Yo solía creer que la música es el arte escénico más participativo, porque trasciende la representación e identificación. Igual que la pieza de la galería de Beuys, el oyente se siente atraído por lo musical en sí, sin ser capaz de verbalizar su significado. Así pues, me parecía evidente que la música sirviera tanto de consuelo: habla directamente. Pero a veces no lo hace. Y las razones tienen que ver con la relación de la creación con la ritualización dentro de la propia música.

Un ejemplo concreto de esta dificultad surgió en la Sinfonía n.º 3 de Leonard Bernstein, a la que llamó *Sinfonía Kaddish*. Esta obra, creada en 1963, estaba dedicada al presidente John F. Kennedy, asesinado a tiros ese otoño, aunque el compositor la había comenzado antes del suceso fatal como homenaje a su padre, con el que mantenía una relación difícil y llena de culpa. (Estamos hablando de judíos.) Bernstein no estaba muy satisfecho con su obra cuando la estrenó en Nueva York con la Filarmónica de Nueva York, y la revisaría en 1977.[9] Y estaba descontento con razón. A la *Sinfonía Kaddish* se la compara a veces con las sinfonías de Mahler por su empleo de poderosas fuerzas (un gran coro, una grandísima orquesta, un actor-orador), pero sus problemas eran más afines a los de Anton Bruckner, contemporáneo de Mahler. Los gestos musicales de la *Sinfonía Kaddish* eran pomposos; llegaba al clímax una y otra vez con una potencia menguante. La música sollozaba, se agitaba, gritaba, pero, como el *Kaddish* de Ginsberg en el escenario, carecía de la fuerza capaz de transformar el sufrimiento.

Al reescribir la obra, Bernstein reforzó un gesto musical que creaba una mayor sensación de ritual. Las complejas y abigarradas texturas de doce tonos ahora daban paso a momentos diatónicos sencillos, directos. Por ejemplo, en el *scherzo* final se nos libera de un nudo de tonos y pasamos a la calma de un conjunto de acordes llanos en sol bemol sobre la palabra «creer». El paso de los doce tonos al monotono enlaza las descomunales fuerzas de Bernstein, que interactúan cada vez más. Los cantantes crean un nudo, luego la orquesta lo desata, y el orador media entre ambos.

La revisión crea un ritual dentro de la música, pero nunca llegará a ser como la música sagrada interpretada por los coros *amateur* de todo el mundo; es demasiado exigente técnicamente. Toda la música de doce tonos es endiabladamente difícil de interpretar si no se es profesional, pero en la interpretación sacra no se puede eludir el problema de la doxología. El *Kaddish* ritual permite representarlo a cualquiera; el *Kaddish* compuesto, solo a unos pocos. Para situar la cuestión fuera del contexto europeo, pero dentro de la órbita del sida, podemos recurrir a *The Call* [La llamada], de Gibson Kente.

Se trata de una obra teatral que Kente escribió para los *townships* de Johannesburgo (Sudáfrica), asolados por el sida durante la década de 1990. Aunque la obra de Kente recurrió a actores aficionados locales, el papel principal exigía una gama de gestos y movimientos, tonos de voz y dicciones diferentes, que representaban estados de ánimo en conflicto, lo que para el actor *amateur* suponía un reto. Kente, un buen actor, interpretó él mismo al protagonista. Tras su muerte, un año después, víctima de la enfermedad, hubo quienes intentaron ocupar su lugar, pero les resultó casi imposible infundir vida a *The Call*.[10]

En resumen, en lugar de crear un falso binario, como si actuar y ritualizar no tuvieran nada que ver, sería preferible pensar que estas dos formas de actuación están una al lado de la otra, en una contigüidad incómoda. Existe una conexión en el sentido de que comparten muchos de los materiales expresivos: gestos corporales, marcación de una escena y movimientos en torno a ella. Pero están juntas de una manera incómoda, porque miran en direcciones diferentes. El ritual mira hacia una práctica que no varía de un lugar a otro, cuya organización de palabras y movimientos cambia despacio, cuyos tiempos son estrictos, una actuación que cualquiera que esté en duelo puede ofrecer. Mientras que la actuación es flexible en el tiempo, adaptable en el lugar, exige destrezas en el intérprete y se centra en su personaje. La suma de las partes de la actuación puede resultar transgresora, mientras que un ritual como el *Kaddish* tiene como meta la reintegración en la comunidad.

En el pabellón de los enfermos de sida no había que elegir entre estas dos formas; al menos se podía sentir solidaridad tanto con Charles como con los sacerdotes. En la representación de *Como gustéis* había un creativo desafío a la muerte; en el ritual de los sacerdotes alentaba una aceptación confortadora de ella. Ambas formas de enfrentarse a la muerte habitan de forma incómoda dentro de mí; y sospecho que, aunque nuestras circunstancias puedan diferir, están una junto a la otra, con desasosiego, dentro de cada uno de nosotros.

2. LA AMBIGÜEDAD MORAL DE LA ACTUACIÓN
Cómo la actuación teatral pierde su inocencia

I. ACTUACIÓN INOCENTE

Cuando tenías cinco años estabas dispuesto a creer que los sapos hablan. A los setenta sonreías con indulgencia ante esa ilusoria creencia infantil; pero, cuando le leías *El viento en los sauces* en voz alta a tu nieto, adoptabas una peculiar voz de sapo y unos supuestos gestos de sapo para reforzar las palabras. Y, poco a poco, empezabas a creer en el sapo que estabas interpretando. Las actuaciones del Sr. Sapo siguen canales separados para el ritual y para la interpretación. Ay de ti si bordas la historia de Sapo porque la has leído cientos de veces. Bien en su cómodo dormitorio o bien en su distante casa de vacaciones familiar infestada de mosquitos, tu nieto quiere que te conviertas en Sapo, un gozo en el que él puede confiar. Como oyente, lo que le interesa es la invariabilidad de la interpretación, su carácter ritual.

Pero la cosa cambia si tu nieto interpreta él mismo al Sr. Sapo, sobre todo si lo hace con el libro cerrado. Le encanta inventar, improvisar y adornar. La psicóloga infantil Anna Freud cree que, al escuchar un cuento, el niño quiere ver la realidad confirmada como algo sólido y fiable, mientras que, al actuar, se apropia de esa realidad jugando con sus términos y forjando un personaje. Así pues, la división entre arte y ritual aparece muy pronto en el proceso de desarrollo.

En la parte trasera de mi jardín campestre vivía un sapo al que mi nieto observaba con mucha atención cada vez que venía a visitarme. El estudio de los sapos al principio lo llevó a imitar la forma en que movían las patas, pero luego descubrió la estructura oculta bajo la superficie –no es que pudiera demostrarlo biológicamente, sino más bien que su imaginación se puso manos a la obra–. El Sr. Sapo se transformó en un pájaro, y sus patas palmeadas se convirtieron en alas. Estaba aprendiendo que, así como un ser vivo puede adoptar formas diversas, un actor puede interpretar distintos papeles: el mismo nieto puede encarnar al Sr. Sapo, al Hombre Pájaro y a un Ángel en momentos distintos de una representación escolar.

Jugar con juguetes

Aprender a interpretar papeles diferentes se combina en los primeros años de vida con jugar con juguetes. Así lo afirma el historiador Johan Huizinga en su estudio clásico sobre el juego: *Homo ludens*. Si el Sr. Sapo fuera un animal de peluche, el niño podría mantener conversaciones con él, tal vez gesticulando con la aleta del sapo de juguete para que el Sr. Sapo pudiera exponer su punto de vista. Huizinga pensaba que no importaba de qué material estuviera hecho el sapo de juguete, o su tamaño, porque la imaginación del niño transformaba el peluche en una presencia viva.

Tiempo después a los psicólogos ya no les agradaba tanto la afirmación de Huizinga; para ellos el juguete material importa. El más destacado de los psicólogos del juguete posteriores a Huizinga fue Jean Piaget, que exploró el papel que desempeñan los objetos en la transición del pensamiento simbólico al analítico, un proceso de desarrollo que abarca de los dos a los doce años. Los juguetes como el sapo de peluche empiezan siendo sencillamente objetos que pueden asirse o golpearse; en una etapa posterior, los propios juguetes precisan ser susceptibles de deconstruirse, de desmontarse. Solo cuando el sapo de peluche está hecho trizas el niño empieza a reflexionar sobre su estructura. Así pues, el peluche ha de poder volver a montarse, quizá no exactamente como era, sino pegado con cinta adhesiva o sujeto con holgadas costuras. El peluche, entonces, en la mente del niño, vuelve a la vida. Una lección de metamorfosis. Una lección que puede aplicarse a la interpretación: a partir de un personaje puede crearse otro personaje.[1]

En los estudios de D. W. Winnicott, los juguetes se consideraban «objetos de transición» que poco a poco llevaban al niño más allá de sus sensaciones corporales. El marco de Winnicott difería algo del de Piaget, porque creía que la experiencia del objeto transicional era tanto sensorial como cognitiva. Winnicott, por lo tanto, hacía hincapié en los materiales con que están hechos los juguetes, así como en su arquitectura interna. Tanto Piaget como Winnicott figuraban en el juego de mi nieto: a veces estudiaba la aleta del sapo sin tocarla, otras acariciaba la superficie aterciopelada del sapo de juguete, como si fuera una mascota.

Los tres autores creían que jugar con juguetes es importante para el desarrollo, porque, como afirmaba Winnicott, «[...] las abstracciones de la política y la economía y la filosofía y la cultura [...] [se] derivan del juego». La capacidad del adulto para interpretar papeles diferentes se basa en la experiencia infantil. No se trata de un proceso tan agradable como podría parecer. Aunque los niños pueden ser físicamente rudos con sus juguetes, el proceso de aprender a través de ellos cómo desempeñar papeles diferentes es inocente; el niño no sabe que está aprendiendo un poder expresivo que a la postre podrá dañar a los demás y a sí mismo.[2] Para ver cómo en la vida adulta la actuación puede volverse éticamente ambigua, yo pediría al lector que dé un gran salto hacia atrás en tiempo y espacio. Esta capacidad ambigua para interpretar papeles moldeó la vida y el pensamiento de Maquiavelo, el mayor pensador político del Renacimiento.

II. MAQUIAVELO ENMASCARADO Y TOGADO

Enmascarado

El gran ensayo de Maquiavelo *El príncipe* sostiene que un gobernante, para sobrevivir, ha de ser actor. El príncipe ha de propiciar políticas –como subir los impuestos o formar alianzas– que sus súbditos rechazarían si les fueran presentadas abiertamente. Si desea ser libre para actuar con racionalidad entre bastidores, deberá aparecer de forma imprevista delante del telón, y sus cambios repentinos distraerán a sus súbditos de sus políticas, haciéndoles perder el equilibrio. Una semana parece furioso, a fin de infundir temor entre sus súbditos; la siguiente los elogia como un padre amoroso. ¿Qué hará o dirá el príncipe a continuación? El pueblo no puede predecirlo. El príncipe mantiene a sus súbditos fascinados por un personaje que, al cambiar constantemente de forma, no resulta nunca obsoleto. Aun así, tiene que mantener despejada la cabeza y no dejarse arrastrar por las perturbaciones que él instila en los demás.

El príncipe de Maquiavelo se nutre de su capacidad, desarrollada en edad temprana, de interpretar más de un papel. Pero algo nuevo ha entrado en juego en este adulto intérprete de papeles: el príncipe no se entrega por completo a su interpretación. Es una máscara. Por tanto, demagogos como Donad Trump no son objeto de la mejor descripción cuando se les tilda de maquiavélicos. El príncipe cambia de máscara a voluntad, mientras que Trump se cree sus propias fantasías y es alguien profundamente dedicado a un solo papel.

El enmascaramiento múltiple se deriva de la experiencia del propio Maquiavelo, diplomático de alto rango implicado en negociaciones en las que Florencia traicionaba o era traicionada por otras ciudades-Estado. En muchas de estas negociaciones actuaba en primera línea, en lugar de intrigar en la sombra, entre bastidores. Sorprendentemente, *El príncipe* no analiza las técnicas del engaño eficaz, de mentir en público de forma convincente. El texto, en cambio, cita ejemplos históricos de príncipes que fueron diestros en parecer diferentes a como eran en realidad. El interés de Maquiavelo por el teatro, de todas formas, era profundo. Fue autor de obras como *La mandrágora*, que analizaba de forma exhaustiva cómo salirse de rositas de una infidelidad en el ámbito doméstico. Solo podemos inferir que debió de pensar que engañar a un marido o una esposa requiere las mismas destrezas que engañar al pueblo.

Los contemporáneos cercanos de Maquiavelo trasladaron el personaje público del príncipe a una puesta en escena concreta, como en los detalles de cómo debía decorarse un trono de Estado y dónde debía colocarse, cómo debía subir y bajar del trono un gobernante. Armar el escenario político no era algo sujeto a lo anterior; los asistentes del príncipe podían manipular el escenario: un reflejo político de la creencia de Victor Turner de que, en el Renacimiento, la cultura pasó del ritual al teatro. Ciertamente, podríamos pensar que estas manipulaciones son como la actual obsesión por la actuación y las creaciones escénicas de los políticos. A los consultores se les paga hoy una fortuna por aleccionar a los políticos sobre cómo entrar a grandes pasos en un mitin con aire jubiloso y cómo irse rápidamente de él con aire pesaroso. Pero, mientras Maquiavelo ocultaba intenciones serias detrás de estas teatralidades –practicando lo que podríamos llamar la «manipulación virtuosa»–, hoy estas se han convertido en la sustancia misma de la política.

Distancia de rol

Maquiavelo no era un buen sociólogo –lo cual, caigo en la cuenta, puede ser un cumplido en lugar de una crítica–. No indagó en la posibilidad de una consecuencia grave del hecho de llevar una máscara en público –que era algo que podía volverse contra quien la llevara–. Si uno se siente siempre en un escenario, puede deprimirse al percibir que no hay un «yo real» aparte de los personajes que interpreta. El actor necesita distanciarse un tanto de sus papeles, no por motivos maquiavélicos como el de ocultar un proyecto que no puede exponerse a la luz del día, sino para liberarse de las presiones de actuar para los demás. Este distanciamiento es lo que la sociología llama «distancia de rol».

Los escritos del sociólogo Erving Goffman exploraban el juego de roles en una institución moderna presumiblemente alejada de los juegos de poder de una corte renacentista. En *Internados*, el ensayo de 1961 de Goffman sobre los pacientes de los hospitales psiquiátricos, los médicos y enfermeras esperaban que los pacientes se comportaran de acuerdo con sus diagnósticos. Los pacientes a menudo estaban más cuerdos de lo que parecía, pero debían proceder de modo demente a fin de llevarse bien con el personal médico. Goffman es un maquiavélico, aunque la máscara maquiavélica la llevan quienes carecen de poder y no quienes lo ostentan. La máscara, no obstante, hace el mismo trabajo de ocultación de estrategias y astucias.

La distancia de rol tiene un pedigrí filosófico, derivado de un texto escrito en 1955 por el filósofo J. L. Austin: *Cómo hacer cosas con palabras.* Austin acuñó el término «performativo» para describir cómo funcionan las palabras. La frase «Sí quiero» no tiene un sentido inherente; puede significar «Sí quiero otra copa de vino», o «Sí quiero casarme con él». Es cuestión de qué acciones realizan las palabras. En la jerga semiológica, no hay vínculo «uno-a-uno» entre significante y significado. Una generación después de Austin, Roland Barthes se hizo eco de esta visión de la performatividad en su célebre ensayo «La muerte del autor», en el que aseveraba que un texto «no tiene otro contenido que el acto que se lleva a cabo por él». Es decir, que en el lenguaje no hay ningún referente inherente, fijo, ni en la vida comportamiento alguno que no pueda adaptarse o manipularse. En el lenguaje y en la vida no hay ningún contenido inherente, ningún significado fijo.[3]

Si bien resulta en cierto modo evidente, lo que estas opiniones filosóficas obvian es cómo les hace sentirse a las personas un cambio constante en la expresión de sí mismas. Si un comportamiento puede significar cualquier cosa dependiendo de su contexto, la gente puede sentirse vacía. De hecho, cuando Goffman desplazó su atención de instituciones como los hospitales psiquiátricos a la vida cotidiana, se centró en el lado negativo de una excesiva distancia de rol. En un momento dado te comportas como un empleado leal, y al minuto siguiente estás al teléfono calmando a un niño

melodías mientras imitaba la postura y los andares y gestos de varios personajes [...] [Estaba] siendo él mismo bailarín y bailarina, cantante y *prima donna*, todo a la vez, y toda la orquesta, y todo el teatro; después volvía a dividirse a sí mismo en veinte papeles diferentes.[6]

Goethe observó que este tipo de virtuosismo encarna el mal mismo de la modernidad: la gente es ducha en interpretar muchos papeles sin comprometerse con ninguno. Así, *El sobrino de Rameau* es también el precursor de la crítica de las interpretaciones vacías de Erving Goffman.

Hay un aspecto técnico en *El sobrino de Rameau*, de Diderot, grabado en toda experiencia musical. En una interpretación musical, el cambio de una voz a otra ha de operarse con rapidez; los intérpretes musicales han de invertir y desinvertir en diferentes voces expresivas en el transcurso de dos horas. Un violonchelista puede tener que pasar de estar dentro de la Primera sonata para viola de gamba, de Bach, llena de sol italiano, a habitar la Sonata para chelo, de Samuel Barber, llena de angustia. Tiene que dejar de sentirse de una manera para rápidamente sentirse de otra. Deja el escenario, tiene un minuto para «cambiar de marcha» y vuelve a salir a escena. En el mejor de los casos, los entreactos conceden veinte minutos para cambiar de roles expresivos. La paradoja de Diderot entra en juego porque, si te sientes abrumado por lo que acabas de interpretar, no te resulta fácil seguir adelante.

A mí me era necesario el silencio absoluto para cruzar el umbral de una voz expresiva a otra. No soportaba las visitas al camerino durante los entreactos. Mi maravillosa compañera de piano, una joven locuaz de Chattanooga (Tennessee), permitía entrar a la gente y oficiaba de belleza sureña cuando los recibía. Sin embargo, si luego se le preguntaba, confesaba que no recordaba nada de lo que habían hablado. Para nosotros, el umbral se cruzaba, por así decir, sin nuestro conocimiento. Como un momento zen de no sentir nada, este bloqueo temporal nos permitía continuar. Sin embargo, es más fácil explicar la desinversión, el desnudarse, que explicar la nueva inversión, el volver a vestirse.

Identificación temporal

En la época de Diderot, el actor David Garrick encarnaba la capacidad de cambiar de personaje o de estado de ánimo con vertiginosa rapidez; cuando, el siglo pasado, Laurence Olivier interpretaba tanto a Romeo como a Mercucio en *Romeo y Julieta*, de Shakespeare, actuaba como otro artista del cambio rápido. Ambos eran maestros del cambio de vestuario.

Podría llamarse de forma más abstracta «identificación temporal». Konstantin Stanislavski luchó contra este concepto cuando creó el Teatro del Arte de Moscú en 1897, una compañía dedicada al principio de que un actor ha de ser honrado y fiel a sí mismo al interpretar un papel. Pero ¿cómo puede ser honrado un camaleón? La respuesta de Stanislavski se ha visto reducida a veces a una burda caricatura de identificación. Indagas en tu propia experiencia: tus recuerdos de infancia de un juguete que se parece al objeto de utilería que tienes ahora en la mano, o los olores y sonidos que te vienen a la cabeza de calles que recorriste..., a fin de dar vida a los meandros de un personaje que deambula por la ciudad, o tus sentimientos si tu padre –como el de Hamlet– muriera repentinamente. Las proyecciones personales de esta naturaleza –Stanislavski no tardaría en caer en la cuenta– se topan con un problema: decir sencillamente lo que se siente no es expresivo. Y esto es justo lo que falló cuando Allen Ginsberg escenificó *Aullido*: la identificación cruda del actor con su papel.

Actor él mismo, Stanislavski sufría accesos agudos de timidez nerviosa. Se enfrentó a este reto creando una serie de ejercicios en los ensayos destinados a permitirle concentrarse «en el otro en lugar de en mí». Estos ejercicios se centraban en la relación física de los personajes entre sí: ¿por qué la estoy mirando?, ¿por qué estoy a tres metros de ella y no a cinco?, ¿con qué rapidez debo volver la cabeza para hacer ver que alguien acaba de entrar en el escenario desde bastidores? Hacerse estas preguntas era, para Stanislavski, un modo de vencer la timidez. El cuerpo hace el trabajo de volverse hacia el exterior.

En cierto modo, su procedimiento se asemeja al estudio del Sapo. Al principio, los niños se identifican con figuras imaginarias, como si el muñeco fuera un reflejo de ellos mismos. Con el tiempo exploran personajes imaginarios que no son su reflejo; tiene lugar una metamorfosis, como en la experiencia de mi nieto en el jardín: de sapo a pájaro y ángel. Ahora el niño agitará los brazos de forma diferente, su postura adoptará formas nuevas. Es merced a estos cambios corporales que el niño se transforma, y no solo pensando: «Ahora soy un ángel».

Desde el punto de vista de la escena contemporánea, el objetivo de Stanislavski era tal vez que un actor negro interpretara a un esclavista de forma convincente, o que un actor blanco interpretara a un esclavo. Si un actor negro interpreta el papel de un esclavista, tendrá que obviar temporalmente todas las crueldades que haya tenido que padecer por el color de su piel. Los ejercicios de Stanislavski aseveran, por ejemplo, que la cercanía de un amo con un esclavo, o el modo en que un amo encadena a un esclavo, es lo que más importa en la creación de un personaje. El actor no cruzará el umbral de expresión del «yo al otro» mediante la mera introspección.

Y, sin embargo, Stanislavski se sentía incómodo con sus ejercicios destinados a convertirse en otro, y con razón. Como Diderot en *El sobrino de Rameau*, y como Goethe en su respuesta, al director teatral le preocupaba que la persona que es el actor pudiera vaciarse en este paso. ¿Cómo podría, entonces, adquirir convicción, apasionarse por un papel nuevo, si no es una expresión de sí mismo?

La forma correcta

Imaginen un director de orquesta que sube al podio, se vuelve hacia el público y anuncia con una leve sonrisa: «Bien, podría abrir la *Sinfonía Pastoral* de Beethoven, bien como lo hizo Toscanini o bien como lo hizo Erich Kleiber [sus tempos son muy diferentes]. Podría hacerlo de cualquiera de las dos formas [...]». Sin convicción interior, la interpretación quedará sin duda floja. Se ofrecerá dando por hecho que está interpretando a Beethoven de forma correcta. Tanto Toscanini como Kleiber eran bravucones del podio que insistían en que su modo de interpretación era el correcto —es decir, el que el difunto Beethoven habría calificado como bueno de haber podido escuchar al director—. Habría también que tomar decisiones sobre el tempo (hay muy pocas marcas de metrónomo) o sobre la rapidez con la que ha de interpretarse un pasaje con la indicación *«teneramente»*. También habrá de decidir el director el significado de esta palabra en términos de rapidez. No puede ser esclavo de la partitura, pero sus decisiones han de coincidir con lo que Beethoven, a su juicio, habría deseado.

La misma decisión ayudará al actor negro que encarna

a un esclavista: para llevar su cometido a buen puerto, tendrá que creer que hay un modo correcto de interpretar a ese personaje; como lo está haciendo, estará bien. Sin embargo, la convicción artística es un fenómeno extraño. El método de Stanislavski tiene un impulso de progreso: salir de uno mismo, comprometerse con el mundo en toda su diversidad, sus roles, sus partituras, sus coreografías. Tal impulso se combina con una veta autoritaria: cada vez que uno interpreta un papel, debe sentir que su forma de interpretarlo es la correcta.

Esta dualidad en el método de Stanislavski aparece muy pronto en la vida cotidiana en las experiencias de actuación del niño. Comenté ya, tal vez demasiado de pasada, que mi nieto quería verme interpretar al Sr. Sapo tal como había oído el cuento antes. Esta es una versión de lo correcto: hay que respetar las tradiciones. Cuando mi nieto se convirtió en actor, introdujo muchos cambios y transformaciones en *El viento en los sauces*, sin atarse ya a una sola forma de ser el Sr. Sapo. Creía en cada nueva versión y se entregaba con pasión a cada nuevo papel. La dualidad permite al actor experimentar libremente, pero con la convicción de que se está haciendo como debe hacerse, tanto si se trata de un niño en casa como de un artista profesional en el escenario.

Considerada de forma general, la dualidad de la interpretación plantea un dilema ético. Es cualquier cosa menos inocente.

IV. LAS LÁGRIMAS DE JUDAS

En *El prendimiento de Cristo*, de Caravaggio, pintado entre 1602 y 1603, tres figuras ocupan el centro del lienzo: Judas, Jesús y un soldado. Cuando Judas abraza a Jesús, su beso indica al soldado que se acerque para prender al dios. Jesús mira hacia abajo, ensimismado más que sorprendido de que lo detengan. A un lado, desde la oscuridad de tinta, el brazo del soldado se lanza hacia delante y apresa al dios. Hasta el momento, la pintura cuenta una historia familiar para cualquier observador que conozca la Biblia. Pero Caravaggio añade un sesgo propio.

Pinta un trazo fino blanco entre la cuenca del ojo y la nariz de Judas; se diría que es una luz que ilumina el fluir de unas lágrimas. Visualmente, este detalle desorienta: los conductos lacrimales de Judas parecen chorrear un torrente líquido horizontal más que derramar gotas mejillas abajo. Pero en el cuadro surte efecto; en él, como en muchos lienzos de Caravaggio, se brinda un detalle revelador pero ambiguo. *El prendimiento de Cristo* se ilumina con varios focos, rayos de luz que alumbran la oscuridad; uno de esos rayos baña las lágrimas.

La línea blanca de las lágrimas es desconcertante. ¿Por qué llora el traidor? ¿Sus lágrimas son falsas o verdaderas?

Se le acusa a Judas de que sus lágrimas son como su beso, fingidas. El Judas que llora quiere transmitir su pesar, mostrar su sentimiento: «Qué lástima que tengamos que matarlo». Esta línea de interpretación convierte a Judas en alguien semejante al príncipe de Maquiavelo. La máscara del traidor no sirve más que para simular –aunque Jesús, cuyos ojos abatidos expresan el conocimiento presciente que tiene dios de su destino, no se engaña.

En defensa de Judas se afirma que sus lágrimas son sinceras porque el acto de traición lo ha hecho desdichado. Las lágrimas se toman a menudo como una señal de sinceridad. Roland Barthes escribe que «con mis lágrimas cuento una historia; las lágrimas son "el más verdadero" de los mensajes, el de mi cuerpo, no el de mi lengua». La letra de la canción de Schubert «Elogio de las lágrimas» (*Lob der Tränen*) declara: «Las palabras, ¿qué son? Una lágrima dirá más que todas las palabras». El cuerpo del traidor muestra sus auténticos sentimientos.

¿Son estas lágrimas realmente el más verdadero de los mensajes? Aquí entra en escena la representación del llanto.

Lágrimas escenificadas

Shakespeare reflexiona sobre este poder de las lágrimas escenificadas en el segundo acto de *Hamlet*, obra escrita en la época en que Caravaggio pintó *El prendimiento de Cristo*. Hamlet dirige a un grupo de actores que han llegado al castillo de Elsinor para representar una obra de teatro. Está profundamente afectado por el llanto del actor principal: «El río fecundo en el ojo», como él lo describe. Tras la función, Hamlet reflexiona sobre la naturaleza de las lágrimas:

¿No es monstruoso que este actor,
en una ficción, en un sueño de pasión,
pueda dirigir tan a su placer el propio ánimo,
que agite y desfigure su rostro en la declamación,
vertiendo de sus ojos lágrimas [...][?]

Cómo es posible, se pregunta Hamlet, que él no pueda llorar del mismo modo por la muerte de su padre: que las lágrimas puedan brotar por orden de un actor, pero no fluyan en una tragedia de la vida real. «¿Qué haría él [el actor]», se pregunta Hamlet, «si tuviera el motivo y la indicación para la pasión / que yo tengo? Inundaría el escenario con lágrimas.» Pero Hamlet no llora, y la imposibilidad de llorar no hace sino intensificar su aflicción y su rabia. No tiene un momento catártico.

71

Algunos psicólogos explican el impulso de llorar como una respuesta automática, instintiva al dolor, y, más concretamente, al sonido del llanto. Pero Hamlet está llegando a algo más complejo: que el llanto es una actuación taimada. Llorar en el escenario, obedeciendo una orden, puede ser algo tan sencillo como envolver una cebolla en un pañuelo y llevársela a la cara para provocar el llanto. Las plañideras profesionales, contratadas en los funerales en algunas culturas, ensayan el llanto coral. En Marruecos, donde yo presencié cómo trabajaban, practicaban los gemidos de forma secuencial y no al unísono, de forma que una plañidera tomaba el relevo cuando la anterior había apurado sus últimas notas, y la secuencia se ceñía a ese comienzo y cese de cada llanto. Tal escenificación de las lágrimas de las plañideras profesionales a sueldo permitía que los demás asistentes a un funeral pudieran liberar sus emociones.

Las lágrimas de Judas muestran otro tipo de actuación. Aunque simula el remordimiento como una exhibición pública, es posible que lo sienta realmente una vez que se ha echado a llorar. Puede que lo transforme la propia interpretación de su papel; la actuación lo conmueve, además de ofrecer un espectáculo para su audiencia de soldados y gente del pueblo. El poder trasformador de una escenificación en el intérprete hace de Judas una figura más convincente que si se le tomara por un villano sin matices, que llora con lágrimas fingidas.

No podemos saber si Caravaggio quiso transmitir este mensaje; es algo que puede leerse en la pequeña pincelada de pintura blanca. Pero retomar esta sugerencia que brinda el cuadro ilumina la ambigüedad moral que concurre en el acto de interpretar. La interpretación que transforma al intérprete puede ser positiva, como lo fue para Charles y para el Maquiavelo togado, o perversa, como lo fue para el

Maquiavelo consejero de su príncipe. En la vida adulta, distanciarse de los papeles que se interpretan puede ser una necesidad, como para los pacientes del psiquiátrico estudiado por Erving Goffman, o autodestructivo, como lo fue para Sylvia Plath, deprimida por la línea divisoria entre su apariencia y su ser real. En el escenario profesional, Diderot creía que era peligroso para los intérpretes identificarse con sus papeles, y pensaba también que el intérprete se vuelve un técnico superficial sin relación emocional alguna con los papeles que interpreta. Stanislavski advertía sobre las interpretaciones autorreferenciales, sobre cómo hacer que los intérpretes salieran de sí mismos. Sin embargo, debían invertir personalmente en estas interpretaciones diversas, debían creer que cada una de ellas era acertada, correcta, la única manera de plasmarla. Todas estas complejidades quedan —creo— materializadas en las lágrimas pintadas que brotan del ojo de Judas.

3. LA ACTUACIÓN MÁS PROBLEMÁTICA
Dramatización de la violencia

I. LIBERARSE DE LA REALIDAD

Mano

Cuando se estrenó, fui con un amigo que había luchado en la guerra de Vietnam a ver *Boinas verdes*, película sangrienta dirigida por John Wayne en 1968. Mi amigo Jamal llegaba directamente de algún acto militar vistiendo el uniforme de gala del ejército, atuendo que no podía ocultar su herida de guerra; una bala le había destrozado el antebrazo izquierdo, y los cirujanos militares se habían visto obligados a amputarle el brazo hasta el codo. Desde aquello Jamal llevaba un artilugio mecánico dotado de dedos y pulgares metálicos que le permitían manejar los cubiertos y escribir a máquina.

Mi amigo presenció impasible la sangrienta epopeya bélica, permitiéndose ocasionales comentarios técnicos. Los espectadores, por el contrario, se exaltaban a lo largo de las dos horas de cuerpos desgarrados y despedazados, y aplaudían para celebrar los golpes particularmente atinados. En *Boinas verdes*, los enfrentamientos sangrientos tenían lugar a cada minuto, mientras que, en la guerra real, observó Jamal, los episodios violentos acontecen esporádicamente a lo largo de días y semanas. El aburrimiento es el día a día del soldado. Además, si los soldados lucharan en la vida de forma tan heroica como lo hacen en pantalla, muy probablemente morirían o harían que otros murieran. La clave de la supervivencia, más que la bravura del vaquero, es la disciplina. Pero estas verdades darían como resultado un insípido teatro. Cuando salimos del cine, nos detuvimos un rato en la acera. Jamal encendió un cigarrillo despacio y se lo llevó a los labios. La gente se agolpaba en torno a él, un militar visiblemente herido, miraba la mano metálica y se iba alejando, incómoda. Y pronto fuimos una pequeña isla en medio de la multitud.

A veces se piensa que la violencia en la pantalla da lugar a comportamientos violentos en la vida cotidiana. Se esgrime un argumento similar en el caso del porno: que quienes ven a mujeres maltratadas en vídeos *online* se convertirán ellos mismos en maltratadores. La violencia teatralizada, sin embargo, puede funcionar a la inversa, como en la proyección de *Boinas verdes*. Fuera del cine, la gente no quiere ver señales de lo real. Nuestra experiencia allí no fue, pienso, en absoluto única. La guerra de Vietnam, cruel e inútil conflicto que la gente quiso olvidar, generó el gran acto de amnesia de mi generación. La violencia escenificada tal vez haya ayudado a olvidarla borrando la realidad del dolor.

Capucha

Volví a pensar en esta escisión cuarenta años después cuando visité el estudio de mi amiga Susan Crile. Crile, la pintora más política de nuestra generación, ha creado una

75

serie de grandes paneles sobre la atrocidad de la guerra de Irak. Muchas de las pinturas muestran un teatro de la crueldad escenificada por los propios soldados. A veces exhibían prisioneros desnudos formando una pila humana, que asfixiaba a quienes ocupaban la base. Las fotografías de tales pilas se distribuían luego por internet entre los amigos. Las pinturas de Crile se centraban en una forma similar de violencia escenificada, representando a prisioneros encapuchados y con los ojos vendados y vestidos con sucios ropones, sometidos a descargas eléctricas discontinuas, ignorantes de cuándo les llegará la siguiente andanada de dolor. Estos espectáculos se brindaban en directo a audiencias de soldados, de pie o tumbados alrededor de las víctimas.

En las fotografías tomadas en Abu Ghraib que Crile había pegado en la pared de su estudio, los torturadores se mostraban a menudo a cara descubierta ante la cámara. La más famosa de estas fotografías es la de una mujer soldado sonriente aplicando una picana eléctrica en la ingle de un prisionero encapuchado.

La túnica con capucha tiene su origen en los antiguos disfraces de mago; hay imágenes de magos encapuchados en fecha tan temprana como el siglo XI en Francia. En su origen medieval, la capucha de los magos era un disfraz jactancioso, que pretendía ocultar al mago de la vista de Dios. Pero también significaba que un observador no podía apreciar ninguna emoción en el semblante de quien la llevaba. En las torturas de la prisión de Abu Ghraib, la capucha conllevaba que las expresiones de las víctimas no podían verse mientras gritaban y se retorcían al ser lacerados brutalmente. La prueba del sufrimiento de un ser humano quedaba literalmente encubierta.

Hoy, diez años después, estoy viendo en la televisión el asalto al Capitolio en Washington el 6 de enero de 2021. La imagen más famosa de este acontecimiento violento es la de Jacob Anthony Chansley. Expulsado de la Marina trece años antes, se convirtió en chamán (según se denomina él mismo). En el Capitolio, Chansley vestía su ropaje de chamán: torso desnudo, cara pintada de rojo, blanco y azul, enmarcada con la piel de un animal y dos cuernos atados a la cabeza. Los chamanes suelen disfrazarse para dramatizar su naturaleza mitad humana, mitad animal, de forma que Chansley se ceñía a su personaje.

Los cuernos de Chansley, como la capucha de Abu Ghraib, ayudaron a disipar la realidad de este suceso: que los asaltantes amenazaban con matar a gente del edificio. La división entre violencia escenificada y violencia real tal vez explique por qué muchos de los detenidos por asaltar el Capitolio se sorprendieron de serlo por cometer un delito real. El acto les había parecido más una especie de festejo.

Me sorprendió mucho el cuidado con el que Chansley había elegido el vestuario. El sexy pecho desnudo con sus restos de vello era un signo carnoso que contrastaba con la ruda cara pintada de forma abstracta; el pelaje y los cuernos eran, de nuevo, un binomio de suavidad y dureza. Cualquier maquillador habría admirado los emparejamientos: le hacían parecer mitad hombre, mitad bestia, y le conferían un aspecto amenazador que no se correspondía con la realidad. Su aura se disipó en cuanto abrió la boca y habló a trompicones.

Nuestra cultura consume ávidamente violencia teatralizada del tipo manos, capucha y cuernos. Puede parecer que este consumo marca una línea divisoria con el siglo XIX, que no erotizaba la violencia hasta tal punto –al menos en público–. Piénsese en las descripciones de la batalla de Waterloo de Tolstói en *Guerra y paz*. El *gore* por el *gore* no es lo importante. Los cuerpos masacrados salpican el lienzo gigantesco que Félix Philippoteaux pintó para mostrar a los revolucionarios de París en la insurrección de 1848; la sangre está por todas partes, pero no es, por así decir, sangre impúdica. Sin embargo, las películas de Vietnam, los torturadores de Abu Ghraib y Jacob Anthony Chansley tienen un vínculo con esa época: la violencia con la que se deleitan es descomunal –no es una cuchillada por la espalda en una calleja oscura, sino grande, pavorosa, inverosímil–. La ópera del siglo xix muestra algunas de las técnicas que permiten aceptar y disfrutar de este tipo de violencia dramatizada.

Más grande que la vida

El propio título de *La fuerza del destino*, de Verdi, nos dice que nos espera algo grande, más grande que la vida; ciertamente, la trama de esta ópera es increíble. El padre de la heroína, Leonora di Vargas, la recluye en el campo para alejarla de su amante, don Álvaro. Más tarde, don Álvaro, le dispara accidentalmente al padre y lo mata. El hermano de Leonora, don Carlo, quiere vengar su muerte, pero, debido a una serie de encuentros fortuitos, identidades disfrazadas, etcétera, amante y hermano se salvan la vida el uno al otro. La acción, al final, se traslada a un monasterio, donde Leonora y don Álvaro se esconden por separado, sin saber que el otro está en el interior. El hermano descubre dónde están –no pregunten cómo–, lucha con el amante ante la puerta de la celda de ella, y resulta herido de muerte. Leonora trata de consolarlo, pero, con la energía que le queda, don Carlo apuñala de muerte a su hermana.

Toda ópera, se podría argumentar, trasciende lo cotidiano para encandilarnos, pero tal razonamiento no es válido en el caso de Verdi. *La Traviata*, compuesta en 1853, es una tragedia de salón; una década más tarde, *La fuerza del destino*, compuesta en 1862, pertenece al período medio de Verdi, en el que buscaba grandes efectos escénicos como los de la gran ópera parisiense. Como dijo de *Aida*, compuesta en 1871, tiene «mordiente y, si se me permite la palabra, teatralidad».

Inspiradas en modelos del pasado, las óperas del siglo XVII dramatizaban las acciones de los dioses y las diosas clásicos. El arte empezó a bajar a tierra en el ilustrado siglo XVIII, y aterrizó de forma suave y liviana. Por ejemplo, *El adivino de aldea*, de Jean-Jacques Rousseau, estrenada en 1752, evoca una campiña embellecida de pastores y pastoras. La música –Rousseau es autor de música y libreto– es también falsamente naif, con melodías y armonías implacablemente placenteras, sin las tensiones que animan el arte operístico de Händel. Mozart tiene los pies en el suelo con más firmeza; le interesa el mundo tal como es, y las personas tal como son. Aunque *Così fan tutte* se inspira en una Albania «exótica», los personajes son gentes que reconocemos como corrientes, que, por desdicha, hacen algo tan corriente como mentir a quienes aman. Incluso una ópera como *La flauta mágica*, llena de misterios masónicos, tiene sus raíces en experiencias que las audiencias pueden reconocer como propias. El rito masónico del final se traduce sin demasiados filtros como una iniciación a la edad adulta.

En el siglo XIX volvieron las tramas grandiosas. A diferencia de las alegorías del poder de Wagner, los libretos de Verdi son estampas más levemente distorsionadas de la política del momento. Sin embargo, no son representaciones directas, y aquí surge un problema de producción. La inflación de la escala, como en *La fuerza del destino*, requiere una especie de astucia teatral.

En la escena crucial en la que se da muerte al padre, los directores se enfrentan al reto de cómo manejar la pistola. ¿Ha de caer al suelo? ¿La agarra el padre? ¿Están el protagonista y el padre muy separados o enzarzados peleando? La acción tiene que resolver estas cuestiones: de lo contrario, el público, desconcertado, podría desconectar del escenario. En una producción de Chicago, la directora de la Lyric Opera, Carol Fox, hizo que la escena de esa muerte funcionara mediante un artilugio sencillo: pintar la pistola de rojo y dejarla caer al suelo, iluminada por un foco situado en lo alto. Asimismo, en la escena del apuñalamiento de *Tosca*, de Puccini, hizo un uso astuto de un detalle en apariencia absurdo. Tosca, la protagonista, apuñala al malvado Scarpia, violador amenazante, presumiblemente más fuerte que ella. El reto consiste en hacer creíble en el escenario que Tosca logra reunir la inmensa fuerza necesaria para matar a Scarpia apuñalándolo en el pecho. Fox hace que Tosca levante la mano y mire con incredulidad la sangre que gotea. Parece tan sorprendida como el público que lo acaba de presenciar. Y, acto seguido, Tosca se lame los dedos para probar la sangre.

Al igual que no hay razón alguna para que la pistola sea roja, no hay lógica dramática ninguna que explique por qué Tosca se lame los dedos goteantes (esto solo tendría sentido en una ópera de vampiros). En ambas óperas, un objeto o gesto que no tiene nada que ver con la trama capta nuestra atención; es intrigante en sí mismo. La puesta en escena desvía la atención de la lógica de la trama o, mejor, de la falta de ella. La propia extrañeza contribuye a la suspensión de la incredulidad.

Aristóteles está, como siempre, dispuesto a dar explicaciones. En su *Poética* afirma que estas tramas se presentan de dos formas: las «imposibilidades probables» y las «posibilidades improbables». En el caso de *La fuerza del destino*, que los amantes vivan en el mismo monasterio sin saberlo es una situación de «imposibilidad probable», ya que las probabilidades de que los dos amantes lleguen al mismo lugar al mismo tiempo son muy bajas, y la trama no ofrece indicación alguna de cómo ocurre tal cosa. Asimismo, las pistolas no son rojas: otra «imposibilidad probable». No obstante, que un revólver se dispare accidentalmente es una «posibilidad improbable», pues es sabido que los revólveres pueden hacerlo; y que un amante mate al padre accidentalmente en un momento crucial es improbable, pero puede suceder. Iluminar con un foco la pistola roja eleva la escena a un reino de fantasía más allá de cualquier coincidencia improbable. Y ese recurso escénico ayuda a convencernos de que suspendamos la incredulidad sobre otra imposibilidad probable: que el padre pueda arreglárselas para cantar *forte* mientras se está desangrando.[1]

La propia música puede hacer el trabajo de desviar la atención y captar los detalles. Esto es verdad en Wagner, el gran adversario de Verdi, en una ópera como *Tristán e Isolda*. Wagner profundiza en el pasado medieval para su obra, y utiliza manuscritos recién descubiertos de la leyenda de Tristán. Considerado solo como libreto, *Tristán*, igual que *La fuerza del destino* de Verdi, resulta un poco ridículo: hay una poción de amor mágica, un barco que no llega a tiempo y asesinatos perfectamente simétricos. Pero la música hace que estos artilugios escénicos resulten tan poderosos al oído como nunca podrían serlo en una página de texto.

En esta ópera, escrita a mitad de la composición de las cuatro obras épicas de su ciclo de *El anillo del nibelungo*, Wagner profundiza en las posibilidades del cromatismo, los pasos de semitono que son los fundamentos de la música occidental. Largas melodías brotan de ceñidos movimientos de semitono. Wagner contrapone este embate cromático tanto a los cambios armónicos –por ejemplo, las cadencias plagales de la música sacra– como a armónicos más sofisticados como las sextas napolitanas, aventura armónica de la que, tiempo después, Debussy se convertiría en maestro.

Esta paleta cromática ayuda a Wagner dramaturgo musical a lograr la intensidad que transforma un libreto que chirría en una obra escénica fascinante. El gran dueto de amor del segundo acto se ejecuta sobre ondas melódicas cromáticas que se disuelven y luego se recomponen una y otra vez. Escuchamos un pequeño cambio armónico que se vuelve más y más cautivador en sí mismo. ¿Adónde nos llevará? ¿Se resolverá alguna vez? Los cambios cromáticos no consumados nos impiden pensar que Tristán e Isolda están tardando mucho –demasiado– en llegar al clímax de su amor. No importa. Estamos extasiados por los pasos cromáticos interminables, minuciosos. Asumimos, o así lo creo, los libretos gótico-religiosos de Wagner, más grandes que la vida por esos delicadamente calibrados y no resueltos micromovimientos de la música.

¿Cómo se relacionan los modos que la ópera emplea para inducirnos a suspender la incredulidad con el tipo de violencia dramatizada por la mano, la capucha y los cuernos? El desplazamiento a través de un detalle atrayente y desubicador es una conexión. En *Boinas verdes*, el director John Wayne hace uso de un encendedor del mismo modo que Carol Fox utiliza la pistola roja en *La fuerza del destino*, como un accesorio que desvía la atención del espectador. El encendedor, que había pertenecido a un boina verde, se había encontrado en poder de un combatiente capturado del Vietcong. El vietnamita es torturado para que confiese cómo llegó a sus manos el encendedor, pero, más que fijarse en sus gritos, la cámara enfoca el mechero Zippo, que se enciende y se apaga. ¿Por qué a veces no se enciende? Tal detalle visual tiene lugar mientras se desarrolla la tortura.

Pero la suspensión voluntaria de la incredulidad tiene una relación más amplia con la violencia escenificada.

II. LA SUSPENSIÓN VOLUNTARIA DE LA INCREDULIDAD

La reina Gertrudis está a solo tres metros de Hamlet, pero no lo oye cavilar en voz alta. Un soliloquio pide al público que crea que puede oír hablar a un actor mientras que los personajes que lo rodean no pueden. Un soliloquio difiere de la ironía escénica cuando la audiencia sabe que las cosas no son en realidad diferentes de lo que parecen a los personajes de la representación, como en el *Otelo* de Shakespeare: sabemos que Desdémona es inocente, pero Otelo no lo sabe. Y esa diferencia plantea un gran problema. Mientras que nuestro conocimiento real permite la ironía escénica, el soliloquio requiere nuestra suspensión voluntaria de la incredulidad.

El poeta de la época romántica Samuel Taylor Coleridge acuñó la expresión «suspensión voluntaria de la incredulidad». La frase podría parecer una mera descripción del escapismo, como para el público de *Boinas verdes*. Pero, cuando Coleridge la utilizó por primera vez, la «suspensión voluntaria de la incredulidad» tenía un alcance mucho mayor. Sostenía que la gente necesita creer en verdades religiosas que no pueden probarse ni refutarse. La religión requiere la suspensión voluntaria de la incredulidad.

La verdad de Coleridge

Tras la investigación racional del mundo llevada a cabo en el siglo XVIII, a Coleridge le preocupaba que la ciencia estuviera debilitando el impulso de basar las cosas en la fe. Los deístas como Thomas Jefferson tomaban la Biblia como una colección de alegorías inspiradas y mitos morales, como ficciones divinas más que como hechos históricos. En la generación que siguió a Coleridge, el filósofo T. H. Huxley acuñó en 1869 el término «agnóstico». Esta palabra, dijo, «significa sencillamente que un hombre no ha de decir que sabe o cree lo que no tiene un fundamento científico para permitirle saber o creer». El agnóstico de Huxley se inclinaba más a la sospecha que a la apertura mental neutral. Después de leer a Darwin, pensaba Huxley, ¿cómo se puede imaginar que Dios había creado el mundo en siete días?[2]

El poeta temía el poder de la ciencia para erosionar la fe religiosa, como tantos otros habían temido entonces y ahora. Más concretamente, Coleridge temía que la incredulidad pudiera extenderse a las artes, y llegase a embotar la imaginación de las gentes. Este miedo hizo que Coleridge escribiera cierto tipo de poesía. Se preguntaba: ¿cómo podría el arte suspender el escepticismo y estimular la capacidad de creer de los humanos? Una obra de arte así sería tan fuera de lo común que doblegaría las pretensiones de los fríos hechos. Tendría que ser más grande que la vida. El poeta, así, entraría en el reino de *La fuerza del destino* y crearía lo que hoy llamamos «ciencia ficción», un arte de lo hiperreal.

El poema de Coleridge *La balada del viejo marinero* es un viaje hiperrealista. Describe la travesía de un barco desde una Antártida imaginaria hasta el torpor tropical del Ecuador. Al comienzo del viaje, la muerte de un albatros concita una maldición sobre el marinero. Durante el periplo, la tripulación muta en fantasmas y presencias de carne y hueso. El lector asume la creencia de que viajar a lugares extraños puede provocar esta alternancia de cuerpos sólidos y sombras. La amiga de Coleridge, Mary Shelley, tramó algo parecido en su novela *Frankenstein*. El Dr. Frankenstein, artista-científico, crea en su laboratorio, de algún modo, un ser humano vivo. Para ambos escritores, el arte debe elevarse por encima de las leyes y de la ciencia común y corriente.

El miedo de Coleridge a que la sociedad moderna acabara encadenada a los hechos podría haber desaparecido si hubiera pasado unos días en la Bolsa de Londres. Allí, la obsesión por los tulipanes de comienzos del siglo XVIII sirvió de ejemplo de la secular credulidad de los severos hombres de negocios. Los bulbos de este tubérculo ordinario se cotizaron a valores altísimos sin ninguna razón que lo justificara, hasta que la burbuja de la creencia estalló y los hombres de negocios entraron en razón. Pero solo hasta que hizo su aparición el siguiente elemento mágico. Al observar semejante locura, el sociólogo Max Weber rebatió la afirmación de que el escepticismo reina en la vida moderna; él pensaba que en la economía, como en la religión, la gente necesita creer; los hechos siempre serán víctimas del deseo.[3]

La suspensión voluntaria de la incredulidad tiene un lado personal, que es quizá el aspecto más seductor de este concepto. El psicólogo y filósofo norteamericano William James lo consideraba un remedio para la depresión.

La terapia de la fe

Sordo tonal, y con la vista, la espalda y el estómago frágiles, William James fue presa de la neurastenia, nombre de la depresión en el siglo XIX; sufrió sobremanera de joven, y soportó tentaciones de suicidio durante meses. En su primer empeño para combatir la melancolía se refugió en la ciencia; en 1864, buscando en sus hechos irrefutables una alternativa a sus preocupaciones personales, entró en la Facultad de Medicina de Harvard. Pero seguía deprimido, y recurrió a una huida de sí mismo más extrema. Al año siguiente viajó río Amazonas arriba en compañía del científico Louis Agassiz. Pero esta travesía no lo liberó. Al cabo de ocho meses contrajo la viruela, padeció disentería y volvió a casa. Y cayó en otro acceso de desesperación suicida.

No fue hasta 1872 cuando encontró alivio a lo que él llamaba su «enfermedad del alma», alivio que implicó cambiar la investigación médica por la escritura filosófica, una ocupación que podía ejercer o posponer según las oleadas de la depresión vinieran y se fueran. Fue entonces cuando empezó a alejarse del agnosticismo –en la formulación de Huxley– y a abrazar el puro salto de fe realizado por los creyentes.

En un largo ensayo escrito en 1902, *Las variedades de la experiencia religiosa*, James explicó la psicología de la creencia. La fuerza que impulsa a la gente a creer viene del «yo dividido». Temes no valer nada, que tu vida carezca de sentido, aunque importes a los demás y te dediques a actividades que merecen la pena. En lo que James llamaba «religión de mente sana», el alivio del sentimiento de no valer nada se consigue «naciendo dos veces», es decir, despojándose del viejo yo y adoptando uno nuevo. Al hacer ese cambio no te justificas a ti mismo por tus obras, por pruebas extraídas de tu experiencia; das un salto de la fe en tu nuevo yo, al amparo de Dios.

Tal renacimiento no comprometía personalmente a James; él sintonizaba con la religión que no promete redención. La fe en Dios no hará que desaparezcan tus demonios interiores. Sí, eres infeliz, y no se puede hacer nada al respecto; aun así, crees en Dios. El salto de fe consiste en creer aunque no puedas contar con pruebas de que la fe te hará bien. En lugar de superar tu depresión, vives con ella. Y, sin embargo, hay una realidad superior fuera de ti. Vuélvete hacia el exterior.

Las variedades de la experiencia religiosa pertenece a la misma estantería que muchas de las novelas de Henry James, hermano del filósofo William James. *Retrato de una dama* es, entre otras cosas, un estudio de la vida después del desencanto. Su protagonista, Isabel Archer, contrae un matrimonio desastroso con un granuja; casi acto seguido empieza a darse cuenta de que ha cometido un terrible error, pero no cae en el victimismo autocompasivo. Sigue comprometida con su desamparada hijastra y con un primo moribundo. La novela afirma su voluntad de continuar su camino en lugar de caer en la neurastenia. Para Henry James, el salto de la fe implica el compromiso con otras personas, aunque estés lleno de cicatrices. Para su hermano William, el compromiso es con Dios, aunque sigas deprimido. La propia fe se reduce a lo mismo.

Estas versiones de la suspensión voluntaria de la incredulidad pueden parecer alejadas de la esfera de la violencia. Pero no es así: la experiencia individual de creer pone de relieve la experiencia colectiva de la violencia.

Los objetos de Wordsworth

En un relato de las conversaciones con William Wordsworth veinte años después de la publicación de su famoso libro de poemas *Baladas líricas,* que incluye *La balada del viejo marinero,* Coleridge observó que su colega poeta se había retirado ya de este inflamado reino de fantasía. La razón para este abandono de encrucijada radicaba en la experiencia de Wordsworth de cómo la «suspensión voluntaria de la incredulidad» podía conducir a la violencia callejera.[4]

Helen Maria Williams, una joven activista que fue pareja de William Wordsworth, dejó Gran Bretaña por París en 1791. Describió la *Fête de la Fédération*, un festival al aire libre que celebraba la unidad nacional, como «el espectáculo más sublime tal vez representado en el teatro de esta tierra». Al principio también Wordsworth acogió la revolución con los brazos abiertos, y declaró, con palabras célebres: «En aquel amanecer era una dicha estar vivo [...], ser joven era el paraíso mismo».[5]

A medida que la Revolución iba avanzando, el entusiasmo inicial de Wordsworth iba decayendo, como queda registrado en su largo poema «El preludio». En septiembre de 1792 cruzó la plaza central de París, «atestada de muertos y de moribundos», cuyos cuerpos pronto serían quemados por la turba. Las razones de esta violencia se le antojaban insondables «pues estaban escritas en una lengua que él [el poeta] no podía leer». Lo cual no era del todo exacto. Sabía que estaba en garras de una violencia colectiva que se agravaba al ser teatralizada. Había tenido noticia de cómo una noche, en Versalles, una turba de *sans-culottes* había masacrado a cincuenta presos políticos, y luego había formado una pila de cadáveres alrededor de los cuales había bailado el pueblo. Una noche, en París, incapaz de conciliar el sueño, la sangre de Versalles se mezcló en su cabeza con las imágenes de los cuerpos a punto de arder en la Place Louis XV, como un espectáculo público: «El miedo pasado / me oprimía casi tanto como un miedo por venir [...] Sentí un pavor considerable».

El teatro de la violencia en la Revolución fue ejemplificado por la guillotina. Aunque había precedentes británicos de este artefacto, su perfección técnica se debe al médico Joseph-Ignace Guillotin, que trató de idear un método relativamente humano de pena capital: que fuera rápido, a diferencia de las torturas prolongadas del antiguo régimen, e impersonal, ya que la víctima arrodillada boca abajo no vería caer la cuchilla.

Cuando la Revolución de 1790 se convirtió en el Terror de 1793, la guillotina montada sobre un escenario llegó a ser el principal instrumento de un espectáculo de masas. Como incontables novelas relatan, justo antes de que se arrodillara, al reo se le permitía dirigir unas últimas palabras al gentío congregado para presenciar el ajusticiamiento. Durante el último año del Terror fueron guillotinadas unas diecisiete mil personas. Al principio, las guillotinas se montaban en pequeñas plazas de París, pero con el tiempo se trasladaron a lugares que pudieran acoger a grandes multitudes; al final, se usaban en la plaza más grande del centro de París, la Place Louis XV (hoy, plaza de la Concordia).

Wordsworth llegó a temer el teatro en las calles por escenas acontecidas en las ejecuciones en la guillotina. Coleridge –de buen corazón, idealista, de imaginación volandera– parecía incapaz de comprender la pesadilla. Un año después de debatir entre ellos sin entenderse cabalmente, el miedo de Wordsworth a teatralizar la violencia se articuló de forma más analítica, merced a una teoría que sigue conformando nuestra comprensión al respecto.

III. TEATRO CALLEJERO VIOLENTO

Suspensión colectiva de la incredulidad

A finales del siglo XIX, en 1899, el escritor Gustave Le Bon escribió un libro sobre las multitudes, titulado sencillamente *La multitud*, que trataba de explicar cómo las gentes se enardecen con violencia en las calles, unos contra otros. Le Bon era un monárquico que a un tiempo odiaba y temía al pueblo. Creía que en toda aglomeración humana hay agazapada una turba violenta a punto de estallar. El poder del teatro para suspender la incredulidad era, en gran parte, la razón –argumenta Le Bon– por la que la masa podía desatarse.

La multitud de Le Bon parte de la premisa de que los individuos, juntos, cometerán atrocidades que jamás cometerían solos. No era un pensamiento original: Nietzsche dijo en alguna parte que «la locura es rara en la persona [...], pero, si está en compañía, es la norma». Le Bon bajó esta idea a la tierra, concretamente a la ciudad. La calle atestada proporciona anonimato, de forma que nadie puede reconocer a nadie para hacerlo responsable. Las agresiones que suelen contenerse en la vida privada pueden liberarse en público; el «yo» se esconde detrás del «nosotros». Le Bon pensaba que era por esto por lo que los parisienses normales y corrientes, durante el Terror de 1793-1794, se convirtieron en asesinos revolucionarios: los protegía el anonimato. De haber vivido hoy día, los troles *online* le habrían servido de paralelismo digital: el trol nunca se revela personalmente, y así evita rendir cuentas.

Según Le Bon, la liberación de las inhibiciones de la multitud en la calle se materializa en tres etapas:

En la primera se congrega una densa masa de gente. En

lugar de hacerlo en el interior de edificios –iglesias, etcétera–, el gentío de Le Bon se agolpa en el exterior, en plazas, bares y cafés, en cualquier lugar donde la gente pueda entrar y salir a voluntad.

Una vez reunida la multitud, su masa arremolinada tiende a inflar los rumores y el boca a boca, y estas fantasías se expanden como contagios de enfermedades en el cuerpo colectivo. En lugar de pensar en concreto, la multitud se entrega a los acontecimientos que parecen desmedidos: el melodrama de enemigos y héroes, los cuentos salvajes de valor y crueldad..., imaginaciones escabrosas que desatan demonios de odio y agresión que los individuos normalmente mantienen a raya.

Cuando la gente clama pidiendo sangre surge una tercera fase. No se trata tanto de mirarse y hablarse unos a otros –de hecho, sus miradas se apartan unas de otras, ya que individualizar a alguien rompería el hechizo–, como de encontrar a algún mirón inocente. Atacar a alguien todos juntos creará un vínculo en la turba. Así, en la Revolución francesa cualquiera podía ser agredido en la calle como si fuera un «enemigo del pueblo», del mismo modo que hoy se agrediría a una persona negra o a un extranjero, cualquiera que tuviera una apariencia diferente.

Freud era un ávido lector de Le Bon. En *Psicología de las masas,* publicada dos décadas después, suscribía la tesis de que, una vez que un individuo se integra en una multitud, pierde cualquier restricción sobre el yo. Una multitud no tiene superego; todo es «ello». Y el «ello» es crédulo; no posee recursos analíticos internos para comprobar su voluntad de creer o hacer algo. Esta idea podría explicar las reacciones de perplejidad y, a menudo, de culpabilidad de quienes asaltaron el Capitolio en los días posteriores al 6 de enero de 2021, cuando los participantes ya no estaban bajo el hechizo de la multitud y habían vuelto en sí mismos, a su ser de individuos, como si despertaran de un mal sueño colectivo.

Al igual que Freud y Le Bon, Theodor Adorno, al explorar la violencia colectiva continuada, llegó a la conclusión de que la psicología colectiva funcionaba de forma diferente a la del individuo. Reflexionando sobre la multitud nazi, llegó a sospechar que pocos alemanes, «en el fondo de su corazón, [creían] que los judíos eran el diablo, [ni] creían totalmente en su líder». Más bien, el hecho de estar integrando una masa dio a los alemanes la oportunidad de relajar los lazos tanto de la responsabilidad como del pensamiento. Adorno escribe: «Si ellos [la turba que perseguía a los judíos] se detuvieran a reflexionar un instante, el espectáculo entero se iría al garete y les invadiría el pánico».[6]

Quizá el menos conocido de los herederos de Le Bon sea Elias Canetti, que estaba más en sintonía con la teatralidad física de una multitud violenta que con su existencia verbal a través de rumores y consignas. Su obra *Masa y poder* (1960) se basó en su experiencia personal del nazismo en la Viena de los años treinta, y en especial en ese pulcro sector de Viena, su pequeña burguesía. ¿Cómo llegaron a convertirse en crueles nazis? La respuesta de Canetti era que saludar, vitorear y marchar los convirtió en nazis. Los gestos tenían ese poder en sí mismos y cobraron vida propia. Cuando una multitud perseguía a un judío en una calle de Viena, el mero deleite de correr motivaba la persecución, del mismo modo que, en la caza, el caballo y el jinete se embeben en el placer visceral del movimiento. Sobre el saludo nazi, Canetti observó que el gesto de lanzar el brazo hacia delante se produce espontáneamente cuando una masa de cuerpos excitados dirige la mirada hacia el frente; no se requiere una ideología específica de odio a los judíos para que la multitud salude de ese modo. Al representar físicamente el nazismo –pensaba Canetti–, la masa se identificaba ideológicamente con él.

Todos estos análisis de la multitud violenta hacen hincapié en que los individuos pierden la conciencia de sí mismos. ¿Cómo contribuye el teatro a esa supresión del yo? Una respuesta la encontramos en Antonin Artaud, coetáneo de Canetti.

La historia recuerda a Artaud como autor de novelas, y de una obra sobre el teatro, *El teatro y su doble*, pero no como actor. De hecho, él era un intérprete de talento que buscaba formas de estimular al público físicamente. En el teatro Alfred Jarry, que Artaud fundó en 1926, trataba de infundir un sentido de liberación visceral en las audiencias, a expensas del pensamiento lógico o crítico. Su propia actuación implicaba movimientos rápidos por el escenario, excesos de gritos y susurros, de señalar con los pies y con el trasero. Sobre la violencia de la liberación, Artaud escribió: «El Teatro de la Crueldad se ha creado para devolver al teatro una concepción apasionada y convulsa de la vida, de rigor violento y de condensación extrema de los elementos escénicos [...], y se ha de comprender la crueldad en la que se basa». Jean Genet, en obras de teatro como *Las criadas*, también quiere suspender la resistencia de la audiencia para que esta pueda sumergirse emocionalmente y sin reservas en sus propias escenas de degradación.[7]

Wordsworth dijo que carecía de palabras para expresar la violencia que había presenciado en las calles de París, y estas teorías de la violencia colectiva contribuían a explicar por qué. La violencia se creaba de manera visceral, no verbal. La suspensión voluntaria de la incredulidad en la calle acontece en el cuerpo.

La dramatización de la violencia es, sin duda, la más peligrosa de todas las actuaciones. Lo que nos podría llevar a pensar que la vuelta a la cordura y el civismo requiere que dejemos de actuar. La vida civilizada exigiría, en cambio, un discurso desapasionado. Podría desprenderse de esto que Huxley ha ganado el debate; la suspensión voluntaria de la incredulidad podría estar bien en el interior de un teatro de la ópera, pero es destructiva en la sociedad. Pero, si solo creemos en lo que se puede demostrar, la evitación de la fantasía podría causar otro tipo de violencia en nosotros. La imaginación se marchitaría. Las lecciones de *Las variedades de la experiencia religiosa* y de *Retrato de una dama* son mejores guías; como la depresión y la traición, la violencia es un hecho con el que tenemos que convivir, más que una realidad que superar. Y los espacios de la interpretación sugieren cómo podríamos hacerlo.

Libro 2
Escenarios y calles

4. LOS TRES ESCENARIOS DE LA CIUDAD
Los espacios elementales del teatro

«El mundo es un escenario» tiene un significado urbano. En las ciudades hay tres tipos de espacio donde tienen lugar las representaciones. Son los escenarios abiertos, los escenarios cerrados y los escenarios ocultos. Los tres son más que configuraciones de fondo: determinan cómo actúan los actores y cómo ven los espectáculos los espectadores.

Las tres formas se hicieron evidentes en los comienzos de la historia occidental en la antigua Atenas. El escenario abierto era el ágora: en Atenas, un centro urbano de unos cuarenta mil metros cuadrados que albergaba los tribunales, los mercados de alimentos, los santuarios de los dioses y los espacios para comer, cotillear y coquetear. En este escenario, todo el mundo se exhibía; no había distinción entre actor y espectador.

La Pnyx era el segundo escenario de Atenas: un anfiteatro construido en la ladera de una colina donde originalmente la gente se sentaba en el suelo a presenciar danzas y escuchar recitaciones de odas e historias representadas al pie de la colina. Luego se convirtió en un lugar más formal, con asientos de piedra y escenario pavimentado. Con el tiempo el anfiteatro pasó a utilizarse para reuniones políticas; podía albergar a casi un tercio de los ciudadanos de Atenas. Un solo orador acaparaba la atención de toda una masa de oyentes, desplegando muchos de los gestos y recursos retóricos empleados en las representaciones escénicas; en la Pnyx, el actor político se separaba del ciudadano espectador.

El tercer espacio escénico para la representación estaba oculto. Desde los orígenes de la civilización occidental, las cuevas se consideraban lugares sagrados donde los sacerdotes guardianes de los misterios podían desvelar los poderes de los dioses sobre la vida cotidiana exterior. Los encuentros incluían ritos terroríficos, sonidos que resonaban en las paredes de las cuevas y humo de las hogueras ceremoniales, a menudo con el transmisor del oráculo enmascarado o con ropaje de criatura salvaje. Los espectadores quedaban más petrificados por las fuerzas descomunales que por los actores humanos.

Estas tres formas antiguas han perdurado durante miles de años.

I. EL ESCENARIO ABIERTO

El ágora era un terreno de unos cuarenta mil metros cuadrados, situada en un plano llano. Albergaba el mercado central de la ciudad, funcionaba como comedor y centro social y, además, era sede de los tribunales de justicia y varios santuarios dedicados a los dioses. Los muros bajos que rodeaban los tribunales permitían que viandantes y compradores pudieran, por ejemplo, expresar su opinión sobre un juicio por asesinato. Los hombres se arremolinaban en el ágora a todas horas, yendo de una actividad a otra, chismorreando, pavoneándose, dando a conocer su presencia. Las mujeres aparecían por la mañana temprano para hacer compras, y más tarde durante ciertas fiestas, aunque se trataba de un espacio esencialmente masculino. La «calle», en su rico sentido simbólico, era una zona que los antiguos habrían identificado con el ágora; las calles reales de Atenas eran estrechas y casi recubiertas por completo de muros blancos. El espacio estaba encuadrado con estoas, edificios rectangulares parecidos a pórticos que circundaban el espacio abierto. Los muros de las estoas que daban al espacio abierto se eliminaban, de modo que los edificios quedaban cerrados por tres lados. En ellos se comía, se visitaba a prostitutas o se dormitaba. Eran lugares privados en el sentido de que no se podía entrar en ellos si no estabas invitado.

El espacio abierto del ágora permitía a los hombres exhibir el cuerpo desnudo; en la antigua Grecia, los hombres lo hacían sin pudor. Igualmente importante era la postura. Se mantenían de pie en el ágora, mientras que en las estoas se sentaban o reclinaban. *Orthos*, la postura erguida, era una postura de orgullo. Un hombre trataba de caminar con determinación y tan deprisa como le fuera posible entre el remolino de otros cuerpos; cuando permanecía quieto establecía un resuelto contacto visual con desconocidos, contacto que mantenía como una señal de virilidad a medida que se dirigía hacia otro hombre. Se suponía que irradiaba orgullo y control personal al exponerse a sí mismo, y al permanecer de pie y erguido, y mirando directamente a los demás.

En el teatro moderno, cuando un actor baja hasta las candilejas, revelando pensamientos sobre lo que está sucediendo o simplemente bamboleando los pies en el borde del escenario, aparentando tomarse en descanso, ocupa un espacio liminar: la zona de las candilejas marca un espacio intermedio, a la vez en el escenario y al margen del espacio principal de la acción.

En el ágora, las lindes entre las estoas cerradas y el espacio abierto eran espacios liminares semejantes, y se regían por reglas especiales. A una persona de pie en los escalones de la estoa en su lado abierto se la podía ver tanto desde las bambalinas como desde las candilejas, pero no se le podía hablar. Una vez que el griego que estaba de pie en la linde de la estoa daba un paso en cualquier dirección, esa convención dejaba de aplicarse: se le podía dirigir la palabra y él debía responder.

¿Tiene sentido llamar teatro al ágora? Los antiguos pensaban que sí. En la Grecia antigua, el término para «teatro» era *theatron*, que significa «lugar para ver»; el nombre viene del verbo *theaomai*, que significa «veo». (Nuestra palabra «teoría» viene de *theatron*; lo que los teóricos ven está en el ojo de la mente. La palabra griega *praxis* significa hacer algo con lo que ve el ojo de la mente; es decir, llevar la teoría a la práctica.) En el ágora, la gente se comportaba como si estuviera en el escenario, viendo y siendo vista. Pero era una escena complicada. Se podía entrar en ella, retirarse o contemplarla a voluntad simplemente moviéndose de fuera adentro. Había estrictos límites a la participación; en una sociedad esclavista como la de la antigua Grecia, solo una minoría era libre. Aun así, contenía el ADN que ha perdurado hasta hoy en cierto tipo de teatro: un teatro participativo en el cual no hay distinción entre actor y espectador.

II. EL ESCENARIO CERRADO

La mayoría de los anfiteatros antiguos empezaron en las laderas de las colinas, donde se sentaba una multitud de observadores para ver y oír claramente a los oficiantes que ocupaban el pie de esas colinas; pero estos observadores aún no eran espectadores, y las personas de abajo aún no habían recibido la calificación de intérpretes. Al principio, la gente cambiaba de papel, sobre todo durante los festivales. En una fiesta ateniense antigua, la llamada Dionisia Rural, por ejemplo, un rito que celebraba la vendimia en el campo, tenía lugar un desfile de personas que serpenteaba por los caminos rurales con jarras de vino, panes y estatuas de arcilla de falos (el falo de arcilla era símbolo del vigor físico del agricultor), para terminar en un claro de la colina de la ciudad, donde los celebrantes recitaban versos y entonaban odas musicales. La gente a otros veía bailar, tocar la música o recitar la poesía que ellos mismos interpretarían.

Con el tiempo, la Dionisia de la Ciudad, un festejo más sofisticado, marcó la especialización del espectáculo. Todo el mundo podía seguir siendo celebrante, desfilar por las calles, llevar los panes tradicionales, las jarras de vino y los falos de arcilla, a los que ahora se les añadía una estatua de madera de Dioniso, deidad que presidía el teatro. Al culminar la Dionisia de la Ciudad en el anfiteatro, famosos dramaturgos y poetas declamaban y competían por los premios, tomando el relevo de las sencillas expresiones dramáticas de los agricultores de la Dionisia Rural. El escenario se convirtió entonces en el terreno de hábiles intérpretes, encarnados de algún modo por el triunfo de Sófocles en el festival Dionisia de la Ciudad, galardonado con el primer premio en el 468 a. e. c., frente al dramaturgo más viejo Esquilo; la obra de Sófocles *Triptólemo* requería actores altamente cualificados y una elaborada puesta en escena.

Ambas Dionisias terminaban en un lugar que lleva el nombre del propio Dioniso, construido en la ladera sur de la Acrópolis. Desde ese templo, mirando hoy hacia abajo, podemos ver restos del teatro tal como era a finales del siglo v a. e. c., con un abanico ascendente de asientos de piedra, un espacio regular, circular, en la parte inferior, en el que actuar, y más abajo, un edificio que almacenaba máscaras, vestuarios y decorados. Esta articulación del espacio permitió dar forma al teatro cerrado.

El decorado de la imaginación

En un principio, más allá de los actores, el público podía ver las montañas de las afueras de la ciudad. El teatro no podía separarse físicamente de la naturaleza. Sin embargo, alrededor del 500 a. e. c., esta vista despejada quedó en parte bloqueada. Un muro de fondo llamado *skené* se añadió al espacio escénico de la *orkhestra*. Esta barrera visual fue en origen una cortina de tela; más tarde, la barrera fue de madera y, más tarde aún, de piedra. Tras ella, los actores se preparaban y se guardaban las máscaras. Cuanto más grande y sólida era la pared frontal, mejor reflejaba las voces, al reforzar el sonido, pero más bloqueaba la vista natural que se abría detrás de ella.

Aquí podríamos dar un rápido salto entre pasado y presente. Una superficie en blanco como una *skené* o un telón de fondo invita al espectador a proyectar, a imaginar más libremente que si se le muestra una escena que representa aquello de lo que trata el espectáculo. El espectador sitúa la escena en el ojo de la mente –que fue en origen la idea del *theatron*–. Hoy el espacio de la *skené* aparece, por ejemplo, en los fondos de colores sólidos de muchos de los ballets de George Balanchine, que no muestran nada. No se nos invita a visualizar un lugar específico, sino a que imaginemos el espacio formado por los cuerpos danzantes que se entrelazan, se separan y se organizan en el suelo del escenario.

En el siglo IV a. e. c., el teatro empezó a erosionar este acto primigenio de la imaginación, poniendo en su lugar a la representación. Los actores declamaban contra el muro frontal de la *skené*, llamada «proscenio», y en él empezaron a montarse paneles pintados llamados *periaktoi*. El coro pasó a ser un elemento menos importante del teatro, y se volvió un estrato de voces –a veces sentadas, a veces de pie– entre los espectadores y el escenario. El *proskenion* ganó en importancia, porque sus actores se elevaban por encima de las cabezas del coro, sobre una plataforma de piedra. Y a medida que el edificio, el *logeion*, se convertía en una sólida pieza arquitectónica, los actores empezaron a declamar desde las ventanas superiores o a utilizar el tejado, que se consideraba un *theologian*, un lugar donde los actores que encarnaban a los dioses hablaban al principio y al final de las representaciones. Así, el juego libre de la imaginación del espectador iba siendo gradualmente limitado por la puesta en escena; no es que la imaginación flaqueara, sino que ahora se organizaba, moldeaba y definía visualmente para el espectador.

La imaginación libre cedió el paso a la imaginación controlada.

Los poderes de la voz dominante

El control de la imaginación de las antiguas audiencias derivaba de un hecho en apariencia inconexo sobre los dioses antiguos: estos no se exponían directamente a hombres y mujeres. Los dioses eran poderes que se sentían, pero no se veían, de modo que necesitaban mensajeros. El mensajero de inspiración divina era al principio un rapsoda, un recitador-cantante en su nombre, «el dios que hablaba a través de mí». Con el tiempo y la práctica, el intérprete pasó de ser un rapsoda a un intérprete más consciente de sí mismo; su objetivo apuntaba más a la formación y la técnica, lo que significaba que él (entonces siempre un «él») podía interpretar los complejos papeles escritos para él. El poder del intérprete político reflejaba en parte esta especialización; entonces, como ahora, los oradores políticos tenían que aprender las artes de la retórica, y el control del movimiento y la voz.

Pero esto explica solo en parte por qué surgió la diferencia entre actor y espectador. También se debía al hecho de que los espectadores estaban sentados. Se sentaban en función de la tribu de vecinos (*tritías*) al que pertenecía cada ciudadano. Y, si uno no ocupaba el sitio que le correspondía, su voto no contaba. Permanecían sentados durante horas. Los ciudadanos varones –que representaban solo a un 15 o un 18 por ciento de la población total de la ciudad– pasaban horas inmóviles, escuchando los discursos pronunciados en la *orkhestra* por una serie de oradores, y al final votaban. Cuándo exactamente debía votarse no estaba fijado, por lo que, en lugar de presentarse a votar e irse, la gente seguía en sus asientos.

En el ágora, donde todos podían verse, los asistentes estaban de pie, y el permanecer de pie tenía un valor positivo; *orthos*, la postura erguida, era, como hemos visto ya, la postura de orgullo. Por el contrario, la postura sedente de los espectadores en un anfiteatro se consideraba que los volvía pasivos y vulnerables. La ciencia griega imaginaba que un cuerpo en movimiento calentaba la sangre, y que la sangre caliente estimulaba el cerebro, mientras que un cuerpo inmóvil se limitaba a recibir y asimilar impresiones sensoriales. Trazaron una analogía: al igual que un cuerpo en cuclillas es vulnerable en la batalla, y se le ataca con facilidad, así, en el anfiteatro de Pnyx, recibiría los ataques retóricos de los oradores de pie.

Sin duda, las multitudes en Pnyx no permanecían en silencio, a diferencia de la figura en pie que observaba en el espacio liminar entre la estoa y el ágora abierta. Los espectadores de Pnyx eran harto ruidosos, pero obraban por reacción: gritaban en respuesta a lo que decía el orador; no formaban grupos compactos para debatir entre ellos. Y esta es una de las razones por las que los antiguos escritores sobre teatro temían su poder sobre los demás espectadores, cuyo juicio se veía abrumado y cuyas pasiones eran manipuladas por intérpretes persuasivos de dominante voz.

Las dos voces

En las actividades simultáneas y cambiantes del ágora, el parloteo de las voces desparramaba con facilidad palabras, y la masa de cuerpos en movimiento experimentaba solo fragmentos de sentido continuado. En el ágora sucedían muchas cosas a la vez, cosas que reclamaban atención por separado y mermaban el poder dominante de cualquier actividad. La experiencia en ella no era coherente, mientras que, en Pnyx, la voz única se moldeaba a sí misma hasta lograr una expresión sostenida. Un intérprete político experto en retórica podía seguir y seguir, con sus víctimas sentadas durante horas sin fin, mientras el peso de las palabras se iban acumulando y los juicios iban quedando sepultados bajo su peso.[1]

Aquí podemos establecer otra conexión entre el pasado y el presente. En la ciudad antigua, los Trump de la época eran especialmente temidos. Cleón, por ejemplo, era un griego viejo y rico que, como Trump, se hacía pasar por un «hombre del pueblo» para enfrentarse al aristócrata Pericles durante la guerra del Peloponeso. Aristóteles observó que incluso se vestía para interpretar el papel de hombre del pueblo, atándose la capa alrededor de la cintura como acostumbraban a hacer los campesinos. Cleón buscaba llamar la atención, según Aristóteles, empleando un lenguaje abusivo, insultando a gente. Los ataques apuntaban a individuos que luego eran amenazados físicamente y a veces asesinados.

Se pensaba que los demagogos como Cleón prosperaban en las oclocracias, que eran ciudades o Estados enardecidos por turbas volubles y espontáneas que enloquecían en las calles. Polibio acuñó la palabra «oclocracia» en el siglo ii a. e. c., para diferenciar esta violencia de multitudes de la autoridad tiránica, es decir, la del déspota que impone su voluntad sobre el pueblo, que se somete de forma pasiva, en silencio. En general, no obstante, los poderes de la voz habían de buscarse en otra parte. Por cada Cleón había otro centenar que hablaba al pueblo, menos en su nombre que de forma autoritaria, con certeza y convicción, y seguidos por otros con otras ideas que lo hacían también de forma imperativa, con certeza y convicción. El pueblo, gradualmente, acabó exhausto o aburrido; y, agotado, votaba.

Así, Pnyx mostraba elementos perdurables del teatro cerrado. Está cerrado en espacio y lugar. En espacio, la imaginación del espectador se controla por una puesta en escena cuidadosamente elaborada. En lugar, el actor resulta más fuerte que el espectador. Esos dos elementos se combinan en el teatro cerrado para crear una estética de la desigualdad.

III. EL ESCENARIO OCULTO

La caverna antigua era, como la iglesia moderna, un espacio que ponía a los seres humanos en contacto con las fuerzas cósmicas; sus ritos y rituales eran espectáculos exuberantes. Aun así, se produjo un esfuerzo por desmitificar los ritos, por comprender cómo se construía la magia.

El esfuerzo más famoso por entender la caverna en términos humanos fue la alegoría de la caverna, de Platón, que aparece en el «Libro VII» de *La República*. Platón imagina una caverna en la que los prisioneros están sentados, con grilletes en el cuello y las piernas, de cara a una pared. Detrás de ellos arde un fuego. Entre los prisioneros y el fuego hay un muro bajo por el que desfilan unas figuras manipuladas por marionetistas invisibles. Los prisioneros ven imágenes proyectadas por el desfile en la pared de enfrente. Las imágenes proyectadas son «más grandes que la vida», pero, como los prisioneros llevan toda la vida encadenados, no conocen otra realidad que la que ven en la pared; imaginan que esas formas sombrías y esas voces que resuenan son seres reales y les gritan.[2]

Esta alegoría ha perdurado durante dos mil quinientos años. En parte, esto se ha debido al utillaje de proyección que proyecta sombras, sombras que se toman por reales porque los espectadores no entienden la mecánica que las produce. Y Platón le otorga un nuevo significado político al uso de marionetas.

La marioneta

Para investigar el poder del teatro de imágenes, Platón primero tuvo que cambiar la comprensión normal de los títeres. En líneas generales, los títeres se presentan de dos formas: los títeres de guante, como el dragón Ollie de mi tía Sylvia, manipulados por una mano en su interior, y marionetas, manipuladas por hilos que penden de ellas. Se puede hacer que surque repentinamente el aire, porque su caminar, sus gestos de brazos y movimientos de cabeza son más flexibles que los del cuerpo humano, mientras que la mano enguantada está más limitada físicamente. La palabra griega para «marioneta» es *nevrospastos*, y designa específicamente a la marioneta. En la alegoría de Platón, sin embargo, las marionetas empleadas son figuras sostenidas con la mano; y son los fuegos fluctuantes que las iluminan por detrás los que hacen que las sombras se agiten y parezcan marionetas.

En tiempos de Platón, el teatro de marionetas era bien conocido en China y la India. En Europa, las marionetas de sombras se popularizaron mucho más tarde, en el siglo VII, cuando se importaron en el curso de la expansión colonial. Las marionetas de Platón, un experimento de pensamiento, fueron una anticipación clarividente de estos teatros reales. Sin embargo, el teatro de marionetas no occidental tenía una relación con la ilusión completamente diferente que el tipo de teatro de marionetas imaginado por Platón.

Se da una desemejanza, por ejemplo, con el uso de marionetas en el teatro japonés *bunraku*. Cada marioneta *bunraku* precisa de tres marionetistas ataviados de negro y del todo visibles para el público; un cantor recita los papeles de todas las marionetas, acompañado de un músico que toca el *shamisen* de tres cuerdas. En el *bunraku*, la ilusión es transparente; la mecánica de la ilusión no se oculta. Vemos estos mecanismos expuestos y, sin embargo, sucumbimos al hechizo de los títeres, mientras que, en el teatro de la caverna, la ilusión depende de su calidad de impenetrable, hermética, inaccesible. Como consecuencia, el poder de la marioneta se vuelve enorme.

El velo que cubre a las marionetas proviene de una tecnología que es precursora de la cámara de cine y, en última instancia, de la pantalla del teléfono móvil.

Camera obscura

En latín, *camera* significa «habitación con techo abovedado», y *obscura*, «oscura». Dentro de ese espacio, si se hace pasar la luz por un agujero diminuto, los objetos situados en la trayectoria de la luz aparecerían en la pared de enfrente, al revés. Algunas pruebas indican que a los humanos del Neolítico ya les había intrigado el funcionamiento de la cámara oscura. Mozi, contemporáneo chino de Platón, investigó también estos mecanismos, y se preguntaba cómo una imagen podía pasar por un agujero de alfiler y reaparecer luego a tamaño enorme en la pared de enfrente. Aristóteles, alumno de Platón, se preguntaba cómo una imagen pasaba por un orificio redondo y reaparecía luego como un cuadrado.

Habrían de pasar dos mil años para que Huygens, en el siglo XVI, avanzara en la comprensión del mecanismo visual de una cámara oscura. Y lo hizo insertando una lente en el orificio mínimo, lo que le permitió analizar mejor el proceso de refracción de una imagen. La cámara oscura equipada con una lente fue el antepasado de la cámara fotográfica, en la que el proceso de reflexión se invierte. Y a mediados del siglo XIX, la ciencia óptica poseía ya una buena comprensión de cómo el globo ocular humano funciona como una cámara oscura, en la que la pupila es el orificio mínimo y la retina la pared en la que se registra la imagen.

El teatro de sombras resurgió hace un siglo. La artista alemana Lotte Reiniger jugó con las dimensiones físicamente exuberantes de la cámara oscura, en formas abstractas que parecen monstruosas en una pantalla blanca, y que se ciernen sobre el espectador visualmente, pero sin sonido, enormes fantasmas más aterradores en tanto en cuanto tales sombras silentes son abstracciones colosales que, sin embargo, se mueven como seres humanos. El artista William Kentridge ha rediseñado el teatro de sombras de un modo distinto, como en una reciente producción de la ópera *Wozzeck*, de Alban Berg, donde los cantantes en directo y las sombras proyectadas de rostros, tremendamente grandes, parecen fundirse, como si las proyecciones, a su vez, cantaran también. Estos dos teatros de sombras modernos se remontan en última instancia a Platón, en el sentido de que en ninguno de ambos somos conscientes de los medios por los que se genera la ilusión.

He aquí una analogía digital con la caverna de Platón que tenemos día tras día en nuestras manos.

La caverna digital

La LCD o pantalla de cristal líquido es la utilizada hoy en día en la mayoría de los ordenadores y dispositivos portátiles. Los cristales están dentro de una lámina, y detrás de ellos hay otra lámina, y un reflector que destella píxeles (bits microcuadrados de imagen) que los cristales proyectan y fusionan, con la ayuda de un elemento polarizador. Lo que vemos en la pantalla es, por tanto, una versión digital de la cámara oscura, una imagen retroiluminada desde atrás. La pantalla OLED, sustituta cara de la LCD, tiene una sola lámina de luz emisora de diodos, con un reflector detrás más pasivo que activo. Como en la cámara oscura, también en la pantalla se recompone una imagen muy pequeña para que parezca grande.

La caverna digital revalida la alegoría platónica en el sentido de que el dispositivo portátil, siendo como es hermético, ejerce un poder hipnótico. En el metro, por ejemplo, un centenar de personas hacinadas se pierden cada cual en su teléfono móvil. En la calle, mientras caminan, almuerzan, se reúnen, la gente está también pegada a su dispositivo: no importa dónde se encuentren, su atención se halla atrapada por la pequeña pantalla mágica.

Se trata, pues, de tres arquitecturas elementales para la actuación: el escenario abierto, el escenario cerrado y el escenario oculto. De los tres, el escenario oculto parece el más insidioso, porque hay representaciones sin intérpretes tangibles a quienes se pueda pedir cuentas.

El escenario abierto, además, está cediendo en la actualidad ante el cerrado. La plaza de la ciudad moderna es más débil que su antecesora, porque las ágoras de hoy tienden a ser lugares de una sola función: el campus, la torre de oficinas, el centro comercial; el uso mixto es una especie de aderezo del espacio púbico. La gente no conecta gran cosa con la diferencia, con los desconocidos. Ni tratamos el cuerpo propio en exhibición como exposiciones cívicas, como en la exquisitamente codificada experiencia del *orthos* –la postura, la forma de andar, el contacto visual, incluso la desnudez del ciudadano antiguo establecen su presencia como actores en el ámbito público–. El código del escenario cerrado –presenciar y someterse– se ha convertido en el principio rector de la política moderna.

Pero el escenario cerrado tiene asimismo su propia historia interior. A lo largo de los años se ha ido acercando más y más al escenario oculto, hasta parecerse a una caverna del arte, divorciada de la calle. Esta evolución no aconteció de manera lineal: supuso una gran ruptura prolongada a lo largo de siglos. Para entender cómo sucedió tal cosa podríamos viajar en el tiempo –quizá a nuestro pesar–, desde la antigua Atenas bañada de luz a la Vicenza renacentista, pequeña ciudad más bien oscura y sombría cercana a Venecia.

5. EL ESCENARIO SE RETIRA DE LA CALLE
La arquitectura enmarca la imaginación

I. EL TEATRO SELLADO

El teatro Olímpico

A finales de la década de 1570, Andrea Palladio diseñó el primer teatro totalmente techado y amurallado de Europa. Desde entonces se ha convertido en el prototipo de la mayoría de los escenarios cerrados; es decir, de los espacios escénicos retirados de la calle.

El teatro Olímpico de Palladio sigue en pie en Vicenza y ha sido bellamente restaurado, de modo que puede verse sin dificultad el trabajo del arquitecto. Como sus colegas, Palladio creía que los teatros debían basarse en modelos antiguos, clásicos. Él se basó sobre todo en el antiguo anfiteatro de Dioniso para diseñar su teatro, pero introdujo asimismo innovaciones por motivos prácticos.

Abierto o cerrado, el teatro resultaba problemático al aire libre. En invierno, nuestros antepasados pasaban mucho frío en asientos de piedra a la intemperie; y, en cualquier estación, se empapaban cuando llovía. La noche también planteaba un problema: la luz de una hoguera, utilizada en la representación de cuentos bereberes, no podía proporcionar nada parecido a la luz requerida para iluminar un anfiteatro con capacidad para albergar a varios miles de personas. A Palladio le pareció que el cerramiento del espacio teatral resolvería estos problemas, pero el proyecto resultó impracticable en el emplazamiento que le fue asignado.

Se trataba de una vieja prisión derruida, situada en un terreno estrecho. La compresión del solar hacía que el escenario fuera poco profundo, que los actores se vieran obligados a moverse más lateralmente, en lugar de hacia delante y haciaatrás; también limitaba el baile y no había espacio suficiente para ningún foso de orquesta moderno. Con todo, tales limitaciones resultaron en cierto modo benéficas: el auditorio allanado creaba una conexión íntima ente la audiencia y el escenario.

Palladio utilizó el revestimiento interior del edificio para reforzar la sensación de cerramiento hermético. Las paredes del teatro Olímpico eran estucadas, porque el arquitecto entendió que el estuco es un excelente difusor del sonido. (El escenógrafo John Ross, que una generación después crearía la nube acústica, descubrió que un panel estucado desprendido del techo era mejor difusor del sonido que un panel de techo pintado sobre lienzo.) El enlucido de las paredes del teatro Olímpico era excepcionalmente grueso, lo que favorecía la reverberación del sonido. Por último, para hacer posible las funciones nocturnas, Palladio ideó un sistema de iluminación con antorchas dispuestas en la pared del fondo de la sala, y a ambos lados del escenario, que difundían una luz intensa y uniforme en todo el auditorio.

Un escenario cerrado, pues, pero cuyo esqueleto arquitectónico no resultaba opresivo en parte gracias a la luz y en parte a la gran altura del teatro: sus columnas de yeso llegan hasta lo alto y dan la sensación de que el tejado flota.

Un teatro que contrasta con la obra de Palladio es el otro gran teatro de esta época: el Globe Theatre de Shakespeare. El Globe Theatre, construido en 1599 y reconstruido en 1614, era un monumental edificio circular parecido a una rosquilla. Los actores actuaban en el hueco del centro. El Globe tenía un aforo de cerca de tres mil personas, y el Olímpico, más íntimo, de unas mil trescientas. Un tejado protegía a los espectadores más privilegiados, que ocupaban los asientos del perímetro; más cerca del centro había un anillo, abierto a los cielos, donde espectadores más pobres permanecían de pie, a veces bajo la lluvia. El escenario del Globe se erguía en el centro, sobre una plataforma, con un edificio de dos plantas en forma de *skené* al fondo. Este «escenario de empuje» brindaba intimidad al empujar a los actores hacia los espectadores, mientras que en el teatro Olímpico no había espacio para que los actores avanzaran hacia el auditorio.

En el ojo de la mente

Estas arquitecturas contrapuestas creaban espacios de ilusión diferentes. La escenografía y el atrezo utilizados en el Globe tendían a ser escasos: una mesa y poco más. Al igual que en el teatro antiguo con su *skené* de tela, los espectadores tenían que montar la escena en su propia cabeza.

La imaginación mental era igualmente importante, aunque de forma diferente, en los escenarios transitorios instalados en el interior de palacios, que era como los espectadores privilegiados del Renacimiento solían ver las obras. Los espacios de la corte eran construcciones cuadradas, como el Banqueting Hall de Inigo Jones en Londres, construido dos generaciones después de Palladio. Durante las representaciones teatrales, los sirvientes despejaban el centro, y los cortesanos y embajadores se sentaban o permanecían de pie en gradas elevadas en los dos extremos largos. En mitad de un lado corto, el rey tenía su silla o trono, rodeado de sus íntimos sentados o de pie; en el otro lado corto estaban la reina, la reina viuda o ciertos funcionarios de rango especial.

En el teatro del palacio, el decorado escénico, como los paneles planos pintados, se desplazaba por la sala en carros tirados por los sirvientes, igual que los efectos especiales, como la máquina de las olas, que agitaba palas en una caja de agua, simulando olas. Como en el teatro *kabuki* japonés, la ilusión era evidente. El agua desbordante, que debía incitar a los espectadores a plasmar en su mente una tempestad con oleaje, era un elemento simbólico de utilería. El piso mojado del escenario, que amenazaba el calzado de los espectadores, no era sino eso: un piso mojado.

El teatro Olímpico buscaba crear un tipo diferente de ilusión, ni sobria, como el escenario del Globe, ni simbólica, como el atrezo del Banqueting Hall. La escenografía del teatro Olímpico hacía hincapié en el alejamiento de la realidad de la calle.

Aunque esto no fue obra del propio Palladio, que murió meses después de que el proyecto estuviera en marcha. Su hijo prosiguió en el empeño al principio; luego, en 1582, Vincenzo Scamozzi tomó el relevo. Completó el interior del teatro, para lo cual levantó un escenario fijo de yeso y madera, pintado para simular el mármol. A través de esta escenografía miramos por siete puertas que dan, en apariencia, a la ciudad, que ofrece unas vistas pintadas. Estas vistas imaginarias son perspectivas alargadas asombrosamente detalladas, una proeza del trampantojo, ya que los bastidores no están a más de unos cuantos metros de hondura.

Cuando Inigo Jones visitó el teatro terminado y observó las siete ventanas que daban a la calle, le impresionó el hecho de que «te sentaras donde te sentaras, veías una de estas perspectivas». Nada impedía ver, pero ofrecían una visión clara de una fantasía. Las calles atildadas no se parecían en nada a la maraña irregular y maloliente de las calles de la realidad. Las vistas de la ciudad desde dentro del teatro eran las de un lugar ordenado, limpio, de armonioso colorido. La vida se veía corregida por la mirada del arte.[1]

Tal idealización se apartaba de la forma en que un arquitecto anterior, Sebastiano Serlio (1475-1554), pensó que debía representarse la calle en el escenario. Quería que la escenografía hiciera que los espectadores reflexionaran a fondo sobre la vida.

En 1545 publicó *Regole generali di architettura*, obra en la que explica en parte cómo los telones de fondo de los escenarios podían desempeñar esta función. *Como gustéis*, de Shakespeare, ambientada en el bosque de Arden, es el tipo de obra romántica en la que Serlio podría haber utilizado un telón de fondo pastoril y un atrezo adecuado, en caso de haberse escrito medio siglo antes: «Los árboles del escenario deberían cubrirse de seda, para que brillasen». Las bañeras con ruedas, ornadas de yeso pintado, debían estar hechas para «ninfas, sirenas, monstruos diversos y otras bestias extrañas».[2]

Para las comedias, Serlio dibuja una escena que muestra la ciudad como una maraña de edificios al fondo, y en primer plano una plaza abierta. La escena cómica debe incluir un «burdel o casa de cortesanas, un gran interior y una iglesia»; es decir, una especie de ágora. Siguiendo las leyes de la perspectiva con las que experimentaban los diseñadores del Renacimiento, los edificios del fondo del diseño de Serlio reducen su tamaño, y la plaza del primer plano lo aumenta. El objetivo de su bosquejo es acercar la comedia al público: su bullicio y su aglomeración deben parecerse, a su juicio, a las atestadas calles del exterior real.[3]

En la puesta en escena de la tragedia, Serlio invierte la imaginería. «Las casas para tragedias han de hacerse para los grandes personajes [...], no se deben hacer más que casas señoriales» (las tragedias de tipo clásico no acontecen en los burdeles). El telón de fondo de Serlio conduce la mirada a lo largo de esas grandes calles hasta un punto de fuga en el horizonte, lejos de la plaza, de la escena de lo cotidiano. En lugar de orientar el ojo, en la escena trágica lo desorienta situando diferentes puntos de fuga, marcados por dos obeliscos a lo lejos. Es harto turbador; el ojo se mueve inquieto de uno a otro, incapaz de dilucidar la distancia; era el objetivo de Serlio: la perturbación visual transmite la idea de tragedia como una perturbación del orden.[4]

Para un hombre profundamente inmerso en las dificultades de su tiempo, no habría tenido ningún sentido –hablo en nombre del fantasma de Serlio– que las tragedias representadas en el teatro Olímpico se escenificaran con el decorado de bonitas vistas de calles a lo lejos.

Como lugar dedicado a escenificar tragedias, el teatro Olímpico funcionó bien en la práctica, siempre seco y bien iluminado. Pero la elegante escenografía de Scamozzi desconectaba la tragedia de la calle. No se trata de falta de realismo, como podríamos llamar a la conexión entre el escenario y la calle en la escena cómica de Serlio, un telón de fondo escénico que acercaría visualmente la vida real a la audiencia. Antes bien, en el telón de fondo de las tragedias de Scamozzi, la acción en el escenario se vuelve más absorbente, más real, que las decorosas ilusiones del exterior. El escenario cuenta una verdad que la calle no cuenta.

II. CRUCE DE CAMINOS

El espacio teatral cerrado, después de Palladio, siguió dos caminos contrapuestos. Por un lado, el espacio se llenó de las propias acciones del público. Por otro, el teatro cerrado centraba la atención de la audiencia en el escenario en lugar de en los demás. El contraste estaba en el teatro como ágora interior, con los espectadores muy pendientes de los demás, o como Pnyx interior, cuya audiencia se concentra más sumisamente en los intérpretes.

El escenario abierto, dentro

En 1720, un persa imaginario asiste a la Comédie-Française. Montesquieu, autor de *Las cartas persas*, ha creado un sofisticado viajero persa, Rica, que se maravilla ante la rudeza de los nativos, llamados «franceses», con quienes se encuentra. Sus placeres sociales son tan desconcertantes como simple su creencia en Dios. Aquí, en un lugar de París que los franceses llaman «teatro», Rica se siente bastante confuso:

> La acción principal tiene lugar en una plataforma [...], [pero] a ambos lados, en pequeños habitáculos llamados palcos, puedes ver hombres y mujeres que representan escenas sin palabras [...]

Lo que le confunde es que la acción real, en el teatro, no tiene lugar en la plataforma, sino en los palcos:

> En las caras de las personas sentadas se plasman todas las pasiones [...], tanto más intensas cuanto que son sin palabras [...], estos actores solo son visibles hasta la cintu-

ra [...] Más que una respuesta al escenario, estos actores
–las damas– coquetean con los caballeros de otros palcos,
que se apresuran por los pasillos, revoloteando de palco en
palco si ven algún suspiro o sonrisa al cruzarse la mirada.

Los espectadores menos pudientes ocupan el espacio de
debajo de los palcos.

De pie en la sala de abajo hay un grupo de hombres
que abuchean a los de arriba [...], quienes a su vez se mofan de ellos.

Lo que sucede en el escenario propiamente dicho es
mucho menos interesante que las intrigas y las agresiones
verbales entre ricos y pobres en el público.[5]

La imagen de Montesquieu era acertada, si bien no del
todo. Cuando la Comédie-Française se fundó en 1683, el
mundo social del teatro era afín al del Globe de principios
de siglo de Shakespeare: todas las clases estaban en el edificio. En la época de Montesquieu, los años de la década de
1720, la proporción de espectadores pobres había disminui-
do en relación con los ricos. Las clases altas lo frecuentaban
más que los teatros de la corte, porque era más fácil ser
travieso en un palco de alquiler. Aun así, el lugar tenía elementos de antro de baja estofa. La Comédie-Française
apestaba –más que el Globe de Shakespeare–, sencillamente porque era un espacio cerrado, sin ventilación. La gente
compraba alitas de pollo y salchichas a vendedores ambulantes que deambulaban por todo el teatro, y orinaba en los
orinales públicos que proliferaban en los pasillos. La audiencia era ruidosa. Todo el mundo hablaba con sus vecinos
cuando le venía en gana. Si las intrigas sexuales en los palcos
alcanzaban cierto punto, se corría una cortina situada en un

lateral. Aunque la Comédie-Française se nutría de las innovaciones de iluminación y sonido del teatro Olímpico, el teatro francés servía ahora de restaurante y burdel, además de templo del arte.

La audiencia de un teatro del siglo XVIII regía el escenario. Como la gente asistía con frecuencia a las funciones, las tramas de las obras quedaban grabadas en la memoria de los espectadores, y las audiencias se comportaban en consonancia con esta familiaridad. En el escenario de los teatros londinenses, cuando un actor declamaba la frase «Ser o no ser», el público respondía, también a voz en cuello: «¡Esa es la cuestión!». Si un actor interpretaba particularmente bien un parlamento, los espectadores gritaban: «¡Bis, bis!», en demanda de que lo repitiera. En la ópera esto sucedía a menudo: la audiencia francesa gritaba «¡Bis, bis!» antes incluso de que el aria hubiera terminado. Pedir bises era un momento gozoso en el teatro. A veces se hacía grosero, como cuando la multitud exigía una y otra vez un bis de la Reina de la Noche en *La flauta mágica* de Mozart al alcanzar su famoso fa agudo. (Josepha Hoffer, primera Reina de la Noche de Mozart, podía realizar esta proeza y enloquecer a la audiencia.) Pero si el actor o el cantante interpretaba mal las frases o la melodía conocidas, la audiencia comenzaba a hablar o a cantar con este, y lo acosaba ralentizando o acelerando los versos con la esperanza de hacer que el pobre desdichado se retirara tras las bambalinas. El proceso en cuestión se conocía como «restauración».

La restauración era un momento infeliz del teatro, que dejaba a los espectadores «pidiendo sangre a gritos». Los momentos infelices se daban exclusivamente en los teatros públicos. En el teatro de la corte, como en los salones aristocráticos, la restauración se consideraba vulgar, y la audiencia expresaba su desagrado o su aversión dejando de prestar atención a lo que hacían los intérpretes que la habían provocado.

La transición espacial

En la época en que Rica asiste a la Comédie-Française, la envoltura arquitectónica del teatro como ágora ya se estaba transformando en Pnyx. Ese cambio se manifiesta, por ejemplo, en dos grandes edificios teatrales construidos en Alemania.

El Schlosstheater de Celle data de alrededor de 1670, y fue posteriormente reformado durante la época en que Montesquieu ambientó *Las cartas persas*. El Schlosstheater es una sala de dos plantas con palcos de igual tamaño que rodean el interior semicircular. Como en la Comédie-Française dos generaciones más tarde, había filas de asientos en la planta baja, en lugar de la sala de pie para la plebe de Shakespeare. Y, como en la Comédie-Française, los patrocinadores más aristocráticos o la realeza ocupaban los palcos más cercanos al escenario, o incluso se sentaban en él, entre los propios actores, como hacían los asistentes de élite en el Covent Garden de Londres, construido en 1732, en especial para la representación de las óperas y oratorios de Händel. En Celle y en Londres, corroborando la opinión de Rica sobre París, las audiencias se exhibían charlando, masticando, coqueteando, señalando y acomodándose.

A diferencia de Celle, el Residenztheater de Múnich, construido en 1751 por François de Cuvilliés, apunta a un estado en el que la audiencia es más controlada y ordenada. El palco real de dos plantas, embutido en ornatos rococó, estaba al fondo de la sala, y los miembros de la realeza no se exponían en el escenario. Los palcos se ordenaban por tamaños: de butaca, buen tamaño; de foso, óptimo (el mismo que la realeza); luego, más arriba, no tan holgado; y, por encima de este, el espacio del gallinero para aquellos que no podían permitirse un palco o una butaca en el patio. Las localidades del patio eran para la burguesía y se disponían en hileras, de forma que el público en general no podía ver a la realeza de detrás, ni a los aristócratas sin volver la cabeza, lo que se consideraba de mala educación.

La audiencia disciplinada

A finales del siglo xviii, los vendedores de salchichas empezaron a desaparecer del interior de este tipo de teatro más ordenado, los orinales se trasladaron de los pasillos a cuartos especiales y, lo que es más importante, la audiencia empezó a callarse. Los rituales de señalamientos y acomodamiento cayeron en desuso; y lo mismo sucedió con los estallidos espontáneos de aplausos en las funciones musicales cuando un teclista concluía la ejecución de un floreo particularmente difícil. Y, aunque el cambio fue gradual, hablar con el vecino mientras un actor o músico interpretaba su parlamento o pieza se convirtió en algo censurable. Se miraba, se escuchaba, se permanecía en silencio. El espectador iba cediendo el control del escenario.

La autodisciplina burguesa a menudo se confronta con la ordinariez de las clases bajas e ineducadas cuando están en presencia del arte. *Regreso a Howard's End*, de E. M. Forster, muestra ese contraste. En la novela, las educadas hermanas Schlegel interpretan la torpeza del empleado Leonardo Bast en un concierto como señal de que no pertenece a ese lugar, aunque la música le conmueva profundamente. La imagen de la ruidosa y bronca clase obrera en el teatro, en contraposición con la burguesía capaz de autocontrol, no se ceñía a los hechos del comportamiento de la clase obrera. Al igual que en el Yiddish Theatre District del Lower East Side de Nueva York, en los teatros obreros de París y Londres los actores actuaban ante un público callado, sobre todo cuando representaban a clásicos como Shakespeare. En París, por ejemplo, el Théâtre des Funambules, inaugurado en 1816 y originalmente dedicado a las acrobacias, se convirtió en la década de 1840 en la sede del primer mimo de alto nivel, Jean-Gaspar Deburau. La película que Marcel Carné rodó en la Segunda Guerra Mundial sobre los Funambules, *Los niños del paraíso*, es una fiel reconstrucción del silencio con que los espectadores seguían los gestos de Deburau en el escenario.

De nuevo, las hermanas Schlegel se habrían sorprendido si hubieran asistido a conciertos en el Toynbee Hall de Londres, la primera de las «casas de conciliación» de la ciudad, que buscaban juntar a ricos y pobres en un entorno común. La música que se interpretaba en los salones de las casas de conciliación era más avanzada, más punzante que el repertorio de la mayoría de los escenarios más corteses.

La historia de la claque permite comprender mejor la disciplina de la audiencia. Una claque es un grupo de personas decidida a hacer triunfar o fracasar una obra al exhibir ostentosamente sus reacciones ante lo que se representa en el escenario, y así influir en el resto del público. En el Renacimiento, durante una representación a la que asistía un aristócrata o un rey, la claque pretendía influir en uno o varios individuos del público. En el tiempo en que Montesquieu envió a sus persas a la Comédie-Française, cuando el público empezaba a apoyar a los intérpretes, la claque, por el contrario, intentaba influir en la masa de espectadores.

La claque del siglo xix consiguió que su influencia llegara a ser un negocio bastante bien organizado. Los miembros de una claque informaban a su jefe, que a su vez extorsionaba a la gerencia del teatro y a intérpretes y compositores estrella para obtener compensaciones económicas. Los miembros de la claque se distribuían por el teatro individualmente y no en grupos, a fin de aparentar ser espectadores normales. Los *claqueurs* y *claqueuses* desempeñaban papeles especializados: había mujeres expertas en el llanto y hombres muy eficientes en la carcajada.

A medida que las audiencias fueron volviéndose más disciplinadas, a las claques se les fue haciendo más difícil conseguir que los espectadores abuchearan en lugar de aplaudir. A veces, por supuesto, una vez que empezaban ya no podían parar. Por ejemplo, la claque de París contratada para arruinar la ópera *Don Carlo*, de Verdi, obra muy larga y exigente, tuvo que emplearse a fondo en el primer acto; pero, para cuando comenzó el último, el público la abucheaba ya antes incluso de oír la primera nota. Con la ayuda de «abucheadores» contratados, la audiencia perdía sus inhibiciones, tal como anticipaban las ideas al respecto formuladas por Le Bon. Pero las recuperaba enseguida. Los hermanos Goncourt, eminentes cronistas de la vida pública parisiense, observaron que los hombres que salían del teatro volvían a adoptar un aire de corrección «adusta, severa». Lo que equivale a decir que, gracias a la claque, la audiencia podía disfrutar de una liberación pasajera, de una catarsis segura y breve.

La calle se convierte en un espacio de espectadores

Igual que el teatro se convirtió en un espacio pacificado, la pasividad empezó a gobernar el teatro de la calle. El espectáculo se creó comercialmente de un modo peculiar.

En el París de principios del siglo XIX, tanto en las tiendas pequeñas como en los grandes almacenes de novedades, cuando uno iba a comprar una olla para pasta veía en los escaparates gran cantidad de ellas de diferentes formas y tamaños, y regateaba el precio una vez dentro. En 1852, los grandes almacenes operaban ya de un modo distinto. El precio de los artículos era fijo: se acabó el regateo. Se tomaba o se dejaba. Amazon sigue una norma semejante; no es posible negociar el precio *online*. De nuevo «lo tomas o lo dejas»: el consumidor ya no disfruta de independencia.

El regateo es la forma clásica del teatro económico. El comprador: «El tejido es desigual; no voy a pagar lo que me pide». El vendedor de alfombras: «Me está arruinando; es mi precio más bajo». El comprador: «Me voy». El vendedor de alfombras: «Bueno, dividamos la diferencia». Comprador: «Trato hecho». Los grandes almacenes utilizaban el teatro de manera diferente.

Los grandes almacenes clásicos surgieron en París en 1838 con la creación de Le Bon Marché, un gran emporio que vendía todo tipo de artículos: desde ropa hasta alimentos y muebles para el hogar. Parte del genio de Aristide Boucicaut, fundador de Le Bon Marché, estribaba en el despliegue de enormes ventanales de vidrio cilindrado con marcos de acero para exponer sus artículos al público en la calle: el primer uso de este elemento básico de la construcción moderna. Un espectáculo tras el cristal. Le Bon Marché exponía una prosaica cazuela de cocina al lado de los últimos artículos de bisutería barata, y un expositor de corbatas masculinas detrás; y, como telón de fondo, un sensual tejido de una de las nuevas colonias francesas. Estas yuxtaposiciones suspendían la percepción de la realidad ordinaria, dotando a los objetos utilitarios de una especie de *glamour* por asociación, a fin de estimular la imaginación del comprador potencial. «La fantasía vende», declaraba Boucicaut; «la utilidad no.» Eso mismo decía Marx sobre el fetichismo de la mercancía. Los escaparates de los grandes almacenes hacían realidad estos preceptos; funcionaban como decorado teatral.[6]

Existe un extraño paralelismo entre las compras como espectáculo y el pasear ocioso del siglo XIX, cuando la gente deambulaba por las calles en busca de escenas de la vida atractivas –que, más que participar en ellas, observaban–. Eran *flâneurs*, espectadores de la ciudad. «Por *modernidad*», escribió el poeta Charles Baudelaire, «entiendo, lo efímero, lo huidizo, lo contingente...» La calle encarna la esencia de esta modernidad con sus idas y venidas, sus ruidos extraviados, sus encuentros fortuitos. El *flâneur* Baudelaire, vagabundo en la ciudad, va en busca de esos estímulos. En sus *Cuadros parisienses*, el *flâneur* recorre las calles del París de mediados del siglo XIX, a menudo de noche, devorando con avidez esas escenas y sus personajes, en su mayoría marginados menesterosos. Se aventura, mira y luego vuelve a casa.

Solo veo con el ojo de la mente ese campamento de chabolas, esos montones de capiteles esbozados y secciones de columnas, la maleza, los grandes bloques que se vuelven verdes en el agua de los charcos, y, reflejado en las ventanas, el amasijo sin nombre.[7]

La calle como espacio para el espectador, emparejada impecablemente con la idea de espectáculo en el interior del teatro cerrado.

La estética cerrada

«El concierto es [...] yo mismo», declaró Franz Liszt en 1841. Sus largos mechones al aire, sus miradas llenas de sentimiento a los bastidores, sus excesivos juegos de manos no solo se convirtieron en productos del negocio del espectáculo, sino que hicieron que las audiencias callaran, y quedaran prendidas de cada nota, deseosas de no perderse nada. Chopin era incapaz de las cabriolas de Liszt en el escenario, pero poseía el mismo poder de hacer que el público guardara silencio. Muchos relatos de sus actuaciones destacan su patente lejanía en el escenario, como si estuviera en otro lugar, en un espacio propio. Apenas parecía ser consciente de la presencia del público, a quien dedicaba una breve reverencia antes de desaparecer en cuanto el concierto terminaba.

En la música instrumental hay una razón para que este silencio apareciera cuando lo hizo. Tal vez sorprenda saber que los aficionados instruidos del siglo XVIII eran capaces de interpretar mucha de la música que interpretaban los profesionales; quizá no de forma magistral, pero al menos lo bastante bien como para interpretarla para otros. En el caso de los violonchelistas, los tres cuartetos prusianos de Mozart tienen partes técnicamente notables y exigentes, que el propio rey Federico Guillermo II, su mecenas, podía ejecutar sin desdoro.[8]

Esta capacidad *amateur* no desapareció de repente. Hasta la Primera Guerra Mundial, muchos de quienes escuchaban música culta también sabían ejecutarla. Sin embargo, se desarrolló una vía paralela de música instrumental que solo los profesionales podían interpretar de forma satisfactoria. La división técnica se tradujo en una desigualdad emocional: el arte hace que afloren en ti sentimientos que no eres capaz de expresar. El precio de tal revelación es no perderte ni una nota, disciplinarte para mantenerte inmóvil y asimilar la experiencia. La insuficiencia técnica produjo el silencio del arte.

El músico que mejor se inspiró en este silencio fue Richard Wagner, que cimentó en criterios arquitectónicos el silencio del arte. Su teatro de Bayreuth consumó la estética cerrada que comenzó con el teatro Olímpico.

En 1876, Wagner construyó un teatro destinado exclusivamente a representar sus propias óperas. Aunque el Festspielhaus era de concepción propia, su diseño se inspiró en un proyecto que el arquitecto Gottfried Semper no había podido llevar a la práctica en Múnich. El edificio se terminó a tiempo para estrenar el ciclo de cuatro óperas *El anillo del nibelungo*. Para los estándares modernos, se trata de una sala de tamaño medio, con capacidad para albergar algo menos de dos mil espectadores. La Ópera Garnier de París, terminada ese mismo año, era una gigantesca estructura de dorados y mármol, donde la gente acariciaba a sus parejas en los oscuros recovecos de hilera tras hilera de palcos. El Festspielhaus, en cambio, es en su mayor parte de ladrillo en su exterior; su interior es asimismo relativamente austero. El auditorio mantiene a la audiencia en una cuña comprimida e inclinada con una hilera de palcos detrás de ella. Como en el teatro de Palladio, todo espectador disfruta de la misma visión panorámica del escenario.

Los defensores del realismo escénico, como Denis Diderot en el siglo XVIII, tenían en Bayreuth un ejemplo de rechazo de la imaginación escénica. Para Diderot, la cara frontal del escenario debe tratarse como la «cuarta pared» de una habitación que se ha retirado para que el espectador pueda ver a las personas y la acción que se desarrolla en su interior, espiando así la vida real. En las obras de Diderot, como *El hijo natural* (1757), tal espionaje se lleva a efecto sobre escenas de la vida cotidiana, con objeto de atraer a la gente hacia la acción que acontece en el escenario. Para conseguirlo, el director ha de evitar la acción fuera del escenario, y los bastidores han de tratarse como puertas que se abren a la sala. El proscenio, arquitectónicamente, ha de estar bien definido tanto en la parte superior como en los laterales a fin de que funcione como marco de la imagen. El espacio sin marco, ambiguo o mal definido era para Diderot el enemigo del realismo. Bayreuth rechazaba esta arquitectura del realismo en un doble sentido.

En primer lugar, y de forma harto directa, mediante un doble proscenio que enmarca el escenario (el marco interior es más pequeño que el exterior), creando la ilusión de estar contemplando acontecimientos del más hondo del espacio, acontecimientos que están tan lejos del espacio como lejos en el tiempo mitológico. Y en segundo lugar, en un recurso de distanciamiento más complicado, Wagner pretendía hacer que la música pareciera provenir de ninguna parte que pudiéramos ver. Este truco de mistificación lo consiguió cubriendo el foso de la orquesta con una capota de cuero, dispositivo que oculta a la mayoría de los músicos de la vista de los espectadores y dispersa el sonido para que parezca que llega de todas direcciones. Wagner describía esta capota de cuero diciendo que creaba un *mystischer Abgrund*, un abismo místico.

Incluso para mí, que no me gusta mucho Wagner, la arquitectura del sonido oculto y la forma del escenario transforman lo que para mis oídos es música insulsa en una experiencia mágica. Por supuesto, la arquitectura no puede explicar todo ese poder de transportación. Si a uno le gusta Wagner, *Sigfrido* le atrapará incluso si se representa en un concierto en el que los cantantes están de pie ante una orquesta y cantan a voz en cuello. Pero la arquitectura explica algo sobre el dominio de un interior sobre la imaginación.

En su famoso teatro total (*Gesamtkunstwerk*), Wagner intentó combinar música, marcación, iluminación y vestuario. El escenario cerrado hizo posible el *Gesamtkunstwerk*.

Su coherencia niega la idea misma de la calle: las múltiples actividades que tienen lugar en una calle, los a menudo desórdenes sin sentido, las distracciones a cada nuevo giro. Este estímulo turbio es aquello que anhelaba el *flâneur* de Baudelaire. En Bayreuth, el público, en silencio, sentado en asientos incómodos tipo gradería hora tras hora, se concentra en una maravilla de múltiples estratos, pero dotado de coherencia. Se pretende transportar al espectador a una esfera superior. Pero tanto el *flâneur* como el devoto del santuario de Wagner son esencialmente el mismo. Son espectadores; de la vida, del arte...

III. EL ESTADIO DEPORTIVO Y LA ÓPERA

Compárese el espacio escénico en el que se puede escuchar la obra de Wagner con casi cualquier estadio deportivo. El estadio deportivo es la versión actual de un espacio que otorga la primacía al espectador; en cierto modo, los estadios podrían considerarse los descendientes de la antigua Comédie-Française. Por supuesto, la escala de Bayreuth no puede compararse con estadios deportivos como el Emirates de Londres, con capacidad para decenas de miles de espectadores. Una vez que comienza el espectáculo, se podría decir que los aficionados están tan embebidos como los adictos de Wagner. Pero, si los aficionados fueran trasladados a Bayreuth, gritarían: «¡Vamos, Wotan!», cuando el dios roba el anillo sagrado a Alberich en *El oro del Rin*. O, si pertenecieran al club de fútbol de los vengadores de Alberich, se levantarían ante el robo para instar a Alberich gritándole: «¡Cuidado a tu espalda!». Entre el público del estadio Emirates, de nuevo, ocurren muchas más cosas que el simple seguimiento del partido. La gente come y bebe, como en la antigua Comédie-Française. Y, aunque el estadio Emirates está en una zona desolada de la ciudad, la gente entra y sale a todas horas de las tiendas y pubs cercanos, igual que en la Comédie-Française, que parecía no cerrar nunca. Arquitectónicamente, el patio de butacas del Emirates es un anfiteatro inclinado, como lo era el de Bayreuth y, muchos siglos antes, el antiguo de Pnyx en Atenas. En el de Pnyx se pensaba que el cuerpo sentado apaciguaba al espectador, haciéndole receptivo y embebiéndole en lo que veía. Los hombres y mujeres que asistían a la Comédie-Française solían estar demasiado ocupados en ellos mismos para prestar la debida atención al escenario, pero, una vez que la prestaban, se mostraban activos, por no decir vociferantes, señalando y calmando a cantantes y actores. Tal compromiso se hace visceral en la masa del Emirates, que salta de sus asientos cada vez que el juego se anima en exceso en el campo.

Hay una diferencia psicológica entre los espectadores del teatro de la ópera y los del estadio deportivo, y quizá tal diferencia es lo más crucial en este aspecto. Hay dos maneras en las que un espectador puede identificarse con los intérpretes. Apostaría a que muy pocos espectadores de Bayreuth se identificaría directamente con Wotan: «Soy un dios»; pero en el Emirates es como si los propios aficionados estuvieran disputando el partido. Wagner hizo todo lo posible para crear una división tangible entre actor y espectador —el escenario de doble marco o la capota creadora de un abismo místico que cubre los asientos de la orquesta—; la identificación con el escenario entrañaba así un salto de la imaginación, una interpretación enrevesada, mientras que en el Emirates la identificación física —«Siento una patada» o «Estoy corriendo»— hace que la identificación sea más directa.

Estas fuerzas contrapuestas han conformado en mayor medida la larga historia de escenario y calle. Por un lado, el teatro ha tratado de integrarse en la ciudad, uniendo a actor y espectador. Por otro, el arte ha tratado de alejarse de la calle, lo que se logra separando al actor y el espectador. Un camino conduce al arte abierto; el otro, al arte cerrado.

En este resumen demasiado pulcro y sucinto faltan los sentimientos del intérprete. Pueden sufrir la misma división entre abierto y cerrado. Para entender hoy cómo podría ser esto tendríamos que desandar nuestros pasos hasta el Renacimiento.

Libro 3
El momento decisivo

6. GANARSE LA VIDA EN EL ESCENARIO
El intérprete se volvió libre y vulnerable

El término «Renacimiento» alude a «volver a nacer». Alrededor de 1450, una élite culta empezó a mirar hacia atrás, hacia la cultura de la antigüedad, en busca de modelos de cómo vivir. Los profundos cambios en la ciencia, la economía y la guerra hacían imposible la vuelta al pasado. Los sabios lo sabían muy bien. *Renacimiento* se aplicaba más bien a su creencia apasionada de que la gente podía seguir otros modelos de vida distintos de los que habían heredado del pasado inmediato. Idealizar el pasado lejano para crear una vida nueva en el futuro es parte de lo que el estudioso de Shakespeare Stephen Greenblatt llama «autoconstrucción» renacentista.*

¿Podría la interpretación permitir esa autoconstrucción? Ciertamente no mirando a la antigüedad. Bailar, tocar la flauta o actuar eran artes que en el pasado practicaban sobre todo los esclavos; los músicos y bailarines varones solían ser tachados de afeminados; y se consideraba indecente que las mujeres actuaran en público en cualquier campo. En el Renacimiento, los intérpretes profesionales buscaban la

---

* Véase el discurso completo en página 157.

autoconstrucción para adquirir más dignidad y libertad. Sus luchas prefiguran dificultades de identidad más generales y modernas.

I. AUTOCONSTRUCCIÓN A TRAVÉS DEL ARTE

El gran no a lo nuevo de Jaques

El famoso discurso de Jaques en *Como gustéis*, en el que declara que «el mundo es un escenario», podría parecer que eleva el estatus de la actuación.[1] Pero el discurso en cuestión es, de hecho, una fuerte condena de la idea misma de autoconstrucción. Nada en la vida es nuevo. Del mismo modo que los actores recitan su papel a pleno pulmón, noche tras noche, la gente interpreta su papel generación tras generación, siguiendo un guión que no ha escrito ella misma. Un joven enamorado, por ejemplo, está

suspirando como un horno, con una balada lastimera hecha a la ceja de su amada.

La joven pareja imagina que nadie puede hacerse idea de su felicidad, nadie ha sentido antes tal pasión –piénsese en Romeo y Julieta–, pero los suspiros y las miradas de búsqueda del amor son para Jaques actuaciones comunes. ¿Crees que tu amor es especial? Olvídalo; tu vida no va a romper el molde.

La convicción de Jaques de que la vida es siempre la misma tiene raíces bíblicas: «Lo que ha sido es lo que será, y lo que se ha hecho es lo que se hará, y no hay nada nuevo bajo el sol», afirma el Eclesiastés 1:9. En el mundo helénico, esta convicción se aplicaba a las artes; Aristóteles declaró con rotundidad –siempre declaraba con rotundidad– que «todos los hombres extraordinarios en filosofía, política, poesía y arte son claramente melancólicos», porque lo que crean resulta fútil tantas veces; todo se ha hecho ya antes. Esto también se convirtió en un lugar común para ciertos escritores del Renacimiento. Timothy Bright y Robert Burton atribuyeron el temperamento melancólico del artista al hecho de que todas las obras humanas no son sino «esfuerzos vanos», en palabras de Bright.[2]

Para situar a Jaques en un marco cultural más amplio, el discurso podría compararse a una crítica budista zen de la vida como teatro, escrita en Japón hacia la misma época que la obra de Shakespeare. Al maestro zen Rinza Bankei tampoco le gustaba dramatizar lo «nuevo» en las artes, y albergaba «grandes dudas» sobre los artistas que llamaban la atención sobre sí mismos a expensas de la tradición. Pero la respuesta de Bankei fue encogerse de hombros: no importa esta manera u otra. Enseñaba a sus seguidores a mostrarse indiferentes a lo nuevo para ver la vida con claridad. A Jaques le falta el zen. La fuerza emocional en su gran discurso viene de su ira ante la idea de que la gente imagine que puede ser diferente de quienes los precedieron; lo «nuevo» es un fraude. A diferencia de Bankei, no ha aprendido el arte de la indiferencia.

Los poderes religiosos de la Edad Media europea también carecían de zen: el teatro desataba especialmente su ira. El teólogo del siglo XII Juan de Salisbury, apóstol de la humildad y el decoro cristianos, aseveraba en su *Policraticus* que los santos «desprecian el teatro de este mundo desde lo alto de su virtud», a causa de su poder de seducción y de exaltación del ego. Tal aversión vuelve a remontarse a la antigüedad occidental. El estoico Zenón de Citio rechaza la expresión teatral tachándola de degradante. Los primeros cristianos temían que «el mundo fuera un escenario». San Agustín se sienta en el circo, baja la cabeza hacia las escenas de sangre y lujuria que tienen lugar más abajo. Entonces interviene la fe, y aparta la cabeza despacio.

Juan de Salisbury, si se me permite decirlo, decía tonterías, porque el teatro adquiría en su época una importancia cada vez mayor para la práctica de la religión. Dentro de la Iglesia, los sacerdotes estudiaban el gesto y la retórica como parte integrante del ejercicio de su profesión. El dominio espacial de Juan de Salisbury no se parecía en nada al culto llano, sin ornatos de los primeros cristianos que tenía lugar a la hora de la cena en el interior de las casas. El intrincado diseño de los vitrales, la elaboración y el lujo de los atuendos, el uso de incienso, todo ello incrementaba la teatralidad de la experiencia clerical. Si teológicamente «el mundo es un escenario» significaba maldad, la Iglesia de la época de Shakespeare había puesto *de facto* el teatro al servicio de la fe.

La jeremiada de Jaques posee un rasgo llamativo que rompe con los moralistas de la Iglesia. Ni Dios ni el Diablo, ni el vicio ni la virtud, figuran en su discurso. «El mundo es un escenario» se refiere al cuerpo, a las siete edades del ciclo vital humano. Toda persona se cree la estrella del espectáculo, y luego muere. Toma el relevo del estrellato una persona nueva, que interpreta exactamente los mismos papeles, y muere. La vida sigue como de costumbre.

Esto era un discurso extraño para ser pronunciado en 1603, cuando *Como gustéis* se representó probablemente por vez primera. Era el año de la muerte de la reina Isabel I. Ella había sido un icono de la autoconstrucción, una monarca femenina que, rompiendo con la costumbre, se negó a casarse, vivió de forma independiente y reinó de manera activa, desafiando la creencia de que solo los hombres tenían la voluntad y el entendimiento necesarios para gobernar. Su época había sido también un renacimiento para el país; con ella acabó el reinado del terror de los Tudor en tiempos de Enrique VIII. Así, en 1603, al morir sin descendencia, hubo de darse otra reinvención del régimen. Pero el discurso de Jaques niega que grandes cambios como este importen mucho en la forma en que la gente vive realmente su vida.

Pico dice sí al ahora

El melancólico Jaques encarnaba una corriente de las ideas del Renacimiento sobre el hecho de concebir una nueva vida. Una corriente más compleja de autoconstrucción la encarnó el filósofo renacentista Pico della Mirandola, que en 1486, en su *Oración sobre la dignidad del hombre*, declaró que «el hombre es su propio hacedor», es decir, que uno es «libre para ser el forjador de su propio ser, de moldearse a sí mismo de la forma que prefiera». Uno se hace a sí mismo.[3]

Tenía en mente transformaciones del yo distintas de las clásicas descritas en las *Metamorfosis* de Ovidio. Ovidio escribe historias en las que los dioses se causan súbitos e inesperados cambios unos a otros o a los humanos, como cuando Dafne se transforma mágicamente en un laurel para librarse de ser violada por Apolo. Shakespeare se inspiró en Ovidio para escribir *Romeo y Julieta*. Los malhadados amantes nos recuerdan a Píramo y Tisbe en el antiguo cuento romano, en el que la sangre de cada uno de los amantes se convierte mágicamente en el fruto rojo oscuro de la morera.[4]

La idea de la autoconstrucción de Pico della Mirandola es la de un cambio que no procede mágicamente de los dioses, sino de las propias acciones humanas. La idea tenía sentido sobre todo en el trabajo creativo, como es el caso del metalista Benvenuto Cellini, que encarnaba la versión de la autometamorfosis de Pico. En su *Autobiografía*, Cellini nos dice que empezó como modesto aprendiz de orfebre, con las ambiciones canalizadas tradicionalmente por el oficio: de aprendiz, oficial, maestro. Pero él deja el oficio siendo joven, y su autoconstrucción comienza cuando se cambia de la joyería a la escultura. De artesano se convierte en artista.

El historiador del siglo xix Jacob Burckhardt fue el primero en tratar de generalizar sobre la autoconstrucción a partir de historias como la de Cellini. Burckhardt veía el Renacimiento como un momento de profundo cambio en la cultura, cambio que inauguraba la idea del individuo, el ser humano que se modela a sí mismo. En la época medieval, escribe:

> Ambos lados de la conciencia humana –el que mira hacia al mundo y el que mira hacia dentro– yacían, por así decir, bajo un velo común, soñando o medio despiertos. El velo estaba tejido de fe, prejuicios infantiles e ilusión [...]. Fue en Italia donde este velo se desvaneció por vez primera vez [...]. El hombre se convierte en un individuo consciente de sí mismo y se reconoce como tal.[5]

Si estaba equivocado al equiparar a la gente medieval con niños crédulos, Burckhardt deja a un lado los peligros de convertirse en un individuo que es autoconsciente y se guía a sí mismo; peligros con los que Cellini estaba en sintonía.

Cellini sufrió al vivir su propia vida. Liberado de las tradiciones y protecciones del gremio, a su albedrío, se vio a menudo afligido por la ansiedad sin motivo aparente. Su arte le había ganado el derecho, o así lo creía él, al reconocimiento; era una fuente de autoestima, pero la ansiedad inundaba sus sueños, pues temía que todo pudiera derrumbarse como un castillo de naipes.

El sociólogo Émile Durkheim llamaría más tarde «anomia» a ese desasosiego que hace que la persona sienta un vacío interior cuando, al dejar de estar atada al estatus y las creencias de sus padres, se ha labrado una vida para sí misma. Así, para Pico, la autoconstrucción tampoco es un proceso plácido con resultados predecibles. Sabía que era como escudriñar en la oscuridad. Y en esto se le unió Shakespeare, al margen de *Como gustéis*.

En *El rey Lear*, de Shakespeare, la pura autoafirmación se plasma como una invitación al desastre, como cuando Edmundo declara en el primer acto:

> Esta es la excelente argucia del mundo, que, cuando nuestra fortuna mengua, a menudo por el exceso de nuestra propia conducta, culpamos de nuestros males al sol, a la luna, a las estrellas... Admirable excusa del disoluto proxeneta, el imputar sus lascivos instintos al cambio de una estrella.[6]

Pico también temía este exceso de ego, porque era un cristiano devoto. Sin la guía de Dios, las personas no pueden juzgarse moralmente a sí mismas de forma correcta. Sin embargo, aún creía que «el hombre es su propio hacedor», en el sentido de que el individuo debería tratar de responsabilizarse de cómo vive y de reflexionar con detenimiento sobre quién es, antes que confiar ciegamente en la fe o la tradición. Debería actuar como si fuera libre para elegir: esa pieza de la sabiduría zen que Pico habría entendido bien y que llegaría a ser el *ethos* del existencialismo moderno. Trata de vivir tu propia vida como si fueras libre, aunque, como a Cellini, te deprima o te salgan al paso circunstancias intimidatorias. Inténtalo.

En un plano menos metafísico, también hay diferencia entre el «nada cambia nunca», de Jaques, y «el hombre es su propio hacedor», de Pico della Mirandola. Por su parte, Jaques habla en realidad de rituales –los mismos papeles representados generación tras generación–. En el caso de Pico, se trata de una cuestión más relacionada con los cambios de formas de vivir en la ciudad.

Autoconstrucción en las calles

El Londres de Shakespeare estaba lleno de forasteros y emigrantes, que habían hecho crecer su población a lo largo de los trescientos años anteriores. Como en su contemporánea Venecia, o en la moderna Nueva York, el crecimiento demográfico interno era más débil que los flujos entrantes del exterior. Y, como en toda migración, muchos de estos forasteros remodelaron su vida como resultado de la mudanza. En el Londres del Renacimiento, la autoconstrucción se producía a veces mediante un fraude: los emigrantes suplantaban la identidad de residentes de la ciudad, actuando como miembros de gremios a los que no pertenecían.

A comienzos del siglo xv, los gremios londinenses habían adoptado un atuendo distintivo que identificaba a sus miembros en la calle: faja ceremonial, pañuelo o insignia indicativa de que uno era carpintero, panadero, joyero... La vestimenta ponía cierto orden en la vida civil; si los demás no sabían quién eras, al menos sabían a qué te dedicabas. En el curso de los tres siglos siguientes, muchos de esos trajes fueron falsificados por gente que no tenía derecho a llevarlos. En un mercadillo, un emigrante podía comprar la insignia del miembro muerto de un gremio, y en las callejas de la ciudad podía encargar pañuelos gremiales a un sastre granuja. La falsificación permitía a los jóvenes obtener crédito en tiendas, les confería reconocimiento en las iglesias, y respondía al desafío de los serenos («¿Quién va? ¿Quién eres?»). Para sobrevivir, los emigrantes jóvenes tenían que desempeñar más de un papel. Si un día descubrían que era un falso sastre, al día siguiente aparecía con el distintivo de pertenecer al gremio de los herreros.

Los impostores se libraban de sus múltiples imposturas en parte porque Londres había crecido tanto que los miembros de los gremios ya no conocían en persona a todos sus colegas. Aun así, para llevar a cabo estos engaños se requería cierta destreza. Si se le increpaba, o simplemente ante una broma en el curso de una conversación, el falsario callejero tenía que aportar referencias creíbles de su oficio sin ser demasiado específico sobre qué hacía en él. Era como estudiar el guión –el actor aprendiendo a interpretar un papel–. En Londres, era preferible que el emigrante fingidor de un papel se hiciera pasar, por ejemplo, por orfebre, ya que este oficio acogía a muchos miembros nuevos gracias al auge de la metalurgia. Los oficios integrados en la orfebrería aún no eran fijos ni estaban codificados. El fingimiento no funcionaba tan satisfactoriamente en los gremios antiguos, ya que sus prácticas eran bien conocidas y, por tanto, era bastante fácil juzgar si quienes vestían los ropajes del oficio sabían de verdad hacer su trabajo.

En este teatro de la calle había un gran premio en juego. Si la impostura tenía éxito, podía liberar legalmente al impostor. Un señor feudal te retenía de por vida en el campo. Si podías permanecer dentro de las murallas de la ciudad un año y un día, tu señor ya no podía reclamarte como tu propietario legal. La norma de «un año y un día» hacía buena la frase medieval *Stadtluft macht frei* (El aire de la ciudad nos hace libres). Pero las autoridades de la ciudad no eran amistosas con los emigrantes: había que inclinar la cabeza. Los trajes de pertenencia y de tener un trabajo remunerado protegían a los emigrantes de las autoridades, siempre al acecho de todo aquel que destacaba.

La impostura callejera no es algo exclusivo del Renacimiento. Balzac, por ejemplo, habría reconocido al instante a los jóvenes impostores. Sus novelas ambientadas en el París de las décadas de 1820 y 1830 están pobladas de estos falsarios. Un joven de provincias sin un céntimo que actúa como un joven magnate en la bolsa, o un criminal de los suburbios ascendiendo con violencia hacia el poder: Balzac crea un enorme elenco de personajes que se inventan a sí mismos. Vautrin, el criminal que se convierte en policía; Lucien de Rubempré, el torpe provinciano que se transforma en urbanita elegante; en cada novela aparecen personajes como ellos, que enmascaran su identidad en la ciudad. Una audiencia de desconocidos no puede saber si estos papeles representan o no a quien realmente es el personaje: solo pueden juzgar su actuación.

Sin embargo, hay algo en los jóvenes impostores del Londres de Shakespeare que los presenta bajo una luz más favorable que la de los actores de Balzac. La máscara de identidad en Londres era más que una estafa. Los actores se apegaban a sus papeles, y de una forma bastante peculiar: seguían llevando cintas y fajas e insignias después del año y un día, es decir, después de que hubiera pasado el peligro. Interpretar sus papeles les confería una identidad que valoraban mucho, pese a ser falsa. Como Judas en la pintura de Caravaggio, se identificaban con sus personajes.

II. UNA VIDA EN EL ESCENARIO

Las personas que se dedicaban profesionalmente a las artes escénicas podían ganarse la vida de dos maneras. Sus carreras podrían desarrollar sin sobresaltos su potencial interno, o bien su quehacer artístico podría hacerlo a trompicones.

Despliegue gradual

En 1603, cuando Jacobo I se convirtió en rey de Inglaterra a la muerte de Isabel I, cierto tipo de baile marcó el cambio de régimen. Las máscaras eran actuaciones tradicionales que combinaban danza, canto, discursos y disfraces para celebrar la mayoría de edad de un adolescente en una casa acomodada o el cambio de dueño en una finca. Estas actuaciones tenían su origen en un antiguo ritual en el que los enmascarados visitaban por sorpresa a una familia para celebrar un nacimiento o un matrimonio, y la obsequiaban con comida además de las actuaciones. El festejo, que podía durar toda la noche, concluía solo cuando los juerguistas decidían quitarse la máscara. El nuevo régimen, ahora, propiciaba un cambio en ese arte, y las mascaradas pasaron a ser de la incumbencia de artistas profesionales. Amén de guiones y puestas en escena elaborados, se requerían bailarines, figurinistas, decoradores y escenógrafos altamente cualificados.

Uno de los que aprovechó esta oportunidad profesional fue el joven Inigo Jones. No se formó como artista; su padre era trabajador de la confección y comerciante. El mundo del vestuario teatral era de un nivel artesanal aún más bajo, ya que carecía de un gremio que los representase. Puede que Jones descendiera de categoría al ingresar en este ámbito laboral, pero, una vez empleado en él, transformó y elevó el estatus del vestuario en las representaciones de máscaras. Creó grandes espectáculos extremos, al estilo David Bowie, con altas plumas de avestruz encajadas en los cascos de los hombres y collares y más collares de joyas sobre los pechos de las mujeres. Con sombreros y cascos, capas y túnicas, sandalias y botas, creó una arquitectura total del cuerpo.

En 1603, el joven Jones hizo su primer viaje a Italia para embeberse en las creaciones e ideas que ya habían germinado allí. Jones pudo estudiar la obra de Palladio cerca de Venecia, y entró en contacto con Giulio Parigi, que compaginaba la carrera de arquitecto con la de escenógrafo en Florencia. Jones volvió a casa con estas experiencias, que a partir de entonces fue expandiendo paso a paso.

El mayor de estos pasos fue tomar el teatro como guía para hacer arquitectura en el Banqueting Hall de 1619-1620, una sala utilizada tanto para mascaradas como para banquetes, en la que los participantes se disfrazaban con sus fantasías tipo Bowie. Luego pasó de los edificios individuales al diseño urbano, en particular el Covent Garden en la década de 1620, la primera plaza de diseño regular de Gran Bretaña, con tres lados de casas flanqueando un mercado abierto y rematando con una iglesia el cuarto lado. La experiencia teatral de Jones en Italia moldeó el Covent Garden y su apariencia de gran escenario. Pero, para entonces, Jones ya había evolucionado mucho más allá de Parigi, y concibió un Covent Garden abierto y poroso en lugar de los espacios públicos ceñidos y sellados ideados por el italiano.

No hay pruebas de que Jones hubiera oído hablar de *Oración sobre la dignidad del hombre*, y menos aún de que la hubiera leído. Pero el suyo era un ejemplo del «hombre como hacedor de sí mismo». La narración de su vida era la de un desarrollo en el que cada paso expandía sus horizon-

146

tes y creaciones. Que un artista individual se desarrollara desde dentro a lo largo de su vida, como una flor que se abre, era algo nuevo en el Renacimiento. En los gremios tradicionales, las destrezas evolucionaban de generación en generación, más que en las vidas individuales. A los sastres, por ejemplo, les llevó unos ochenta años aprender a cortar el tejido al bies. Hoy la evolución se ha acelerado. El despliegue del cambio podía producirse en una sola vida, en un solo artista, como aconteció con los ropajes de mascarada creados por Jones. A este respecto, la trayectoria de Jones es como la de Cellini, y también como la de Stradivarius, el maestro hacedor de instrumentos, que siguió evolucionando hasta la edad avanzada.

Desarrollo accidentado

El desarrollo personal requiere un marco nutricio que permita la floración de las capacidades internas. Tradicionalmente, los gremios eran espacios de privilegio masculino, y lo mismo sucede en el escenario. El escenario era un espacio que pertenecía a los hombres. Para las mujeres, ganarse la vida en el arte requería una batalla más encarnizada, y el camino para lograrla era más accidentado. Aun así, el escenario renacentista ofrecía a las mujeres una oportunidad de desarrollarse como intérpretes.

Hasta mediado el siglo XVI, los papeles femeninos eran interpretados por «jóvenes imberbes y hombres bien afeitados», como diría más tarde el dramaturgo Goldoni. La Iglesia católica consideraba que las mujeres actrices –tal como proclamaba la Inquisición– o se comportaban como rameras o eran realmente rameras. Ello siguió siendo un prejuicio del mundo protestante durante mucho más tiempo, desde la época de Shakespeare hasta el teatro de Congreve, en el siglo xviii, de forma que los papeles femeninos seguían siendo representados a menudo por travestidos.[7]

En la interpretación musical se daba igualmente el imperio de los hombres. San Pablo había declarado: «Que las mujeres guarden silencio en las iglesias» (1 Corintios, 14:32), lo que significaba que, hasta que se les quebraba la voz, los jóvenes varones cantaban partes de soprano en la música de iglesia, como lo hacían en madrigales y motetes. Entre los adultos, los contratenores asumían papeles de voz aguda, y se instalaban en una paleta de colores vocales distinta de la de los adolescentes que entonaban los agudos o contraltos. Los *castrati* aportaban otro matiz de notas altas. Ninguna de esas voces podían confundirse con la de una mujer.

El ámbito musical abierto a las mujeres tenía su representación instrumental en el virginal y el laúd. El virginal es un instrumento en forma de caja, a menudo bellamente pintado, cuyo teclado corre paralelo a un juego de cuerdas situadas en el centro. El cuadro de Vermeer *Una joven sentada ante el virginal* (pintado hacia 1670) muestra a una mujer en un pequeño espacio doméstico, sentada al instrumento (de hecho, una variante del virginal de sonoridad más parecida a la de la flauta y que se conoce como *muselar*). El virginal, un instrumento no voluminoso, solo podía ser audible en un marco protector como este, del que se pensaba que era propicio para acoger el «pudor» de las mujeres.

Una nueva forma de arte vino a alterar estas diferencias de género. La *commedia dell'arte* empezó con parodias y sátiras organizadas por actores de alta cuna. A partir de 1487, las asociaciones de jóvenes aristócratas de Venecia –llamadas «Compañías de las calzas» por los leotardos que vestían– contrataban a malabaristas, bailarines, músicos y actores de ambos sexos para ofrecer diversiones improvisadas, tanto dentro de sus palacios como en las plazas de la ciudad. El nombre genérico *commedia dell'arte* fue acuñado más tarde por Carlo Goldoni, probablemente en 1707, para designar lo que para entonces eran ya más de veinte compañías que combinaban danza, música y parodias.

El desafío al género se unía al impulso de burlarse. Los artistas parodiaban las tragedias, se mofaban de los políticos, eran pródigos en chistes de pedos, hacían comentarios gráficos sobre el tamaño de los penes y los pechos. A medida que iban adquiriendo práctica, fueron convirtiendo la burla en un arte refinado. Una compañía llamada los Junior Royals medró a costa de ridiculizar a la élite que la patrocinaba.[8]

Un aspecto de la *commedia dell'arte* afectaba a la autoconstrucción de las mujeres en la ciudad. Como se había convertido en un arte popular, con representaciones a veces improvisadas en las esquinas de las calles (la versión renacentista del *pop art*), la Iglesia y las autoridades no tenían ni el poder ni, en realidad, el interés de impedir tales erupciones temporales. A partir de mediados del siglo XVI, el teatro pop brindó una oportunidad a las mujeres de mediados del siglo XVI; las esposas empezaron a sustituir a los maridos enfermos o a oficiar de extras o a hacer que aumentara el número de personas en el escenario abierto urbano. En la década de 1570, la revolución de las mujeres que interpretaban a mujeres estaba en marcha.

Esta transformación se encarnó de forma notable en la persona de Isabella Andreini. Casada a los dieciséis años, en 1578 entró a formar parte de un grupo de teatro de comedia conocido como los Gelosi. En las décadas siguientes llegó a ser una distinguida actriz de papeles trágicos, y más tarde se convirtió en dramaturga. Un contemporáneo suyo, Giuseppe Pavoni, quedó impresionado por su capacidad para imitar a otros actores, y para hacerlo con todo tipo de insi-

nuaciones sexuales. Asimismo, improvisaba burdas escenificaciones, como el *sketch* en el que se oía el sonido estruen-
doso de unos pedos del antiguo dios Saturno. Esta libertad
para ser grosera era un distintivo de la igualdad de género;
en el escenario de la *commedia* las mujeres ya habían hecho
antes insinuaciones y chistes obscenos, pero se consideraba correcto porque los actores eran en realidad hombres.
Resultaba muy llamativo que una mujer que interpretaba a
una pescadera en el escenario maldijera como una verdade-
ra pescadera en el mercado. La actriz se autoformaba como
mujer.

Sin embargo, Isabella Andreini quería ser, en el escenario, algo más que eso. Peleó para que se le permitiera interpretar tragedias, y luego volvió a pelear para montar sus
propias obras. Pese a su descaro y agresividad de espíritu, a
menudo el mundo obtenía lo mejor de ella. Se deprimía con
frecuencia, pues sentía que no la comprendían. Su trayectoria contrasta con la de Inigo Jones, que se desarrolló –al
menos hasta donde sus obras nos permiten juzgar– de forma
tranquila y lineal.

Andreini se enfrentó a un prejuicio muy arraigado que
también afectaba a algunos intérpretes masculinos. En el
mundo occidental antiguo, las únicas artes que podían rei-
vindicar privilegios de élite eran las verbales, en especial
la poesía. Todos los niños de clase alta de Atenas aprendían
a recitar de memoria extensos fragmentos de Homero.
Las palabras destinadas a la escena gozaban de un prestigio
similar: Sófocles era honrado como tesorero y comisario militar de la ciudad. Pero los bailarines y músicos eran sirvientes
o esclavos; se disfrutaba de su arte, pero como personas no
contaban gran cosa. En el Renacimiento eran presencias más
visibles, pero esta visibilidad podía ser peligrosa.

III. SOBREVIVIR

Los actores de la *commedia dell'arte* eran, como diríamos hoy, transgresores. Se mofaban de los políticamente poderosos, aunque, para evitar el látigo del maestro, las burlas debían ser indirectas y alusivas, y no confrontaciones directas. Las alusiones debían enmarcarse de tal modo que, en caso de ser cuestionado, el actor dispusiera de cierto margen para la refutación. En Estados Unidos, los esclavos africanos hablaban en una jerga macarrónica que el amo solo entendía a medias, y gracias a la cual los esclavos podían eludir los enfrentamientos. Los actores de la *commedia dell'arte* trataban de emplear gestos no verbales, disfraces y bloqueos escénicos para las transgresiones, pero los poderosos a menudo comprendían con demasiada facilidad este tipo de teatro con pretensiones alusivas.

Los Gelosi dependían de apoyos aristocráticos capaces de humillar a actores incluso tan prestigiosos como Isabella Andreini. En 1582, por ejemplo, el duque de Mantua, casi enano, condenó a la horca a tres actores de la compañía por haberse burlado de él al agacharse para hacer que apareciera con ese déficit de altura en el escenario. Felizmente, las sogas se rompieron y el duque acabó olvidándose de los condenados, aunque no del poder potencial del escenario para insultarle. En 1596, despidió a Andreini de su servicio en respuesta a una pantomima de la actriz que le pareció demasiado «osada»: Andreini se masajeaba la entrepierna mientras dedicaba una exagerada reverencia a sus cortesanos. El castigo, ahora, no era la muerte, pero tuvo que postrarse ante él como si suplicara por su vida.[9]

La historia de la humillación ante el mecenas, en la música de arte elevado, se extiende desde Bach hasta Mozart y continúa hasta los tiempos modernos. Una consecuencia del poder del mecenas a finales del Renacimiento la encontramos en el hecho de que el arte más popular buscara seguridad en las calles, y que los actores eligieran la alternativa de actuar para un público más amplio, que pagaba por sus actuaciones individuales. En teoría esto debería haber constituido un gran paso hacia delante: los actores o actrices se sentirían libres para vender arte en el mercado abierto. En teoría.

Isabella Andreini murió en 1603; su compañía, los Gelosi, duró tan solo lo que vivió ella. Uno de sus hijos, Giambattista, creó una nueva compañía a principios de 1604, los Fidel, que permaneció en activo durante casi medio siglo. Los Fidel, como otras compañías de comedia, decidieron dedicarse a las calles para huir de las amenazas de patrones individuales de clase alta, y viajaban de ciudad en ciudad, unas veces para encontrarse teatros vacíos y otras instalándose de forma improvisada en espacios abiertos. En Italia, Francia y Gran Bretaña, a los artistas ambulantes se les denominaba «hombres sin amo», conque podría parecer que se les calificaba positivamente como gentes libres. De hecho, a estos «hombres sin amo» se les trataba como vagabundos indóciles. Precisamente tal trato impulsó a los jóvenes que emigraban a las ciudades a adoptar vestimentas artesanales, con objeto de hacer saber que, en lugar de ser «sin amo», pertenecían a una institución. Ninguna ciudad se mostraba muy dispuesta a proporcionar lugares donde actuar a artistas libres y «sin amo», por lo que las compañías de actores, en la primera mitad del siglo XVI, solían ofrecer sus funciones en lugares que podían abandonarse con rapidez.

Los viajes mermaban su arte. El público de la *commedia dell'arte* exigía rutinas trilladas, y las compañías itinerantes no podían permitirse granjearse su rechazo representando espectáculos extraños, exigentes o desagradables. Los suce-

152

sores de Andreini repetían exactamente las mismas chanzas de pedos que ella había improvisado en los momentos álgidos, ya que eran siempre un éxito seguro en las audiencias populares. Las innovaciones de vestuario y enmascaramientos languidecieron. A principios del siglo XVI había centenares de variaciones de la máscara del Dottore, personaje del acervo de la *commedia dell'arte*. A finales de siglo, la máscara se había estandarizado. Lo más importante de todo es que los actores debían tener mucho cuidado para no ofender a las autoridades, que no querían forasteros en la ciudad, por lo que se eliminaron las pullas políticas y se dio fin a los comentarios osados de Andreini. El hecho de que los actores itinerantes fueran buenos artistas no les ofrecía protección alguna; en todo caso, cuanto más originales, cuanto más contundentes eran, más amenazados se sentían. Liberados del mecenazgo de la aristocracia o la realeza, se vieron impelidos hacia el conformismo; siendo como eran agentes libres, se convertían en artistas comprometidos.

Defensas colectivas

«Hoy aquí, mañana allá», escribió un miembro de los Fidel, Domenico Bruni, en 1623. «Viviendo siempre en posadas [...] Ojalá mi padre me hubiera encaminado hacia otro oficio.» Este último comentario es el más rotundo. Las compañías se mantenían unidas frente a las humillaciones de la libertad, ya que estaban formadas por familias. Aunque los actores podían pasar ocasionalmente de una compañía a otra, el vínculo familiar era la única unidad profesional básica de los intérpretes. Sin embargo, la familia, por sí sola, no era lo bastante fuerte para protegerlos del mercado.

Para finales del siglo XVI, en Londres y Venecia, las dos capitales teatrales del Renacimiento, los artistas trataban de protegerse unos a otros colectivamente y de maneras diferentes.

El escudo protector de Londres era una institución híbrida integrada por mecenas, familias y artistas no relacionados entre sí. A mediados del siglo XVI, el primer barón Hunsdon y su hijo crearon poco a poco una compañía teatral llamada Los hombres de lord Chamberlain, a la que protegieron de tener un solo mecenas-humillador convirtiéndola en una compañía de accionistas en la que podía invertir cualquiera, incluidos quienes actuaban en ella. En 1576, James Burbage construyó en Londres el primer espacio dedicado a las representaciones, llamado simplemente El Teatro, del que era copropietario y que dejó a su hijo, aunque de nuevo con inversores externos. El Globe de Shakespeare, construido en 1599, era una compañía en gran parte propiedad de los actores, que invertían también en Los hombres de lord Chamberlain.

Estas avenencias híbridas limitaban las responsabilidades, pero no contribuían a estabilizar los teatros. El Globe, que sobrevivió hasta que los puritanos lo cerraron en 1642, fue la excepción que confirma la regla. Al depender de la venta de entradas a un público voluble, la fortuna de la mayoría de los teatros osciló igual que la de las compañías itinerantes.[10]

El otro escudo protector surgió en Venecia, una generación después de Shakespeare, y era más fuerte. Consistía en una protección estatal que institucionalizaba el mercado. La ciudad gestionaba teatros abiertos a cualquiera que pudiera permitirse comprar una entrada, y, en ese sentido, los teatros regentados por el Estado eran verdaderas operaciones de mercado. En Venecia, el primero de ellos se inauguró en 1637. Pero estos teatros propiedad del Estado podían permitirse ofrecer a los artistas contratos escritos y, en 1682, empleos estables, con independencia de la venta de entradas. Lo mismo acontecía en París en la Comédie-Française, inaugurada en 1680. El arte financiado por el Estado podía, ocasionalmente, mostrarse receptivo a la innovación creativa. La sorprendente e innovadora ópera de Monteverdi *La coronación de Popea* se representó en uno de esos teatros nuevos gestionados por el Estado; y es obvio que los burócratas aceptaron en aras del prestigio las pérdidas en las que incurrió. Las humillaciones personificadas infligidas por los aristócratas dieron paso a los dictados más impersonales de los burócratas, con sus interminables reuniones de comité, sus celos y disputas ocultas tras el velo de la gestión racional.

La autoconstrucción renacentista, en suma, parecía muy distinta de la individualidad liberada que celebraba Burckhardt. En el ámbito del espectáculo, el «yo» era un dominio retorcido. El melancólico Jaques pensaba que la idea de la autoconstrucción era un fraude; «El mundo es un escenario» significaba para él que las personas son actores, generación tras generación tras generación, en una tragicomedia que no han concebido ellos. La declaración de Pico de que «el hombre es su propio hacedor» implicaba que uno es responsable de su propia vida, lo cual, en su opinión, era una carga demasiado pesada para que la mayoría pudiera soportarla. Era legalmente cierto que la ciudad de finales del medievo y principios del Renacimiento reconocía el derecho del individuo a esa ciudad: *Stadtluft macht frei* (El aire de la ciudad nos hace libres). Una impostura como la cometida por los jóvenes que se mudaban a Londres en las postrimerías del Renacimiento les haría ganar esa libertad al cabo de «un año y un día», pero, cumplido el plazo, se apegaban a papeles que les marcaban como pertenecientes a un colectivo, el gremio, en lugar de presentarse como «hombres sin amo».

155

En el campo de la interpretación, la autoconstrucción se abría como una flor, como en el caso de Inigo Jones, pero también podía resultar un empeño más difícil y accidentado, como en el caso de Isabella Andreini y sus herederos. Su senda fue la que la mayoría de los artistas siguieron entonces, y aún hoy siguen. Sus carreras autodidactas no liberaban a los viajeros de la humillación ni la degradación de su arte; más bien viajaban de un territorio de control a otro, de escenarios donde imperaba la autocracia a escenarios regidos por el mercado capitalista. Su arte, así, no hacía sino degradarse. La resistencia colectiva mediante sociedades anónimas no estabilizaba su vida. Las burocracias estatales que brindaban estabilidad a los artistas lo hacían por un precio: la imaginación pasó a ser gobernada por un comité.

El mundo es un escenario
(palabras del melancólico Jaques)

El mundo es un escenario,
y todos los hombres y mujeres meros actores:
tienen sus salidas y entradas;
Y un hombre en su vida interpreta muchos papeles,
siendo sus actos en siete edades. Al principio el lactante,
que lloriquea y vomita en brazos de su nodriza.
Luego el colegial quejumbroso con su cartera
y su brillante cara matutina, arrastrándose cual caracol,
de mala gana, camino de la escuela. Y luego el amante,
que suspira como un horno, con una balada triste
compuesta a la ceja de su amante. Y después el soldado,
lleno de extraños juramentos, y barbudo como el compinche,
celoso en el honor, súbito y pronto en la batalla,
buscando la reputación perecedera,
hasta en la boca del cañón. Y más tarde juez
de vientre redondo y prominente como el de un buen capón,
de mirada severa y barba formal recortada,
lleno de sesudos dichos y modernas citas;
y así desempeña su papel. En la sexta edad
se cambia al flaco pantalón y a las pantuflas,
con anteojos en la nariz y bolsa al costado,
y con juveniles calcetines, bien conservados,
con demasiada holgura para sus piernas demacradas;
y el vozarrón varonil vuelve al infantil agudo (gaitas y silbos).
La última escena que pone fin a esta extraña y azarosa historia
es la segunda infancia, el puro olvido;
sin dientes, sin ojos, sin palabras, sin todo.*

WILLIAM SHAKESPEARE, *Como gustéis*,
Acto II, escena 7

---

* La traducción es mía. *(N. del T.)*

7. CAMBIO DE ATUENDO
La autoconstrucción condujo a nuevas formas de mostrarse

I. VESTIMENTA TRÁGICA

Si Sebastiano Serlio hubiera vivido en Venecia durante los primeros años del Renacimiento, habría sido testigo de una escena trágica representada en las calles por la forma de vestir de la gente. Su atuendo se hizo inseparable de la gran tragedia de su vida: la llegada de la peste. La *commedia dell'arte* se burlaría de esta indumentaria del infortunio, del mismo modo que se burlaba del poder.

La peste

En el siglo XV, Venecia se había convertido en la mayor ciudad global de Europa. Gracias en gran parte a su ubicación acuática, conectaba Europa con Extremo Oriente, de donde llegaban especias y telas; la ciudad financiaba el tráfico de esclavos en África; canalizaba alimentos, artesanía y operarios cualificados del Mediterráneo hacia el norte de Europa. El dinero mundial hizo que la gente se desplazara a la ciudad a comerciar y, en 1507, Venecia era la única ciudad de Europa donde los forasteros superaban en número a los nativos. En consecuencia, también importaba enfermedades de todas las latitudes, sobre todo la peste, una enfermedad urbana que se daba allí donde la gente vivía hacinada, y que en Venecia empeoró por el estado nauseabundo de sus canales y la ingente población de ratas resultante.[1]

En aquel tiempo no se creía que la peste fuera transmitida por las ratas, sino por el aire, por el aliento de unos individuos a otros. Al igual que en la pandemia moderna del covid, el remedio era en gran medida el aislamiento, y la gente huía de las ciudades en cuanto aparecían señales de contagio de la peste. Los médicos, sin embargo, no debían irse, y mantenían un estrecho contacto físico con sus pacientes, quienes, por razones aún desconocidas, podían contagiarlos.

La mascarilla y la bata del médico

Los médicos se protegían en gran medida usando mascarillas y batas de cuerpo entero, como hacen hoy los profesionales sanitarios, pero aquellas mascarillas eran muy diferentes de las nuestras. Tenían forma de pájaro y cubrían toda la cara con un pico enorme, y los médicos respiraban a través de los orificios nasales del pico. Las mascarillas de los médicos eran de dos clases de materiales: de cuero para las consultas ordinarias, y de papel maché para tratar las enfermedades transmitidas por el aire, pues podían desecharse tras el uso. La mascarilla de papel maché tiene su origen en las investigaciones de las enfermedades de transmisión por aire del médico persa Ibn Sina, comúnmente conocido en Occidente como Avicena. El aliento de un enfermo de peste, pensaba Avicena, interactuaba con los vapores pútridos del propio cuerpo del médico. La mascarilla de pico de pájaro reducía las posibilidades de que el aire penetrara en los pulmones.

La bata del médico apuntaba a un tipo similar de protección. Cubría hasta los pies –ciertamente barría el suelo con sus pliegues–, a fin de impedir la entrada de los vapores infecciosos. La bata era de tela gruesa, no transpirable y, por lo tanto, calurosa y sudorosa en verano. Se lavaba con frecuencia, pero, aun así, el médico olía.

No eran, en sí mismos, atavíos complicados, solo en gran medida inútiles. La mascarilla y la bata adquirían un carácter más complejo cuando los médicos que las usaban eran judíos. Expulsados de España en 1492, judíos y musulmanes invadieron Venecia; los judíos, en mayor número y causando mayor alarma. En 1516, las autoridades confinaron a los judíos en una isla dentro de la ciudad que en el pasado había albergado metalisterías. A los judíos se les encerraba por la noche en ese gueto, donde no se permitía que la luz entrara por las ventanas. Era como si la comunidad judía desapareciera literalmente en la oscuridad. Sin embargo, durante el día, la ciudad necesitaba a sus judíos, sobre todo si eran médicos.

Llevaron la ciencia islámica de España a Venecia. Antes de la expulsión de 1492, los médicos judíos y musulmanes se habían mezclado. Los médicos judíos aprendieron de sus colegas islámicos, por ejemplo, a examinar minuciosamente el globo ocular. Ibn Sina había descubierto las estructuras elementales de las cataratas e ideado los primeros tratamientos quirúrgicos para su cura, en una época en que el tratamiento occidental era la aplicación de compresas frías en la frente. Si uno quería realmente curarse la vista, lo que debía hacer era acudir a los judíos.

Pero eso implicaba un contacto estrecho con un cuerpo judío: un médico judío examinando de cerca unos globos oculares cristianos. En la cristiandad, el cuerpo de los judíos se consideraba repulsivo, su sangre impura y su aliento plagado de olores fétidos. Este prejuicio modificaba el significado asignado a la máscara de un médico; durante un brote de peste, el pico de la máscara servía no tanto para proteger al médico de la enfermedad como para proteger a los pacientes de la contaminación que se creía emanaba del aliento extraño del facultativo. El médico judío debía tirar la máscara de papel maché en presencia de un cristiano, a fin de que este se asegurara de que el médico no la conservaba para ahorrarse dinero reutilizándola. En la práctica médica ordinaria, la máscara cumplía la misma función profiláctica. La impureza y la pureza debían considerarse en conjunto para dar sentido a la mayoría de las prácticas culturales. En Venecia, las máscaras utilizadas por los médicos judíos mediaban entre lo puro y lo impuro.[2]

El atuendo del médico judío figuraba en el más arduo de todos los trances humanos: los últimos instantes antes de la muerte. En esa época, las muertes eran acaecimientos públicos, «rituales coreográficos», como los llama el historiador Philippe Ariès. Los familiares, amigos y sirvientes se agolpaban en una estancia, sabiendo dónde situarse, qué decir, cuándo llorar y cuándo no. Se ha llamado a un sacerdote para que administre la extremaunción; el sacerdote se arrodilla junto a la cama de una mujer moribunda, pero no la toca, y los familiares no le dan la vuelta ni la limpian. De esos consuelos físicos se ocupan los sirvientes de la casa.[3]

Detrás del sacerdote arrodillado asoma un hombre-pájaro con guantes de cuero. Palpa el corazón de la moribunda, le abre la boca, huele su orina. Este hombre-pájaro extraño se ha hecho cargo del cuerpo de la anciana en el tránsito real de la vida a la muerte. La afligida familia,

161

los amigos y el cura no entienden lo que hace el hombre-pájaro, ya que se trata de una ciencia extraña, no cristiana. En cuanto la anciana deja de existir, sin embargo, expulsan al médico-pájaro de la habitación para que la familia pueda comenzar el duelo, guiada por el sacerdote.

II. UNA BREVE AUNQUE IMPORTANTE NOTA SOBRE LAS MÁSCARAS

Como los juguetes, las máscaras como la del médico judío son objetos poderosos. La palabra «máscara» en griego es *prósopon*, y significa también «rostro». La distinción que hace Maquiavelo entre «máscara» y «rostro» está en los orígenes de nuestra cultura, ambigua en algunos aspectos y clara en otros. En el teatro antiguo, llevar máscara separaba al actor del espectador; el espectador nunca estaba enmascarado. Así, los espectadores se hallaban siempre directamente expuestos al poder de quienes llevaban máscara, bien en las cavernas o bien en el escenario. En *Edipo rey*, para enfatizar el autocegamiento del rey, el actor se ponía una máscara con los orificios de los ojos agrandados. Se decía que cuando el actor entraba en escena con la máscara ciega, antes de que hubiera pronunciado una palabra a los espectadores les entraba el pánico, ya que las máscaras tenían el terrible poder de cegar a quienes las miraban.

Las máscaras antiguas estaban hechas de lino endurecido, cuero y corcho. Y diseñadas de forma que la abertura de la boca fuera pequeña. Se pensaba que este pequeño orificio permitía a la máscara funcionar como un megáfono; la investigación moderna sobre las máscaras lleva a concluir, por el contrario, que la máscara fortalece la «voz de cabeza» (el sonido que un actor o cantante emite desde la parte superior de la tráquea), lo cual aumenta la intensidad, pero no el volumen sonoro.

Originalmente, el teatro griego empleaba solo dos máscaras, una para la comedia y otra para la tragedia: la de la comedia, que exaltaba el placer de sátiro, y la de la máscara trágica, que se abatía en la aflicción. Todos los personajes del coro griego iban enmascarados para diferenciarse de los espectadores, pero las máscaras, de expresión más neutra, no se distinguían unas de otras, para marcar su carácter de *personæ* colectivos en su calidad de comentadores. En la época de Esquilo, las máscaras de los actores se hicieron más variadas y se vincularon a papeles concretos. Llevando máscaras diferentes durante una representación, dos o tres actores podían crear muchos personajes. Y como el teatro griego solo permitía varones en escena, las máscaras transformaban hombres en mujeres: la máscara poseía el poder de engendrar género.

Esto podría expandirse más allá del contexto europeo. Entre los senufo de Costa de Marfil, las máscaras medio animales, medio humanas talladas en madera marcan tanto los ritos de iniciación masculinos como la muerte de los hombres. Cuando se las ponen para una muerte, quieren indicar que quien la lleva es a la vez pútrido y sanador. En el caso de las máscaras más abstractas de madera pintada y fibra que se utilizan en los funerales de los dogón de Mali, la máscara tiene el poder de curar o matar, como las máscaras griegas. En el teatro *Noh* de Japón –una forma de arte un millar de años más joven que la escena griega–, los abanicos abiertos o cerrados, apuntando o pegados al pecho, expresaban los sentimientos de un personaje concreto, mientras que las máscaras representaban a varios tipos de personajes: demonios, féminas o varones jóvenes, hombres ancianos. El abanico del noh tenía el mismo poder emocional que la máscara griega, algo que quizá les cueste sentir a los occidentales de hoy cuando asisten a una obra *Noh*; el golpecito más leve de un abanico podía resultar insultante hasta el punto de que otro personaje podía sentirse impelido al asesinato.

El antropólogo David Napier considera curioso el intenso poder de las máscaras, ya que, tras el «rostro [físicamente] inmutable», un personaje suele evolucionar y pasar de la rabia a la tristeza o el miedo o el valor en el curso de una misma velada. Los cambios se registrarían gráficamente en una cara desnuda, pero no en una máscara estática; a lo sumo, las máscaras identificarían el tipo de persona que es un personaje, más que su evolución concreta en el transcurso de la acción.[4]

Pero esa es la cuestión en el caso de algunas máscaras, aun cuando puede que no susciten sentimientos específicos de terror como, por ejemplo, la antigua máscara del ciego Edipo. Pueden ser estimulantes de otra manera. ¿Quién está detrás de la máscara? ¿Quién es la persona real encubierta? Al igual que en los ballets de George Balanchine, los telones de fondo en blanco estimulan la imaginación del espectador. Pero Napier señala un cambio que acaece en el Renacimiento en la potencia de las máscaras, y asimismo en el maquillaje y el vestuario. El *ethos* del «hombre que es su propio hacedor» cambia, en escena, el significado de la apariencia corporal.

III. VESTUARIO CÓMICO

La máscara del Dottore

La máscara del médico judío se transformó en un accesorio escénico en las obras de la *commedia dell'arte* de finales de la década de 1530 y en la de 1540, e hizo que el personaje que la llevaba mudara de alguien terrorífico a un tipo caprichoso y muy divertido.

La figura del Dottore en el teatro procedía de Bolonia y no de Venecia, y era más la de un académico que la de un médico, ya que Bolonia era la sede principal del saber en la Italia de la época. Sin embargo, la toga del Dottore, negra y larga, era del mismo color que la del médico judío. Dottore a veces llevaba también guantes. El médico judío llevaba una escarapela amarilla; todos los judíos de Venecia podían identificarse a simple vista porque estaban obligados a llevar algo amarillo. Unas cuantas imágenes de Dottore lo plasman engalanado con insignias, cintas y medallas, pero eran ornatos chillones que no hacían sino añadir más mofa a su engreída importancia.

Dottore llevaba una máscara cuya nariz era un pico, igual que la máscara del médico judío, pero ahora el pico es tan largo como alto el resto de la máscara. Pantaleone, el personaje con quien Dottore se empareja en el escenario, también tiene la nariz alongada. La máscara de Pantaleone tenía una barba puntiaguda que a veces era tan larga como su nariz, y un bigote enorme hecho de pelo pegado en una tira de cuero. La pareja no iba idéntica, porque Pantaleone solía vestir chaleco y calzas rojas y negras, lo que lo distinguía de Dottore y su larga toga. Pero sus narices comunes diferían de las máscaras de los Zanni, unos sirvientes locos, que eran ganchudas en lugar de sobresalir rectas hacia fuera (la nariz aguileña se consideraba ya entonces un rasgo típicamente judío).

La máscara escénica transformó aún más al médico judío. Mientras la máscara de Pantaleone le cubría toda la cara, la de Dottore era una media máscara que le dejaba al descubierto las mejillas y los labios. Las mejillas están arreboladas, dando a entender que Dottore bebe, y mucho. La máscara explica así por qué Dottore habla de forma incomprensible. Los conocimientos de Dottore, igual que los del médico judío, son abstrusos y se expresan en rudimentarias lenguas extranjeras, ininteligibles para los demás personajes en escena. Pero, en la *commedia dell'arte*, estos conocimientos son ridiculizados más que temidos. En algunos guiones de la *commedia dell'arte*, Dottore cura a algunos enfermos como por arte de magia, pero en este teatro hasta la muerte es algo que admite chanzas.

Dottore, con su máscara, rompía así con las escenas de la vida cotidiana en las que el médico judío –enguantado, enmascarado, con toga, hombre-pájaro de pie detrás del sacerdote arrodillado– parecía un emisario de la parca. Los actores de la *commedia dell'arte* improvisaban líneas acerca de Dottore y Pantaleone. Bajo sus máscaras no eran prisioneros de su simbolismo, como lo era el médico judío. La figura teatral se había separado de la figura ritualizada, y la escena trágica se había transformado en cómica, en parte gracias a la forma de vestir de la gente.

Un paralelismo cristiano

Esta transformación no es solo una historia judía. Si hubiéramos viajado en el tiempo una generación antes, podríamos haberlo presenciado en la escena londinense.

Si en 1491 hubiéramos asistido a una representación de *El drama del sacramento*, de John Croxton, interpretada por una compañía de actores itinerantes que recorría la campiña inglesa, es muy posible que hubiésemos quedado muy impresionados. La trama da cuenta de unos villanos judíos que roban la hostia de una iglesia; la oblea la rescata luego un obispo. Nada sorprendente en esto. Lo chocante es que un objeto sagrado —la oblea que se toma en comunión— se ha convertido en un objeto de utilería.

Hasta el siglo VI, el pan y el vino se compartían en la comida comunitaria de la eucaristía, conmemorando la fraternidad de los primeros cristianos. Eran ocasiones al parecer fáciles e informales, en las que se oraba y bendecía espontáneamente en el curso de la comida. En el siglo VI, el rito formal de la misa en latín empezó a sustituir a la sagrada cena. En las celebraciones premedievales de la misa, tanto el pan como el vino eran ofrendas que llevaban a la iglesia los propios feligreses. Después de cuatrocientos años, en el siglo X, con el auge de los monasterios, estas ofrendas se vieron reemplazadas por un pan especial de manos sacerdotales. El pan del pueblo se elaboraba con centeno y espelta; el pan del sacerdote eran obleas blancas sin levadura, hechas solo de trigo. Solo este pan especial, la oblea, podía transformarse durante la misa en el cuerpo de Cristo.

Y lo mismo acontecía con el vino. El cáliz de vino en la época premedieval pasaba de unos labios a otros de los fieles; en el siglo X, el vino se bebía con una pajita; en el siglo XII, era práctica habitual que solo el cura bebiese el vino en nombre de todos los fieles.

Ese rito cristianizado impregnó el significado del pan de una forma que contrasta con la *matzá* del rito judío. La *matzá* sin levadura, que se toma cada año en la Pascua judía, recuerda la historia de los judíos que comían mientras huían de la persecución en Egipto, sin tiempo ni hornos para elaborar el pan levado. La *matzá* es un símbolo nemotécnico; despierta ese recuerdo, pero, en rigor, la *matzá* no tiene en sí misma propiedades mágicas, mientras que la hostia cristiana es una «presencia real» en la misa: el pan y el vino de la eucaristía son realmente la carne y la sangre de Cristo. El hechizo obrado por la misa convierte el consumo de estos alimentos básicos en la experiencia viva del cuerpo de Cristo. Así se codificó la doctrina de la «transustanciación» en la Iglesia católica en 1215.

A medida que se acentuaba el cisma entre el pueblo y el intérprete religioso, el propio rito se volvió más un espectáculo. Dentro de la iglesia, el sacerdote empleaba gestos y tonos de voz especiales para representar los últimos días de Cristo. La elevación de la hostia se oficiaba con los brazos alzados para que el acontecimiento fuera percibido por quienes no oían o no entendían las palabras del sacerdote.

Podría decirse, por tanto, que utilizando la oblea como atrezo escénico no constituía una ruptura: simplemente llevaba el espectáculo religioso hasta el extremo. Sin embargo, se operó una separación real, ya que, a diferencia del desfile de la hostia, este atrezo escénico ya no suscitaba la piedad. Como señala el historiador Andrew Soper, «la oblea como objeto escénico sirve sobre todo para caracterizar a los actores: la barbarie de los judíos, la inteligencia del obispo. A diferencia de las obras de misterio medievales, *El drama del sacramento* no incita a la audiencia a orar».[5]

Este cambio histórico, en el que el pan y el vino se convierten en meros objetos de atrezo, o las máscaras dejan de dar sentido al lecho de muerte, le pareció a Max Weber lo que en *La sociología de la religión* denominó, grandilocuentemente, el «desencantamiento del mundo». Las sociedades tradicionales, dijo, habitaban un «jardín encantado» debido al pensamiento mágico y mitológico, encarnado en los poderes mágicos de objetos como las máscaras. En su opinión, como para el poeta Coleridge, la modernidad, con su racionalidad científica y su materialismo despiadado, era la causante del desencanto.[6]

Para Dante habría sido una novedad vivir en un jardín encantado, pero la mirada de Weber estaba puesta en cierta corriente del protestantismo. Los reformadores de la Iglesia como Wycliffe dudaban de los poderes mágicos de un trozo de pan. Los seguidores de Calvino querían eliminar del ritual de la cena compartida cualquier creencia en la presencia física de la divinidad en la mesa. Se puede trazar una línea en el protestantismo desde esta negación de la presencia corporal de la divinidad al repudio, en el cuaquerismo, del ritual mismo. No es necesario beber de un vaso de vino que representa la sangre de Dios para creer en Dios.

Los venecianos no dejaron de ver a los médicos judíos porque se hubieran reído de Dottore en el escenario. Ni los cristianos dejaron de comulgar en Londres. La cultura no funciona como un juego de suma cero en el que hay que reducir una cosa para que se incremente otra: más comedia a costa de menos tragedia, más ciencia a costa de menos religión. La cultura, por el contrario, amplió su repertorio expresivo al reformatear estos objetos «encantados» para convertirlos en atrezo escénico.

Una de las consecuencias de esta ampliación del repertorio fue política. En el debut de la sociedad moderna, la manipulación de las apariencias se convirtió en una herramienta de poder.

8. EL ARTE DEL CARISMA
Representar la dominación

Las páginas que siguen tal vez parezcan una historia singular, la de un rey que bailaba para reinar. Luis XIV bailaba asombrosamente bien, y su destreza contribuyó a legitimar su aura de figura carismática. Su baile comportó un nuevo tipo de vestuario, peinado y maquillaje, todos ellos destinados a reforzar su apariencia de majestad. En realidad no se trata de una historia tan insólita. El carisma del gobernante moderno estriba también en crearse una apariencia personal imponente. Luis XIV ejemplifica cómo la presencia en la práctica política puede llevarse al extremo.

I. UN REY BAILA

El Ballet de la nuit

A finales del invierno de 1653, el primer ministro de Francia, el cardenal Mazarino, organizó para la corte un ballet de trece horas. El *Ballet de la nuit* comenzaba al atardecer y terminaba al alba, y su intérprete estrella era el rey Luis XIV, de quince años. El argumento se asemejaba a un interruptor de apagado y encendido: durante la mayor parte de la noche, las danzas escenificaban el caos, las pesadillas y el desorden; luego, al amanecer, el rey aparecía súbitamente engalanado con rubíes y perlas y diamantes: un rey relumbrantemente joven desterrando la oscuridad y el desgobierno.

Mazarino no buscaba diversión. Quería enviar un mensaje a su público aristocrático. Durante la Fronda, un período de insurrección en Francia, el joven Luis, a la espera de convertirse en rey, había sido expulsado de París cuando los aristócratas se rebelaron contra el creciente control férreo del Estado centralizado. Esos mismos nobles rebeldes contemplaban entonces, en 1653, hora tras hora, en una vasta y humosa pieza tenuemente iluminada por velas, cómo demonios y furias representaban su breve era de insurrección. Cuando la luz del sol entraba por las ventanas de la sala, el orden volvía de manera simbólica con la aparición repentina del rey danzante. A Luis XIV se le asignó el papel de Apolo, el guardián de la luz. Mazarino invocó al viejo dios para simbolizar una nueva configuración del poder: un Rey Sol en torno al cual giraban los planetas de la aristocracia.

El *Ballet de la nuit* se representó ocho veces en un mes. Fue, literalmente, un espectáculo obligatorio. Las puertas de la sala de la corte en la que se representaba se cerraban todas las noches, y las listas de invitados se sometían a un control estricto. A la octava función, sin embargo, acudieron ya de forma voluntaria. Este público exclusivo se hallaba agotado por una década de casi guerra civil. Cansados de los violentos disturbios, los aristócratas querían volver al orden. Consideraron tranquilizadora la exhibición regia de destreza física, repetida noche tras noche.

Para hacer que tal exhibición funcionara, Luis XIV tuvo que bailar inusualmente –aunque supremamente– bien. Al final, el joven rey hubo de imperar en el escenario como solista durante más de una hora. Si el joven tropezaba o se cansaba, el mensaje implosionaba y la atención de los aristócratas se desorientaba. Como su predecesor Luis XIII, el joven Luis XIV había pasado más horas al día aprendiendo a bailar que leyendo libros, y, a juzgar por el resultado, se dedicó a la disciplina de forma brillante.

Los coreógrafos de principios del Renacimiento en adelante trabajaban con gruesos «libros de tramas» extraídos de la mitología clásica para crear las historias de sus números de danza. Pero nuestros antepasados padecían de algo parecido a la fatiga narrativa. En el siglo XVII, los hechos de dioses y diosas se habían convertido en lugares tan comunes que ya no resultaban provocadores. Ahora el cuerpo escénico tenía a su cargo el trabajo de enardecimiento.

Luis XIV bailó en público desde 1653 hasta principios de la década de 1670. Durante ese período, escribe el historiador moderno Philippe Beaussant, las veladas de danza pasaron «del soberano mezclándose con sus súbditos, entre ellos y con ellos, al soberano como director de una coreografía centrada solo en sí mismo». O, en las célebres palabras del propio rey Luis, el arte simbolizaba su jactancia de que «L'état, c'est moi» (El estado soy yo).[1]

Esta forma de autoconstrucción en el escenario tal vez parezca que tiene poco que ver con los artistas que luchaban para sobrevivir como Isabella Andreini. En la cima misma del poder, sin embargo, el intérprete tenía que recurrir a un repertorio afín de expresión no verbal.

Carisma corporal

La palabra «carisma» significa literalmente «don de gracia» y, en términos religiosos, el don emana de Dios, que provee a la figura carismática de algo de su poder sagrado. En el caso del rey Luis, el carisma vino a ser una presencia física creada por el arte. La Edad Media cristiana trazó una distinción entre los dos cuerpos de un rey: el cuerpo de la carne, limitado al ciclo de la vida y la muerte, y el cuerpo de la sangre, que pasaba de generación en generación. Era este cuerpo de la línea de sangre el que confería legitimidad a la sucesión de los reyes. En tiempos de Luis XIV, sin embargo, las reivindicaciones de autoridad otorgada por las líneas de sangre empezaban a cuestionarse, como en la Fronda. El régimen no era tan ingenuo como para creer que la promesa verbal de «paz en nuestro tiempo» resultaba convincente solo porque la había proclamado el rey. El rey debía hacer sentir visceralmente su derecho a gobernar.

Antes y durante la época de Luis XIV, el carisma corporal se ejemplificaba con actos como «el toque del rey», el supuesto poder de los reyes para curar males como la escrófula o la lepra mediante la imposición de manos sobre la cabeza del enfermo. (La magia de tocar el cuerpo de una estrella tiene lugar hoy durante un concierto de rock cuando se lleva al intérprete en volandas por encima de la multitud de brazos levantados de los fans.) Luis XIV continuó la tradición de la imposición de manos en sus audiencias con enfermos, pero su danza estableció otro código de contacto. No formaba pareja asiendo las manos de las bailarinas que se movían en el perímetro espacial a su alrededor. Su solo de danza pretendía hacerlo destacar sin tocar a nadie más.

Espacio carismático

Luis XIV se hizo con el control del espacio escénico colonizando su centro y empujando a las figuras menores

173

hacia atrás y hacia los lados. Hoy damos por descontada la configuración espacial del poder que sitúa a una figura dominante en el frente y en el centro –tanto en el escenario como en la pantalla, el espacio más importante está en el medio–. La organización visual de la dominancia no siempre fue así, sino que fue producto de un cambio histórico en el Renacimiento.

El piso de un escenario del siglo XVI estaba estrictamente ordenado en cuadrados y diagonales imaginarios, frontales y fondos, reflejo de las creencias neoplatónicas renacentistas sobre el imperio de la geometría y la perspectiva. La geometría disciplinaba al bailarín o bailarina, que debían aprender a situar los pies con precisión a fin de seguir líneas rectas o moverse por el perímetro del círculo. El precursor del *Ballet de la nuit* en este aspecto fue el *Ballet comique de la reine*, una celebración del matrimonio de la reina en 1581, coreografiada por Beaujoyeulx. A partir de la geometría renacentista, Beaujoyeulx creó en el suelo del escenario una trayectoria de «poder supremo», una ruta reservada a la trayectoria de la estrella al entrar y salir del centro. Bailar cumpliendo la ruta correlacionaba con cierto tipo de gesto. En la *entrée grave*, por ejemplo, un hombre anuncia su presencia desplegando los brazos y avanzando gradual e ininterrumpidamente, con paso deliberado, hacia el centro del escenario, mientras suena una música solemne.

El *Ballet comique de la reine*, no obstante, mezclaba la danza de las estrellas con el baile social ordinario, y con exhibiciones acrobáticas y bufonadas. En el debut del rey Luis, setenta años más tarde, los payasos se abolieron, igual que las danzas campestres; los bailarines aristocráticos fueron relegados a los extremos, y el centro vacío se reservó para la danza del rey. Nadie debía ocupar su espacio, para que nadie se distrajera de su actuación.

174

Escenografía carismática

El mismo principio de depuración del espacio para que el rey destacara con su actuación inspiraba la arquitectura de los palacios reales, como en el caso del palacio de Versalles. En 1674, por ejemplo, brindó un espectáculo en el gran canal de Versalles para celebrar la conquista de la región del Franco Condado; veinte mil velas iluminaron el agua levemente ondulada sobre la que el rey Luis aparecía en una góndola, bailando.

La iconografía de la «embarcación de Estado» era tan obvia y obsoleta como la mitología del Rey Sol. Así que los creadores de esta danza dispusieron la escena de modo que la atención se centrara solo en el soberano. A lo largo de la colosal vía fluvial, la luz de las velas, cuidadosamente encapuchadas, reflejaban las joyas del Rey Sol. La oscuridad misma en la que se hallaban inmersos los espectadores contrastaba con el Rey Sol, que aparecía ahora en el silencio de la noche, en una góndola remolcada por sogas ocultas para que ningún gondolero pudiera compartir la góndola con el soberano.

Representar la jerarquía

Luis XIV era alto, y este hecho natural se convertía en una señal de jerarquía en el escenario. Los sastres teatrales subrayaban su estatura para acentuar que estaba, literalmente, por encima de los demás mortales. Le encajaron en lo alto de la cabeza las plumas de avestruz más altas que pudieron encontrar, de forma que, cuando el altísimo rey se inclinaba para saludar a otros bailarines, sus plumas cubrían a sus compañeros como la bendición de un sacerdote.

Su atuendo reforzaba el gesto de la reverencia, un reco-

175

nocimiento de los demás bailarines mientras mantenía la separación y la distancia de las estrellas. Prodigaba menores o mayores inclinaciones desde la cintura, dependiendo de si la persona en cuestión era otro personaje importante o un mero miembro del grupo de bailarines. La reverencia combinaba reconocimiento y desigualdad. Otros gestos mímicos desarrollados por primera vez en este período buscaban la misma combinación, como cuando se estiraban los brazos al hacer un llamamiento: más extendidos entre los personajes secundarios que el bailarín principal, que solo tenía que hacer el más mínimo movimiento para captar la atención de los demás.

Gestos como la reverencia creaban también las mismas jerarquías fuera del escenario. El duque de Saint-Simon señalaba, por ejemplo, que «ante las damas [el rey Luis] se quitaba el sombrero, y lo alzaba a más o menos altura; para los nobles lo levantaba a medias, y lo mantenía en el aire o a la altura de la oreja durante unos instantes más o menos evidentes; con los caballeros, se complacía [solo] en tocarse el sombrero. Se lo quitaba, como hacía con las mujeres, con príncipes de sangre».[2] El rey se inclinaba ante sus súbditos, los reconocía, era cortés con ellos, pero condescendía desde su altura; la cortesía la deparaba él, y esperaba deferencia de aquellos ante quienes se inclinaba. Aunque fueran ancianos y lisiados, debían inclinarse siempre hasta el nivel más bajo posible.

Casi todos los bailes de antaño podían ejecutarse por cualquiera que se esforzara lo bastante. Ciertamente, había intérpretes mejores y peores, pero la calidad de la interpretación no dependía de la clase social a la que pertenecieras. Fueras quien fueses, podías aprender a bailar de forma pasable una giga. En la época del rey, los movimientos físicos airosos se habían codificado de manera más desigual.

Por ejemplo, el giro de los pies. Los tratados de danza definen el giro «noble» de los pies desde las caderas como de cuarenta y cinco grados (mientras que el entrenamiento de ballet moderno aspira a un giro más rotundo de ochenta a noventa grados). Los maestros de danza contraponían la nobleza del giro a los bailes folclóricos ordinarios en los que se daban giros pequeños, por lo que los personajes «bajos», como campesinos o pastores, aparecían en escena con los pies torpemente vueltos hacia dentro.

En los años de madurez del rey Luis, el coreógrafo Beauchamp elaboró la distinción entre danza noble y danza popular. Clasificó los pasos de la danza noble en las cinco posiciones básicas del ballet moderno y desarrolló una calificación de la danza (el sistema de Beauchamp-Feuillet) que permite que la coreografía se transmita de una generación a otra. El giro noble no era una postura normal, y se precisaba mucho trabajo en el espejo y mucha crítica de un maestro para llegar a dominarlo.

Sabemos que el rey Luis practicaba frente al espejo como parte de las rigurosas clases, que recibió de los doce a los catorce años. Era capaz de la autocrítica severa, se tomaba las críticas más en serio que los elogios y estaba orgulloso de lo que podía conseguir en la pista de baile. Pero la auténtica marca de clase consistía en ocultar ese duro aprendizaje haciendo que todo pareciera una maestría sin esfuerzo.

En Gran Bretaña, la maestría sin esfuerzo está impresa en el sistema de clases como un ideal etoniano, en el que se enseñaba a los alumnos a comportarse como si no tuvieran que sudar ni esforzarse, y se alzaran con las mejores calificaciones. Eton tiene sus raíces en el Renacimiento. El escritor renacentista Castiglione, en su obra *El cortesano*, había definido la maestría sin esfuerzo como *sprezzatura*: una confiada levedad de porte que distingue a los aristócratas de los mercaderes, cuyos movimientos eran, según Castiglione, torpemente asertivos debido a las duras circunstancias de la brega de hacer dinero. Castiglione idealizaba la *sprezzatura* como toda una forma de vida. Como en el salón de baile, también en el campo de batalla el aristócrata hacía gala de gracia en medio de las balas.

Por supuesto, pocos aristócratas estaban la altura del cortesano ideal de Castiglione, y la mayoría de los alumnos de Eton gozan solo de privilegios. El rey Luis era real y, por tanto, excepcional. Sin duda, pocos gobernantes –si es que hubiera alguno– podrían o querrían seguir su ejemplo e intentar llegar al poder a través del baile. Pero muchos habrían entendido la necesidad de crear un aura carismática de sí mismos que no fuera verbal: algo que tendría que ver con cómo se movían, con su tono de voz, con su ropa, con cuán habilidosamente se presentaban ante las cámaras. Una política coherente, elaborada con meticulosidad, no va a producir una aureola a su alrededor.

En la célebre escena de *Los hermanos Karamázov* en la que el Gran Inquisidor de Dostoievski se enfrenta a Cristo, al cual ha encarcelado, el Inquisidor dice que la gente «tiene hambre de alguien en quien depositar su fe». Poco importa lo que pueda hacer el líder; mientras lo haga con convicción, el público lo seguirá. Esta visión se remonta al siglo XVII, al *Discurso sobre la servidumbre voluntaria*, de Étienne de La Boétie, el primer ensayo sobre la sociedad de masas, que sostiene que el deseo de creer y someterse «domina las pasiones». Quienes han suscrito la doctrina clásica de la servidumbre voluntaria piensan que la sumisión es más importante que las características particulares de una figura carismática: el hambre es creer y obedecer las reglas.

El carisma del rey Luis postula lo contrario: que la apariencia personal del gobernante importa, y que esta puede crearse tanto física como artísticamente. El resultado fue, en palabras de la historiadora de la danza moderna Jennifer Homans, «la veneración del cuerpo del rey; el arte aguzó la autocracia».[3]

II. OTRA BREVE PERO IMPORTANTE NOTA SOBRE LOS TÍTERES

Aún no hemos terminado con la gracia sin esfuerzo. Cualquier gobernante necesita mostrar confianza en sí mismo y seguridad en el escenario. «Me resulta muy difícil» o «No lo sé» son palabras letales en labios de un político. Pero estas palabras caracterizan al ser humano, un ser humano de carne y hueso, un ser humano que piensa y que siente. Hay criaturas, sin embargo, que pueden mostrar gracia sin esfuerzo, una gracia cuyo movimiento pueden programar de forma absoluta y fiable. Son marionetas.

Los lectores recordarán que, en la caverna, los carceleros de Platón ofrecían a sus cautivos un espectáculo de marionetas. Las marionetas también desempeñan un papel en los debates sobre el carisma. Para Heinrich von Kleist, en un célebre ensayo de 1801, parecían investidos con el «don de la gracia». Son marionetas de un tipo especial. Los títeres de mano, como la marioneta Kukla que utilizaba mi tía, están limitados por la fuerza manual y por el cansancio del titiritero humano. La marioneta de este otro tipo no tiene esos límites. Como hemos visto, se puede hacer que vuele repentinamente por los aires, y sus movimientos son más flexibles que los del cuerpo humano. Estas marionetas, afirma Kleist, «tienen la ventaja de ser, a todos los efectos prácticos, ingrávidas».[4]

Kleist pensaba que cualquier artefacto que funcione

como una marioneta es superior, no inferior, a los seres humanos. El teatro de marionetas de la época de Kleist había evolucionado mucho más que los espectáculos infantiles de marionetas de las ferias rurales. El muñeco del siglo XVIII era tecnológicamente mucho más avanzado. Jacques de Vaucanson, por ejemplo, perfeccionó muñecos mecánicos capaces de hacer mínimos gestos con manos y piernas, como su flautista, que parecía que realmente tocaba la flauta con los dedos, y que entonaba melodías de ópera con la gesticulación. En realidad, lo que se hacía sonar era un dispositivo de cuerda en el interior, con un titiritero enano que tiraba de los hilos atados a los dedos mecánicos. Pero el público quería creer, quería someterse a la ilusión, entrar en la caverna.

Diderot –lo recordamos, ¿verdad?–, pensaba que el actor profesional debía abstenerse de poner demasiada emoción en su papel, a fin de poder representarlo una y otra vez. Kleist vuelve a Diderot: una marioneta es un actor más fiable incluso que un profesional de carne y hueso. Kleist explica esta fragilidad humana como una cuestión de conciencia de uno mismo. Describe a un joven y bello bailarín que va perdiendo poco a poco la gracia a medida que se estudia en el espejo y va haciéndose más y más consciente de lo que está haciendo. «Un año más tarde, ya nada queda de la gracia que había cautivado a todos aquellos que lo miraban.» Por el contrario, los seres mecánicos, como las marionetas, no sufren de miedo escénico ni de nervios; al no ser conscientes de sí mismos no les aflige el «temblor».

El poder entra en la argumentación de Kleist en forma de oso báltico. Esta criatura imaginaria no es sino una pequeña mosca en el ungüento del escritor, porque el oso es una criatura de carne y hueso. Pero comparte con la marioneta la falta de conciencia de sí misma. Entrenado para la esgrima, tampoco tiembla cuando se enfrenta a un adversario humano, y no se deja engañar por las fintas y estocadas del esgrimista; indiferente ante lo que haga el contrincante, el oso báltico de esgrima invariable y certeramente cumple su cometido. Se parece a la marioneta en que no tiene ser independiente, o, en palabras de Kleist, «no tiene alma». Como tampoco tiembla, encarna el ideal de Eton de la facilidad sin esfuerzo. Y como ni la marioneta ni el oso tienen conciencia de sí mismos, están llenos de gracia, tal como lo entiende Kleist; poseen una pureza de gesto, de expresión: «La gracia se muestra con más pureza en esa forma humana que no posee conciencia o cuya conciencia es infinita. Es decir, en la marioneta o en el dios».[5]

La parábola de Kleist podría, pues, interpretarse como una mecanización del carisma. Flautistas, marionetas voladoras, osos bálticos... son presencias más imponentes que los seres humanos. Pero me parece que esta conclusión interpreta el carisma de forma equivocada.

III. LA PARADOJA DE LA PRESENCIA

El halo de incertidumbre

Quizá la presencia escénica es el aspecto del teatro más difícil de describir. Pero, pese a todo, es real. Desde el momento en que un actor sale a escena sentimos vívidamente su presencia, estamos pendientes de cada una de sus palabras, aun cuando conozcamos esas palabras. «Ser o no ser...» suena exactamente como si acabara de pensarlo por vez primera. De igual manera, lo asombroso de la interpretación de Charles de «El mundo es un escenario» era que nos quedábamos todos hechizados al escucharlo, y nos preguntábamos qué diría a continuación; sus breves pausas parecían buscar un pensamiento (aunque yo lo haya oído ensayar esas pausas decenas de veces cuando representaba la obra cerca de Washington Square). En una actuación musical, la presencia tiene el mismo carácter. Incluso con maestros de la técnica como el pianista Vladimir Horowitz, uno está pendiente de cada nota segura, perfecta: ¿qué viene después?

El oso de Kleist es un maestro de la técnica, pero carece de presencia escénica de este tipo. Los gestos mecánicamente perfectos del oso se repiten una y otra y otra vez, idénticos. Al cabo de las primeras fintas, uno ya no se maravilla de que el oso esgrima a la perfección. Y lo mismo ocurre con el flautista mecánico de Vaucanson: la gente observa cómo sigue sus movimientos, al principio asombrada, luego aburrida. Podríamos comentar de pasada que esto es lo que falla en la maestría sin esfuerzo etoniana o en la *sprezzatura* renacentista. Las interpretaciones impresionan solo una o dos veces; luego parecen más bien vacías, exhibiciones de suficiencia...

Existen maneras de explicar, en música, cómo puede crearse esa vívida sensación de «¿Y ahora qué?». No es un don de los dioses. Se pueden trabajar, por ejemplo, las pausas de aire, a fin de que el intérprete aprenda a quebrar la regularidad metronómica y dejar que las frases «respiren» con ligeras irregularidades de pulso. O se puede alterar la dinámica de una frase cada vez que se repite; los *leitmotivs* de Wagner, por ejemplo, nunca deben sonar exactamente igual, algo muy difícil de conseguir en óperas en las que pueden aparecer decenas de veces. El coreógrafo Frederick Ashton dijo una vez a sus bailarines: «Habéis practicado hasta la saciedad ese giro, pero en el escenario deberéis ejecutarlo como si os sorprendiera hacerlo».[6]

Luis XIV poseía ese halo de incertidumbre en su baile.

Sí, los saltos, los *battements* y los giros parecían soberbiamente ejecutados; pero ¿podía conseguirlos una vez tras otra? Esta pregunta planeaba en el trasfondo a medida que se desarrollaban las ocho representaciones del *Ballet de la nuit*. Esta pregunta difiere de la incertidumbre que Maquiavelo pensaba que su príncipe debía cultivar, en la que la gente se pregunta qué tiene en mente, ¿se siente vengativo o de buen talante? Una pregunta sobre el estado de ánimo más que sobre la maestría.

La vivacidad en una representación proviene del halo de incertidumbre. Y el halo de incertidumbre es en parte la razón de que la gente prefiera las actuaciones en vivo. ¿Sonará con frescura la canción, la partitura, el soliloquio? La incertidumbre enmarca el momento de la verdad en las actuaciones en directo.

El inevitable marchitamiento del carisma

En sus escritos sobre el carisma, Max Weber afirmaba que, en política y religión, la mayoría de las figuras más carismáticas son perturbadores del Estado o de la religión establecida. También a ellos los circunda el halo de incertidumbre, y nadie sabe qué harán o dirán a continuación. La esencia de la figura carismática es la de ser impredecible. Por supuesto, eso no era cierto en el caso de Luis XIV, ya que el objetivo de sus actuaciones carismáticas era restaurar el orden del Estado. Pero el sociólogo y el rey están en el mismo plano en lo que atañe a la durabilidad del carisma. Para ambos, el halo se esfuma. En opinión de Weber, una figura carismática se amansa gradualmente, su mensaje se aplana en reglas y procedimientos, proceso que Weber llama pomposamente «rutinización del carisma». Jesús es el gran ejemplo de Weber: un desafiante y perturbador ser divino cuyo mensaje se codificó para una Iglesia establecida. Los príncipes de la Iglesia convertirán la historia de Cristo en doctrinas. Jesús dejará de ser una presencia personal perturbadora.

El carisma de Luis XIV se esfumó por una razón diferente. A los cuarenta años tuvo que invitar a otros a interpretar sus viejos papeles de baile. La coreografía y el vestuario, la escenografía, las fábulas míticas, seguían siendo en 1680 lo que habían sido en 1653. Pero ahora, con sustitutos bailando sus papeles, el poder del escenario ya no magnificaba su persona. En la década de 1690, Luis XIV era un rey confuso, que no entendía que el arte que antaño había servido a su majestad ya no seducía. Sus cortesanos empezaron a impacientarse de nuevo, pero ahora la desvinculación emocional, el desinterés y el aburrimiento ocuparon el lugar de la revuelta. Hacia 1700, huían de Versalles a París en cuanto se les presentaba la ocasión.

El legado

En resumidas cuentas, nos han llegado tres elementos de la interpretación renacentista. En primer lugar, la tradición y el ritual ya no parecían inculcar a la gente un sentido de sí misma; esta debía generar su propia narrativa de vida. Era, y sigue siendo, una tarea difícil, si no imposible.

En segundo lugar, el esfuerzo por crear una vida era aplicable a todas las personas, pero adoptaba una forma especial en aquellos profesionales que se ganaban el pan en el escenario. En la antigüedad, la interpretación había sido un oficio de estatus bajo, e incluso, durante el desarrollo del Renacimiento, al actor, al bailarín, al cantante y al instrumentista a menudo se les trataba como sirvientes cuya finalidad en la vida era entretener a la élite. Ahora, sin embargo, los artistas empezaban a oponerse: querían ser tratados con dignidad precisamente porque eran artistas. Pero el hecho de ser artistas intérpretes encerraba un interrogante. El actor asumía la personalidad de otros; el músico tocaba partituras que no eran suyas, partituras cada día más detalladas; el bailarín seguía las directrices de un coreógrafo, y también estas eran cada vez más complejas. ¿Cómo podía uno moldearse a sí mismo si estaba representando un arte que no había creado? El intérprete servía a un nuevo amo: el creador.

Por último, los cambios en el ámbito de las apariencias contribuyeron a agudizar este dilema personal. En las calles de Londres no había verdad en la apariencia, como evidenciaba la forma de vestir de ciertos jóvenes, que acabaron por aferrarse a esas indumentarias del yo. La línea divisoria entre parecer y ser se ensanchaba en el escenario profesional. En la Venecia renacentista, la peste del médico judío contaba una historia grave sobre cómo se relacionaban judíos y cristianos en el momento de la muerte; la máscara se transformaba en una pieza de decoración cómica, y su peso simbólico se aligeraba. ¿Cuáles eran entonces las apariencias que expresaban el «verdadero yo»? ¿Cuáles son?

La subordinación a los creadores y el valor asignado a las apariencias pueden parecer divorciados del ámbito del poder, como aconteció con Maquiavelo durante el tiempo de su mandato. El baile de Luis XIV cuenta una historia diametralmente distinta en el ámbito del poder: las apariencias importan cada vez más; apariencias cuidadosamente diseñadas, apariencias ingeniosas. El contenido del poder —la política— importaba cada vez menos en comparación con las personalidades carismáticas: un legado del Renacimiento que no ha hecho sino afianzarse con los siglos.

A continuación exploraremos cómo se está empleando ese legado político en la actualidad.

Libro 4
Actuaciones malignas

9. EL TEATRO DE LOS VENCIDOS
El intérprete fracasado se convierte en espectador

Imaginemos una obra de teatro titulada *Derrota*. Los actores son trabajadores manuales, y el guión expone las penalidades que soportan para encontrar trabajo. Se enfadan, y con razón, porque circunstancias ajenas a su voluntad los han hecho fracasar. En un momento dado aparece un político demagogo que juega con su dolor. Lo que hace de *Derrota* una obra peculiar, sin embargo, es que después no pasa nada. El demagogo sale por la izquierda del escenario y los obreros vuelven a sus preocupaciones: el pago de las facturas cuando pueden o la aceptación de trabajos temporales que llenen sus días. El telón cae sin catarsis.

Derrota no es una fantasía. Es una historia maligna que vi cuando era joven, sin comprenderla, y que hoy he tratado de recomponer para entender el fracaso de los obreros como intérpretes de la vida real.

I. *DERROTA* SE REPRESENTA EN NUEVA YORK

El escenario

Un cartel parpadeante anunciaba BAR a la entrada del Dirty Dick's Foc'sle Bar, muy cerca de la autopista del West Side en Greenwich Village, un edificio que en su día había sido un almacén y que después de la Segunda Guerra Mundial se convirtió en un bar en la planta baja y en pequeños apartamentos en las de arriba. Yo vivía un piso por encima del Dirty Dick's cuando trabajaba en el Judson Dance Theater, y era feliz en mi cuarto; tenía todo el sol de la tarde, y una bella vista del río Hudson justo al otro lado de la autopista del West Side. Desde la calle nadie habría adivinado cómo era por dentro aquel local de paredes desnudas y lúgubres. Pero se puede ver en una película realizada hace unos años por el videógrafo Cassim Shepard, justo antes de que el bar fuera demolido para construir apartamentos caros con vistas al río.[1]

Por la noche, el Dirty Dick's atraía a una dudosa parroquia de artistas del West Village y gais negros llegados de todas partes de la urbe. En los años sesenta, Harlem era un lugar peligroso e intolerante, de modo que, si uno era homosexual y negro, prefería sin duda bajar al Village. El Dirty Dick's no era más que un bar –era la época anterior a las discotecas– que servía comida hasta medianoche, por lo que para estos refugiados era sobre todo un restaurante, aunque con cocina irlandesa en lugar de *soul food*. Los gais negros buscaban más el relax que los encuentros amorosos.

Fuera, por la mañana, el ambiente seguía siendo bastante sociable. Una cuadrilla de limpiadores se ocupaba temprano de las montañas de botellas de cerveza consumidas durante los festejos nocturnos. Alrededor de la misma hora, un grupo de personas —madres que acababan de dejar a sus hijos en una escuela cercana y padres que volvían del turno de noche— se reunían en la acera para tomar café en un local contiguo al Dirty Dick's. Hacia las ocho y media, los vecinos se marchaban a sus asuntos y el talante del lugar cambiaba: los estibadores en paro llegaban al Dirty Dick's y entraban a la trastienda.

El bar había sido bautizado con acierto. La antigua palabra *foc'sle* designaba el castillo de proa de un buque, donde los marineros duermen. La trastienda era un antiguo almacén grande, amueblado con sillas de plástico e iluminado con luces de neón, cargado de olor a sudor, grasa de cocina, licor y puros baratos. Muchos de quienes se reunían allí durante el día, bien dispuestos y capaces, pero sin nada que hacer, bebían hasta el amodorramiento en el cavernoso antro interior. Los hombres intercambiaban información sobre oportunidades laborales que podían surgir o se quejaban de las prácticas corruptas de los muelles, pero al caer la tarde la charla se había agotado y se encerraban en sí mismos.

Derrota

La década de 1960 fue una mala época para los estibadores jóvenes de Nueva York. El puerto de Manhattan languidecía a medida que el negocio naviero se desplazaba al otro lado del río, a Nueva Jersey. En la lejanía de la Costa Oeste, Harry Bridges, el jefe sindical de los estibadores de Nueva York, comunista y mafioso, decretó que todo el trabajo que quedaba en los muelles neoyorquinos debía reservarse para los hombres mayores. El sindicato de estibadores ahora primaba la veteranía sobre la conveniencia: al ser más joven, te abandonaban a tu suerte.

El capitalismo tiene a menudo, y desde hace tiempo, el problema de que hay más trabajadores que trabajo. El Gobierno nacional se había centrado en tal dilema desde la Gran Depresión. En la zona de Nueva York, la mafia se ocupaba también del exceso de oferta, asignando los puestos de trabajo a los miembros de los sindicatos que controlaba. En *La ley del silencio*, la gran película sobre la vida en los muelles, se muestra la dependencia de los estibadores de la mafia. Pero, a partir de los años sesenta, el recuerdo de la Gran Depresión comenzó a desdibujarse, y los sindicatos mafiosos empezaron a perder fuerza. Al reducirse el apoyo institucional, los trabajadores tuvieron que enfrentarse por sus propios medios a la escasez de trabajo respecto de la mano de obra.

El telón se levanta en *Derrota* con una «formación». Todas las mañanas, a las seis y media, los estibadores se alineaban en el arcén de la autopista del West Side que discurría junto a los muelles. Así, en una sola fila, esperaban a que el capataz la recorriera diciendo: «Tú, muelle 6» o «Tú, muelle 8», haciendo una primera selección de quienes tendrían trabajo ese día. Luego, a las once, tenía lugar una segunda «formación», en la que aquellos que no habían sido elegidos en la primera volvían a alinearse, y unos pocos conseguían ciertos trabajos menores por la tarde. Los trabajadores se presentaban con la esperanza de que el capataz los prefiriese entre mucho otros, pero a mediados de los años sesenta no había más que un trabajo de media jornada por cada tres trabajadores sindicados.

La humillación de tener que alinearse radicaba en preguntas sin respuesta: ¿por qué lo han elegido a él?, ¿por qué no a mí? Es una situación familiar para todo joven académico. Doscientos aspirantes se hallan cualificados para el mismo puesto; ciento noventa y nueve reciben la misma carta, que comienza: «Lamentablemente, ante el sobresaliente grupo de candidatos hemos tenido que tomar decisiones difíciles...», y prosigue con una retahíla de lugares comunes. Una explicación que no es tal. Al menos el capataz no pretendía dar ninguna.

Hoy en día, el dilema de los estibadores se ha extendido a toda la mano de obra, como en el caso de las personas que trabajan con contratos de cero horas. Se espera de ellos que rindan, lo que significa que no solo han de cumplir con una tarea, sino que han de demostrar que destacan, que merecen que se les considere sobresalientes. Las presentaciones que han de hacer de sí mismos son emocionalmente tensas, ya que hay demasiados competidores inseguros o temporales para el puesto. Aunque, como en el caso del capataz que no daba explicación alguna para justificar a quién elegía, hay poca reciprocidad en la presentación de uno mismo: ¿por qué iba el jefe a molestarse en interactuar con el aspirante? Toda la responsabilidad recae en este: «Si no te gusta, hay muchos deseosos de ocupar tu puesto».

En la época en que los estibadores formaban ante el capataz y no conseguían destacar, Herbert Marcuse daba los últimos retoques a *El hombre unidimensional*. En él invoca «el principio de ejecución» para explicar la experiencia de ser elegido o no. A Marcuse le debemos el concepto del mercado de trabajo como una forma de teatro. Su idea, en cierto modo, es sencilla: igual que cuando formaba en hilera, el trabajador intenta demostrar que es digno de conseguir el trabajo, y actúa destacando por encima del resto de los candidatos. Esta ejecución está condenada al fracaso: como la carta de rechazo del decano asevera, hay muchos aspirantes perfectamente cualificados para el puesto.

Para Marcuse, el teatro de la mano de obra no es una mera metáfora. Como a su colega C. Wright Mills, le llama la atención cómo las grandes empresas y burocracias se centran en los baremos de ejecución; es decir, en la cuantificación del rendimiento de los trabajadores. En el mundo de los empleados de cuello blanco, la batería de test de aptitud y personalidad, las interminables evaluaciones en el puesto de trabajo, la palabrería psicológica sobre el «desarrollo personal» enmascaran la exigencia de una cada vez mayor productividad de todos, aunque solo unos pocos recibirán una recompensa. Es lo que Marcuse denomina «represión excedente»: las muestras de ejecuciones no recompensadas dominan el capitalismo moderno. Generan una doble conciencia: por un lado, escepticismo respecto de un sistema que está en tu contra; y por otro, certidumbre hiriente de que el rendimiento te enjuicia a *ti*, a tu persona.

La personalización de la derrota

La personalización de la derrota tiene lugar porque el trabajador de Marcuse interioriza los papeles del trabajo duro. Ese trabajador cree sinceramente que es bueno ser productivo, eficiente, dedicado, leal, dispuesto a hacer horas extras si fuera necesario. Su carácter lo hace merecedor de un empleo. Pero el carácter cuenta poco en el proceso de selección. Si Marcuse hubiera escenificado *Derrota*, habría recurrido a esa dualidad: el carácter no tiene nada que ver con el valor económico y, sin embargo, los buenos hábitos y actitudes de trabajo son el único capital del trabajador no cualificado. En una oficina, la demostración de la valía personal puede consistir en mostrar en las reuniones lo bueno que eres para el trabajo en equipo, o tu competencia para resolver determinado problema. Pero, en los momentos de formar para la selección, de «miren lo bien que colaboro,

194

lo capaz que soy», nada de eso importa: no eres más que un par de manos.[2]

Aunque sus ideas se aplican al capitalismo en general, Marcuse suponía que los norteamericanos estaba más atrapados en la personalización de la derrota porque en Estados Unidos se supone que el individuo ha de crear su propio entorno en la vida. El miedo a ser un individuo invisible, perdido en la masa, fue una preocupación norteamericana de la posguerra. David Riesman escribió sobre esa preocupación en *La muchedumbre solitaria*, un análisis de cómo los individuos sobresalen o los ha engullido la masa. La misma inquietud aparece en *White Collar* [Cuello blanco], el estudio de C. Wright Mills sobre la vida corporativa; y no ser nadie especial y, sin embargo, reafirmar el propio deseo de reconocimiento constituía la trama de la novela de John Updike *Corre, Conejo*.

Las brutales circunstancias de la vida de los estibadores sugerían que deberían haberse alejado –emocionalmente, al menos– para protegerse mediante la distancia de roles. En *La paradoja del comediante*, Diderot observó que hay algo de contraproducente en la implicación emocional en un papel. En el escenario, involucrarte demasiado en tu papel significa que lo interpretarás mal. Esta observación guarda un obvio paralelismo con el teatro del mundo laboral. Cuando los individuos se muestran inquietos o nerviosos en las entrevistas, envían señales negativas; los patronos son más proclives a responder positivamente a aquellos que al menos pueden disimular su necesidad desesperada de empleo.

Un punto de inflexión fundamental en nuestra cultura tuvo lugar cuando la gente empezó a creer en la autoconstrucción, a creer que al menos debían intentar moldear su propia vida. En el microcosmos, la autoconstrucción mostró la inoperancia actual de esta creencia arraigada en el Renacimiento. Se trata de un fracaso personalizado: estás estancado por ser quien eres.

El actor derrotado se convierte en espectador

Derrotados como actores en el teatro diario de la formación, asumiendo la derrota como propia, los estibadores se retiraron al Dirty Dick's para curarse las heridas. Se habían convertido en espectadores del trabajo.

Convertirse en un espectador que contempla cómo otros se labran una vida es un temor que recorre la literatura norteamericana, como vemos en la novela de Henry James *Los embajadores*. El reproche de que uno no se está labrando una vida le llega al protagonista Lewis Lambert Strether en París, donde está tratando de «rescatar» a un joven, Chad Newsome, que al parecer se ha dejado atrapar por los placeres de la ciudad. En París, Strether cae en la cuenta de que es él quien necesita que lo rescaten. «No he hecho lo bastante en el pasado [...], y ahora soy demasiado viejo; demasiado viejo, en cualquier caso, para lo que estoy viendo [...]» Y es lo que le recomienda a otro joven norteamericano: «¡Vive todo lo que puedas!». Él, Strether, no lo hizo.[3]

En el terreno de la vida cotidiana, la condición de espectador podría asemejarse a lo que el sociólogo Orlando Patterson llama «muerte social». Tal expresión se creó en un principio para describir a los esclavos a quienes se negaba la condición de seres humanos adultos, y cuyas necesidades nadie cubría, ya que el único interés de sus amos era mantenerlos con vida y aptos para el trabajo. La «muerte social» es afín a la idea de «vida desnuda» de los escritos del filósofo Giorgio Agamben, en los que el referente sería el conjunto de condiciones de un campo de concentración donde los seres humanos han perdido su estatus legal o civil. Los estibadores no estaban oprimidos por tales negaciones extremas. Más bien, su difícil situación se asemejaba a una versión blanca de la descripción de Ralph Ellison de los afroamericanos legalmente liberados como «hombres invisibles», presentes pero no vistos, o, como reza el dicho, «apenas parte de la carpintería». La pura indiferencia no es una amenaza letal, pero socava el sentido de la propia valía.

II. TIENE QUE SER CULPA DE ALGUIEN

En el Dirty Dick's, subían el volumen de la televisión siempre que George Wallace aparecía en pantalla. Racista confeso, Wallace, gobernador de Alabama, fundaría en 1967 un movimiento político nacional que combinaba el prejuicio contra los negros con el resentimiento de la clase trabajadora blanca. En el Dirty Dick's, los estibadores se enardecían con su ira cuando lo oían declarar: «¡Yo digo segregación ahora, segregación mañana, segregación para siempre!». Wallace afirmaba que los trabajadores negros estaban usurpando los puestos de trabajo de los blancos, instigados por ricos benefactores blancos que despreciaban a los blancos pobres. Los estibadores contestaban a gritos al televisor como si Wallace estuviera en el bar.

«Ellos os están quitando el trabajo» era un tópico sobre a quién culpar que Wallace empleaba con éxito porque, igual que Donald Trump, era un excelente intérprete. Su voz era áspera como la lija; se agachaba como un boxeador ante las cámaras y parecía tan enfurecido que daba la impresión de que podía perder el control en cualquier momento. Su furia se limitaba, no obstante, al escenario. Lejos de las cámaras de televisión, Wallace daba muestras de ser un hombre sereno. Se diferenciaba del multimillonario Trump, que despotricaba en nombre del pueblo contra la élite, en que en realidad procedía de una familia de blancos muy pobres. Wallace denigraba las maneras de la aristocracia sureña venida a menos tanto como odiaba con pasión a los afroamericanos. Interpretaba a la persona que realmente era.

Es habitual equiparar actuaciones demagógicas como la de Wallace con el populismo, sobre todo entre la clase obrera de derechas. Lo cual es doblemente cómodo. Primero, porque el populismo no solo se aplica a la derecha. Los *narodnik* o populistas de la Rusia del siglo XIX eran reformistas agrarios que se llamaban a sí mismos «populistas», al igual que los socialistas agrarios de los Estados Unidos. En segundo lugar, es cómodo porque el populismo de derechas no tiene un carácter específicamente obrero. Los fanáticos antiinmigrantes, los islamófobos, los homófobos o los que se oponen al aborto tienen las mismas probabilidades de pertenecer a la clase media o acomodada.

La aseveración de Wallace de que los afroamericanos quitaban el trabajo a los blancos no era cierta en los muelles en aquellos años, y sospecho que los blancos del Dirty Dick's sabían muy bien que era falsa. Las viejas fotografías de los estibadores formados a lo largo de los muelles muestran algún que otro rostro afroamericano, pero no resulta verosímil que un capataz mafioso prefiriera y eligiera a un negro de la fila. Blancos o negros, los trabajadores manuales cobraban sueldos de miseria.

Los trabajadores blancos de entonces, como los de ahora, solían distinguir entre individuos con los que realmente trabajaban y la categoría «negros que les quitaban el trabajo». El conocimiento estrecho de obreros negros concretos habría sido probablemente el de hombres en peor situación que la suya. Pero el grito de Wallace de que «los negros os están quitando el trabajo» no aludía a personas reales, del mismo modo que su mantra «¡Segregación, segregación, segregación para siempre!» no ofrecía solución alguna al declive de los muelles. El negro era una diana imaginaria, y el obrero negro imaginario la razón de la derrota del obrero blanco.[4]

Y, sin embargo, ahí reside lo más sorprendente del escenario del Dirty Dick's. Wallace aparecía y desaparecía de la pantalla del televisor. Una vez que finalizaba sus proclamas, el volumen de la televisión volvía a bajar, se sintonizaba un canal de deportes y los parroquianos volvían a sumirse en el silencio. Nadie salía a la calle en busca de gente negra a quien poder estrangular. Sometidos, deprimidos..., sin que sus esfuerzos fueran tenidos en cuenta y su dolor tuviera algún alivio: así cayó el telón de esta función de *Derrota* en Nueva York. Un aspecto del arte dramático esclarece por qué acabó como acabó.

III. NO HAY CATARSIS

Catarsis

Derrota carecía de catarsis. Una catarsis física purga un elemento dañino o doloroso del cuerpo, como cuando se vomita comida en mal estado. Cuando sentimos dolor, no queremos un alivio lento, sino una liberación inmediata. La tragedia también está concebida para proporcionar esa liberación inmediata. Al final de una tragedia, una escena comprimida y reveladora suele liberar a una audiencia que ha podido estar viendo violencia o crueldad durante un tiempo prolongado, y tal liberación se opera como si la audiencia expulsara un veneno.

En los orígenes del teatro, los estudiosos se preguntaban por qué las catarsis actuaban tan poderosamente como lo hacían. Aristóteles llama «anagnórisis» al momento crucial en que un personaje en escena pasa de la ignorancia al conocimiento, como cuando el rey Edipo comprende de pronto que ha asesinado a su padre y se ha acostado con su madre. La catarsis es a un tiempo un momento de verdad y una liberación de la identificación. Nos identificamos con el Edipo buscador de la verdad cuando lo hace para liberar a su ciudad de la peste, hasta el momento en que él y nosotros sabemos que los dioses han enviado la peste porque es un asesino incestuoso. En esta anagnórisis dejamos de identificarnos con él; nosotros no somos así (¿o sí?).

Es célebre la aseveración de Aristóteles de que el resultado es la purga de la piedad y del miedo. La piedad, tal como figura en su *Poética*, es lo que hoy entendemos por empatía: nos identificamos con el protagonista como alguien como nosotros. Cuando acontece el momento de la verdad, y dejamos de empatizar con él, perdemos el miedo a que las cosas malas que le suceden puedan sucedernos a nosotros.[5]

En cierto modo, la fórmula de Aristóteles es demasiado impecable. La catarsis requiere, como afirma el crítico Frank Kermode, la sensación de un final, de que la historia ha terminado. Pero en la psique de todos acecha el deseo de matar y la emoción del sexo prohibido. Ninguna de las dos cosas va a borrarse por una velada de teatro. El teatro solo proporciona un alivio temporal de los demonios interiores. Así pues, las catarsis artísticas no son como el vómito, que en verdad expulsa los venenos del cuerpo. Los demonios interiores permanecen, pero, gracias al arte, dejan de hacer que nos sintamos mal... durante cierto tiempo.

El psicólogo Thomas Scheff aplica Aristóteles a la vida cotidiana al llamar a las catarsis «emociones distanciadoras». Al principio te relacionas con otras personas porque sientes curiosidad acerca de quiénes son, y tiendes a empatizar con ellos porque te parece reconocer experiencias compartidas. Una vez que sabes más, sueles dejar de proyectar y te alejas; o bien compartes poco, o bien no te gusta quién resulta ser la otra persona. Tomas distancia. Hay cierto placer en desvincularse de otra gente o, al menos, según afirma Scheff, cierta sensación de alivio. Experimentas una catarsis.[6]

No había ninguna catarsis de este tipo en los muelles. El formar junto a los demás no autorizaba tales emociones distanciadoras. En la trastienda del Dirty Dick's, al final de cada jornada, no se respiraba ninguna sensación de final, de purga fisiológica, de liberación temporal. Lo que más recuerdo de aquella trastienda, de cuando me aventuraba a visitarla a última hora de la tarde, es que el alcohol no proporcionaba esa catarsis. Los hombres, a esa hora, bebían –algunos en exceso–, pero casi todos lo hacían en silencio. El drama del rechazo se repetía día tras día.

10. EL TEATRO DEL MIEDO
El espectador teme al futuro

I. LA NEGACIÓN

Jóvenes negacionistas del cambio climático

Hace unos treinta años empecé a trabajar como consultor para las Naciones Unidas. Al principio en la rama cultural, la Unesco, luego para PNUD, su brazo del desarrollo, y después para la ONU-Hábitat, la agencia que se ocupa específicamente de las ciudades. Mi carrera en la ONU concluyó en una «cumbre climática mundial» celebrada en Glasgow en 2021, donde participé en la organización de un grupo que debía examinar cómo iba a afectar a las ciudades el cambio climático. «Es un peligro realmente grave», coincidieron los políticos participantes en la cumbre antes de abandonar Escocia para cumplir con otros compromisos.[1]

Como preparación para Glasgow, en el verano de 2019 había ido a Washington a reunirme con un grupo de científicos del clima a quienes el archinegacionista del cambio climático Donald Trump había despedido después de años de servicio gubernamental. Nuestras reuniones tuvieron lugar el día en que un grupo de negacionistas del cambio climático se reunió en el interior del Trump International Hotel, en Washington. Ese grupo, llamado Heartland Institute, patrocinaba la *13.ª Conferencia Internacional sobre el Cambio Climático*. Fundada en 2008 para ratificar la llamada Declaración de Manhattan, que proclamaba que «las afirmaciones sobre un supuesto "consenso" entre los expertos climáticos son falsas». Los signatarios exigen que «se abandonen de inmediato las regulaciones y otras intervenciones destinadas a reducir las emisiones de CO_2». Esta decimotercera reunión celebraba la «valentía de los hombres y mujeres que dijeron la verdad sobre el cambio climático durante el auge del miedo al calentamiento global».[2]

La rama local de Extinction Rebellion había reunido a una pequeña multitud frente al hotel para protestar contra este acto. Se les mantuvo fuera de la vista, pero se les podía oír desde dentro gracias sobre todo al gran bombo que había llevado una manifestante, que, inteligentemente, lo hacía sonar fuera de ritmo en determinados momentos, de forma que resultaba difícil de ignorar.

Dentro del hotel, el grupo más llamativo era el de unos jóvenes de aspecto menos desaliñado que el de sus antagonistas de la calle. Durante el descanso del té me sorprendió especialmente una joven que, estando ambos en la fila, me ayudó a hacerme con el azúcar prohibido. Seria y de voz suave, no se ajustaba en absoluto al estereotipo de derechista intolerante. Tal vez mis manchas cutáneas y otras señales demasiado evidentes de la vejez le inspiraron cierta dosis de confianza, incluso cuando me preguntó a qué me dedicaba y yo le respondí con las palabras «Naciones Unidas». Asintió cortésmente y, para encubrir esa revelación desafortunada, tal como acostumbran a hacer los norteamericanos cuando se encuentran con desconocidos, se puso a hablar de sí misma.

Era libertaria, y cursaba un máster sobre Ayn Rand en una universidad local. Había acudido con una docena de compañeros de clase, que me presentó y con quienes luego almorcé. Ayn Rand —se desprendía de lo que decían— tenía mucho que ver con su interés por el cambio climático. Las doctrinas de Rand giran todas en torno a la iniciativa individual, y los estudiantes de su máster tienden a desacreditar las fuerzas impersonales que escapan al control personal.

Durante el almuerzo dieron muestras de una apertura mental que trascendía la mera cortesía. Me preguntaron, por ejemplo, qué diferencia supondría un aumento de la temperatura global de 1,4 a 1,85 °C en la próxima década —un orador, aquella mañana, había negado que fuera a producirse alguna—. Ellos no tacharon de *fake news* mi explicación de por qué importaba cada decimal. Pero su apertura mental solo duró hasta que dejamos de conversar para asistir a otros actos de gran importancia que iban a tener lugar en el salón principal. Entonces, los poderes malignos del teatro se adueñaron de aquellos jovencitos, y los convirtió en una turba enfurecida.

Los gráficos parpadeaban en una pantalla gigante mientras cada orador proclamaba alguna versión de «La ciencia es un fraude». Los autores de estos fraudes eran figuras ausentes: profesores de Harvard y del MIT, benefactores profesionales de la Rockefeller Foundation y, por supuesto, burócratas de la ONU. Ni en una sola ocasión declaró un orador sobre una defensora del cambio climático: «Aunque está equivocada, su intención es buena». En lugar de ello, la difamación fue su estrategia de oposición a los hechos científicos.

La audiencia respondía con asentimientos de cabeza o entonando: «¡Eso es!». A menudo, los gráficos eran demasiado difíciles de leer, pero no importaba. Poco a poco, el grupo de estudio de Ayn Rand se fue contagiando del agresivo talante negacionista. Mi compañera de antes, tan contenida fuera, empezó a sonreír, luego a aplaudir, luego a gritar. Se quitó las gafas: tenía los ojos desorbitados por la emoción. La respuesta del grupo de estudio de Ayn Rand recordaba el teatro enardecido del siglo XVIII, en el que el público señalaba y juzgaba a los actores; aquí, el aplauso señalaba a los oradores del escenario y ponía en su lugar a los benefactores ausentes. Otro eco histórico: los integrantes de las claques de teatro del siglo XIX debían esforzarse mucho para superar el cortés decoro burgués, pero, una vez traspasado ese umbral, los abucheos se volvían rabiosos. Lo mismo acontecía aquí. Los jovencitos tardaron un poco en acalorarse, pero, en cuanto lo hicieron, la bilis les manó a raudales.

Esta convención, sin embargo, tuvo algo de espectáculo de George Wallace. Cuando acabaron los discursos, los buenos modos tranquilos del grupo de jóvenes volvieron de inmediato. De hecho, en otro descanso —yo suspiraba por un martini en lugar de un té para quitarme el sabor de la retórica—, mis jóvenes compañeros reconocieron con semblante avergonzado que el cambio climático era una amenaza real. La transformación operada en ellos fue algo que seguramente Le Bon y Freud sin duda habrían entendido bien: agrupados como audiencia, estos jóvenes se mostraban irreflexivos, mientras que como grupo de personas individualizadas volvían al terreno de los hechos.

Cuando me fui del Trump International Hotel, prometieron escribir más sobre Ayn Rand y el cambio climático. No he vuelto a saber de ellos, y en cierto modo no me sorprende. A diferencia de la escena en el Dirty Dick's, en la que los trabajadores no pudieron encontrar una catarsis, en el Trump International Hotel, los jóvenes con quienes estuve sí tuvieron una especie de catarsis. En esta versión, bajo el hechizo del teatro, la depuración consistió en negar la realidad aun a sabiendas de la existencia de una amenaza real. La explicación de esta dualidad venía de lugares lejanos.

Estados de negación

En un notable estudio sobre la Sudáfrica del *apartheid*, el sociólogo Stanley Cohen exploró lo que la comunidad blanca bóer sabía realmente sobre las condiciones de los *townships* en los que se hallaba confinada la mayoría negra. Cohen descubrió que los blancos tenían un conocimiento muy amplio y eran plenamente conscientes de los sufrimientos que infligía el régimen del *apartheid*, pero al mismo tiempo ocultaban esta realidad cuanto podían, alegando por ejemplo que nunca habían oído a un sirviente negro quejarse del régimen. Cohen llamó a este estado de negación «saber y no saber» simultáneos. Su agudeza residía en la percepción de que el remedio liberal e ilustrado para cambiar la actitud de la gente –información, educación– era perversamente contraproducente. Cuanto más sabía la gente lo horrible que era la vida en los *townships*, más negaba esa realidad.

El estudio de Cohen reforzaba una observación de décadas atrás de Hannah Arendt sobre los campos de concentración alemanes: los ciudadanos alemanes de a pie aseguraban no saber nada de ellos, algo que Arendt no creyó un solo instante; demasiados judíos, resistentes católicos, homosexuales, romaníes y socialistas habían desaparecido de las calles. No era posible que el alemán común y corriente no se preguntase cómo y adónde se habían ido. Para Arendt, el alemán de a pie, como el monstruo de los campos Adolf Eichmann –que se limitaba a cumplir órdenes y hacer su trabajo–, vivía en un estado de negación, sabiendo y no sabiendo al mismo tiempo. Enunciada de forma brutal, la tesis Arendt-Cohen sostiene que, cuantos más hechos dolorosos conoce la gente, más finge ignorancia al respecto.

Esta tesis pone en cuestión el proyecto de Ilustración iniciado en el siglo XVIII. Para Montesquieu y Diderot, Adam Smith y James Ferguson, el conocimiento es liberador. Para Cohen y Arendt, el conocimiento es paralizante. La Ilustración pensaba que, cuando la gente dispone de información completa sobre algo, exige actuar. En este sentido, fue un gran error de mis colegas de la ONU y mío suscribir la retórica de la «emergencia climática». La palabra «emergencia» acciona el disparador de la negación. Si los hechos son abrumadores, no habrá nada que hacer. Estaremos indefensos. Así que niegas lo que sabes.

Está todo correcto en la tesis Arendt-Cohen, pero no se agota en ella la historia. El miedo al cambio climático es el miedo a algo terrible que está empezando a suceder, y no, como en el caso de Edipo, algo terrible que ya ha sucedido. En una tragedia clásica de este tipo, la audiencia siente el impulso de descubrir la verdad, de saber cómo han sido en realidad los hechos, de un modo semejante a como realizaría una autopsia. Pero las negaciones del cambio climático se basan en la imaginación del futuro, en dar crédito a pronósticos, posibilidades y demás; es como si aún no existiera mucha evidencia tangible (por mucho que la haya). Y si, como sostiene Thomas Scheff, una catarsis requiere disociación y «toma de distancia», tal alejamiento del tiempo futuro tiene una forma diferente.

II. PRONÓSTICO Y PRESENTIMIENTO

La distinción

El futuro se bifurca en el tiempo y toma dos caminos: el pronóstico y el presentimiento. En el pronóstico uno puede tener casi la certeza de lo que va a suceder, y sabe las medidas que hay que tomar para hacer que tenga lugar tal probabilidad. Así, en la pandemia reciente, uno sabía cuál sería probablemente el resultado si alguien estornudaba delante de su cara, y por eso se ponía una mascarilla. En el presentimiento, el futuro es menos seguro; como sucede con el covid persistente, sus efectos aparecen de forma impredecible.

Filosóficamente, el pronóstico deriva del modo de razonamiento deductivo de «si X, entonces Y». Si la X, en el razonamiento deductivo, es inestable o claramente errónea, la Y resultante lo será también; pero la deducción, al menos, podrá someterse a prueba, y será posible aprender del error cometido. El presentimiento queda fuera del marco deductivo; en su lugar, imagina una variedad de posibles resultados, ninguno de los cuales susceptibles de comprobación. El presentimiento inspira sentimientos de «inseguridad ontológica», nombre curioso para la sensación de inseguridad constante, de desasosiego interior, debido a que no se sabe lo que va a pasar, pero se teme lo peor. La filósofa política Jennifer Mitzen cree que la inseguridad ontológica empuja a la gente a la política extrema –normalmente de derechas– a fin de mitigar esa ansiedad interior cotidiana. Podría decirse que los jóvenes de la convención de negacionistas padecen inseguridad ontológica (si tal escabrosa etiqueta pudiera casar con sus atinadas chaquetas de punto y sus pantalones bien planchados). De manera más concluyente, la inseguridad ontológica se basa en las operaciones del azar.[3]

El presentimiento tiene una historia de fondo en la forma en que la gente ha pensado en el azar. El presentimiento surge de la creencia de que la experiencia vivida del azar no es como lanzar una moneda al aire, en la que se tienen las mismas probabilidades de que salga cara o cruz. Más bien, a la larga, es más probable que las cosas vayan mal. Las cartas están en tu contra.

El azar apareció originariamente en nuestra cultura como la diosa Tique en Grecia y Fortuna en el mundo romano, y llevaba una venda en los ojos para simbolizar que las cosas pueden ir tanto bien como mal; en esto, Fortuna era prima de Jano, el dios que no hace predicciones sobre el futuro. En el mundo antiguo, Tucídides celebraba *tuhke*, que significaba «La suerte favorece a los osados» o, como diríamos hoy, «Quien se atreve, gana», mientras que los trágicos hablaban del *ate*, la perdición que alguien puede provocar por ser osado. El clasicista E. R. Dodds señala que la tragedia presenta «el espectáculo de un hombre que elige libremente [...] una serie de acciones que lo llevan a la ruina». Existe un tercer estado, el *proaísthima*, el temor a hacernos daño a nosotros mismos, no por actuar deliberadamente, sino por casualidad.[4]

Desde sus orígenes, el cristianismo cuestionó la idea del daño fortuito, así como la del azar ciego. En su lugar, se pensaba que el azar funcionaba como un casino fraudulento, en el que la rueda de la fortuna se había fijado para que nunca pudieras ganar. La crueldad del azar era el resultado del pecado de Adán y Eva. Una vez fuera del Edén, no era probable que las cosas fueran bien. En «El cuento del monje», de Chaucer, el narrador observa: «Y así gira traicionera la Rueda de la Fortuna / y de la felicidad lleva al hombre a la aflicción». En el «Infierno» de Dante, el azar se presenta como una carta de triunfo en una partida de tarot, y arroja al jugador al pozo infernal.

Podría decirse que, en el cambio climático, el azar aparece precisamente de esta forma cristiana. Aunque muchos de sus efectos inmediatos son impredecibles –como, por ejemplo, dónde golpeará con exactitud una tormenta o qué calor hará en Nueva York el 3 de agosto de 2024–, a largo plazo las probabilidades están en nuestra contra, porque, como en el caso del pecado original, somos nosotros mismos los autores de nuestra desdicha.

Es bastante verosímil que los oradores del salón del Trump International Hotel quisieran liberar a su audiencia de esta carga cristiana, aunque probablemente ellos no lo expresaran así. La gente no ha hecho nada malo para que el planeta se caliente, es todo falsa ciencia, cómprate el coche más grande que puedas permitirte. Lo que más me llamó la atención de estos oradores fue la resaca de violenta agresividad en sus ataques a la ciencia del clima. Lo mismo ocurría con George Wallace: no solo era racista, sino que era un racista violento. Desde entonces no he dejado de preguntarme qué tendrá que ver esa saña con la dramatización de la violencia tratada anteriormente en este libro. ¿Cómo se puede dramatizar la negación y el presentimiento acerca del futuro para que la negación y el miedo se vuelvan violentos?

Una respuesta surge de la contemplación del mito de Saturno, el compañero de Jano en el mundo antiguo.

III. LA GUADAÑA DE SATURNO

En el comedor de Goya

En 1819, el pintor Francisco de Goya compró una casa a las afueras de Madrid que empezó a decorar de un modo peculiar. *Saturno devorando a su hijo* fue a parar al salón comedor. Es una de las imágenes más espeluznante de la historia del arte. La cabeza y parte de un brazo del niño ya han sido devoradas, y la sangre roja y la carne clara iluminan la pintura. En la oscuridad, las únicas partes del rostro de Saturno que podemos ver son su boca abierta y sus ojos saltones. Los dedos del dios parecen garras clavándose en la espalda de su hijo, mientras Saturno se prepara para el siguiente mordisco.

Desde los años tempranos de su carrera, Goya pintó cuadros de este tipo, en los que dramatizaba la violencia irracional como contrapeso de los decorosos retratos que le dieron renombre en sus comienzos. No había nada perverso en colgar esta escena canibalesca en el comedor. Los admiradores de Goya también miraban ávidamente imágenes de horror; también querían ver dentro de la psique, sobre todo si tales imágenes encajaban en el marco de los mitos antiguos.

En el mito de Saturno pintado por Goya, la violencia del dios emana directa del presentimiento del futuro. Saturno era el nombre romano de Cronos, el dios griego del tiempo, que mataba y devoraba a sus hijos porque temía que, si vivían, acabarían suplantándole. Saturno/Cronos estaba «saciado de años», dijo Cicerón, lo que significaba que era un dios que temía el futuro. La historia da un giro adicional cuando Saturno, exiliado por sus crímenes caníbales, fue acogido por Jano, y los dos gobernaron las tierras que con el tiempo se convertirían en Roma. Es uno de esos emparejamientos profundos y provocadores que se dan en los mitos: Jano, el dios del ignoto tiempo futuro, gobierna con Saturno, el dios negador del tiempo.[5]

Como ocurre con todos los mitos, la historia de Saturno no es sencilla. Es un dios destructor, y se le asocia con la cosecha, que representa el invierno, cuando la tierra productiva se agota. Pero, como dios del presentimiento, sobrevuela la imaginación antigua. El caníbal Saturno, en la pintura de Goya, simboliza la vieja lucha contra la pérdida de control sobre el futuro o, dicho de un modo más inquietante, el miedo a que los jóvenes, nuestros jóvenes, pretendan destruirnos.

El novelista W. G. Sebald, obsesionado con este cuadro de Goya, trajo el mito al tiempo presente y lo utilizó para reflexionar con detenimiento sobre la destrucción del medio ambiente. En *Los anillos de Saturno*, Sebald da cuenta de un paseo por la campiña de Suffolk (Inglaterra), cuando visita a otro *émigré* alemán, su amigo Michael Hamburger. En el curso de su caminata repara en el paisaje lleno de botellas de plástico desechadas, basura y edificios absurdos, y de cuando en cuando se entrecruzan repentinas erupciones de arenas movedizas y otros desastres naturales imprevistos. Entonces su imaginación da un salto a las pasiones nazis de los contemporáneos de sus padres en Alemania. Destrucción irreflexiva, destrucción fortuita, autodestrucción: los tres elementos se aúnan y componen el poder del presentimiento, que Sebald llama la «guadaña de Saturno».

La pintura de Saturno en el comedor de Goya se basa en un mito teatral y fantástico, como también lo es el cuadro de Goya. En su representación de la violencia, alcanza dimensiones épicas. He aquí otra forma de conexión entre teatralidad y violencia. La guadaña de Saturno se convierte en un arma que presagia el futuro.

Libro 5
Cómo se abre el arte

11. EL ESCENARIO SE UNE A LA CALLE
Espacios abiertos al arte

Por supuesto, usted y yo somos demasiado juiciosos para creer que todo problema tiene solución. Aun así, queremos oponernos a la actuación destructiva.

Las cosas rotas se reparan de tres formas. La primera es la reparación de sustitución, como poner una bombilla nueva cuando se funde una vieja. La segunda es la reparación de ampliación, como cuando un lápiz de memoria se sustituye por otro con más capacidad. La tercera forma de reparación implica una solución más drástica: por ejemplo, reemplazar un ordenador viejo por uno nuevo a veces exige el cambio de sistema informático. Este tipo de reparación amplía nuestro entendimiento.[1]

La reparación de las artes escénicas sigue unas pautas similares. Si tenemos la voz irritada, nos tomamos una pastilla que nos permita volver a cantar sin problemas. Nuestro educador de la voz nos enseña cómo alcanzar un do agudo y añadimos notas a nuestro repertorio. Escuchamos una grabación nuestra y no suena bien: no hemos logrado transmitir la amargura de una canción aparentemente tierna. Habremos de replantearnos las técnicas de fraseo para conferir nervio a nuestra voz. Tendremos que aprender a cantar de nuevo.

215

Esta tercera forma de reparación, la más reflexiva, es la forma en la que el arte de la interpretación se vuelve más abierto. Lo que en primer lugar se refiere a cómo el arte toca el suelo, a su presencia física en la ciudad.

I. LA CIUDAD ABIERTA

Accesible

Los administradores de las artes (una tribu sombría) hablan de hacer el arte «accesible», que es una versión de «abierto». Lo que quieren decir es que, si los cuadros están etiquetados de forma atractiva, si los intérpretes pronuncian un breve discurso sobre «lo que significa para mí» antes de ejecutar una pieza musical, si los coreógrafos imparten clases de danza después de que la gente vea cómo se realiza profesionalmente, el arte se vuelve seductor y el número de espectadores aumenta (los administradores viven y mueren en función del número de espectadores). Más que democrática, esta medida resulta condescendiente con el arte (como si afirmara que, sin el envoltorio, la gente no pudiera apreciarlo). También está en contradicción con gran parte del arte que los administradores intentan vender: arte intrínsecamente inquietante o difícil y por tanto imposible de pasteurizar. Y los administradores se equivocan con el público –con el público urbano, al menos–. A diferencia de un pueblo, una ciudad está llena de gentes que no se parecen y cuyas diferencias suelen ser irreconciliables. En términos musicales, las disonancias humanas no se resuelven en una ciudad; el público vive con dificultades y disonancias de forma permanente. El reto estriba en engranar el arte como parte de la experiencia urbana, en lugar de envolverlo en un celofán turístico.

216

Y eso empieza como un problema para la arquitectura y el urbanismo. En el capítulo 5 seguimos el largo proceso por el que el arte se retiró de la calle y se enclaustró en edificios especiales. El reto actual es devolverlo a las calles. Y es un reto que existe en un sentido más amplio. Las comunidades cerradas suponen una mayor imposición de confinamiento a la ciudad, y su forma se impone en las nuevas viviendas colectivas. La mayoría de los bloques de oficinas son monofuncionales, solo para negocios, sellados en la base de forma que nadie puede acceder a ellos sin identificarse. La retirada de la calle, desordenada formalmente y múltiple en su función como calle, determina la ciudad moderna. Así que, ¿cómo podemos volver a la calle? La palabra «complejo» sugiere una posibilidad.

Complejo

Esta fue una palabra clave en el desarrollo en la ciencia de la teoría de los «sistemas abiertos». Liderados por ingenieros-científicos como Norbert Weiner y algunos miembros del MIT de mediados del siglo pasado, el pensamiento de los sistemas abiertos exploraba cómo los ordenadores, como las personas, se ven estimulados por cosas que son difíciles de entender y exigen un gran esfuerzo. William Mitchell, mi colega en el MIT, aplicó el análisis de sistemas abiertos a los sistemas de transporte de la ciudad, elaborando códigos y estrategias para la regeneración urbana.

Comprendí, en concreto, de qué trataba la teoría de la complejidad cuando, veinte años atrás, trabajé en un proyecto especial de las Naciones Unidas. En él se comparaban los espacios urbanos de Seúl y Lagos. El contraste entre ambas ciudades ponía de manifiesto de forma sorprendentemente obvia las diferencias entre un medio cerrado y otro abierto. Las partes nuevas de Seúl funcionaban con una eficiencia satisfactoria, pero no había en ellas mucha vida callejera; los edificios eran bloques uniformes de apartamentos, frente a los que a veces se requería que colgaran enormes banderas con números para que los residentes pudieran decir cuál era el suyo. El Nuevo Seúl era el polo opuesto a los espacios públicos de Lagos, ruidosos, conflictivos e informales. Un distrito de venta de coches usados, por ejemplo, albergaba a pastores del campo que en plena noche desguazaban coches y vendían las piezas antes del amanecer. Para prevenir el vandalismo, los concesionarios permanecían abiertos de noche, lo cual dio lugar a la apertura de restaurantes que daban de comer a los clientes. Algunos pastores se convirtieron entonces en cocineros... A diferencia de las nuevas zonas de Seúl, que eran estáticas y no lograban desarrollarse económicamente, las complejidades de Lagos estimulaban a la postre el crecimiento.

En un sistema abierto, el cambio no sigue una senda recta. Suceden cosas totalmente inesperadas, lo cual lleva a otros cambios, cada uno con sus propias repercusiones; el proceso —en jerga de sistema abierto— es «dependiente de la trayectoria» más que «lineal». Por citar otro ejemplo urbano, Gaziantep, en Turquía, ejemplifica hoy el desarrollo dependiente de la trayectoria. En la década de 2010 se vio repentinamente sorprendida por una llegada masiva de refugiados sirios, y su tamaño casi se duplicó en cinco años. En lugar de negar la entrada o segregar a los recién llegados, la ciudad se las ingenió para beneficiarse económicamente de aquel flujo masivo de gentes. Aprovechando las calificaciones tecnológicas de los refugiados, Gaziantep amplió su sector de servicios creando una nueva economía regional para la ciudad.

En informática, existe una relación especial entre complejidad y reflexividad. Lo que significa sencillamente que, a medida que las cosas avanzan de formas inesperadas, un sistema informático buscará en su memoria para ver qué puede resultar útil en las nuevas circunstancias, y qué es inútil ahora. Los bucles de retroalimentación en un sistema abierto inauguran la tercera fase de reparaciones de la reconfiguración.

Para los seres humanos, el proceso de cálculo mediante bucles de retroalimentación es a menudo el mismo, pero, mientras que un ordenador no tiene sentimientos, los resultados de la criba humana suelen ser dolorosos, sobre todo en un entorno abierto. Este sufrimiento me impresionó cuando viajé por primera vez a Shanghái a mediados de la década de 1980. La gente se había liberado de la cultura de vigilancia maoísta antes profundamente interiorizada en su vida. Si en aquella época eras joven en Shanghái, adoptabas la cultura occidental –películas, música, modas intelectuales– y estabas más en la onda que nadie. Pero, si tenías más años y no podías salir del ámbito de tus recuerdos: no olvidabas las traiciones a las autoridades que tus vecinos te infligían, o que tú quizá les infligías a ellos para sobrevivir. Resultaba perturbador el hecho mismo de que la ciudad fuera más abierta. Era más difícil hacer caso omiso de los muchos asuntos graves que se discutían en voz alta en bares y cafés, que mantenerse a puerta cerrada como antes.

Lo que equivale a decir, en sentido más general, que una ciudad que se abre no se limita simplemente a invitar al placer; los bucles de retroalimentación pueden hacer daño. El reto de la apertura cultural estriba en hacer que las disonancias presentes y las perturbaciones pasadas encajen en lugar de ser reprimidas. Lo que en nuestro rincón cultural es una especie de rompecabezas. ¿Cómo podría el universo arcano de la arquitectura teatral abordar un asunto de tal envergadura, si acaso pudiera hacerse de alguna manera?

¿No es algo que excede con mucho lo que un edificio puede hacer? Para dar con una respuesta –suponiendo que la hubiera– habremos de tener en cuenta las entrañas de los propios edificios.

II. TEATROS POROSOS

Podría parecer que la forma más sencilla de abrir las artes escénicas a la ciudad sería dejar de considerar edificios especiales a los edificios de los teatros. Todo sucedería entonces en la calle. Muchos urbanistas acarician hoy el sueño de la inexistencia de barreras, filtros o muros, el sueño de que todo acontezca al aire libre. Pero los espectáculos requieren ciertas barreras sólidas para que la gente pueda oír y ver bien. En concreto, hay razones técnicas para que este tipo de muros que inicialmente fueron de piedra, la *skené*, detrás del antiguo anfiteatro.

Los muros reflejan el sonido. En un teatro totalmente amurallado como el teatro Olímpico de Palladio, este reflejo se traduce en un «desfase temporal inicial»; es decir, el tiempo que tarda un sonido que rebota en una pared o un techo en llegar al tímpano de quien lo oye. En un espacio cerrado por completo, el desfase proporciona la sensación de estar envuelto estereofónicamente en el sonido, y no la de recibirlo en forma direccional, como si llegase a través de una ventana. El especialista en acústica Leo Beranek dedujo de un estudio pionero que el desfase sería de poco menos de dos segundos. El efecto estético del sonido estereofónico envolvente hace que el oyente se sienta más cerca del escenario.[2]

E, igual que ocurre con el oído, ocurre con la vista. Supongamos que un músico callejero sin un céntimo está actuando en un pasillo del metro o en una esquina para pagar el alquiler. El plano llano del suelo le supondrá un grave problema, porque, si se agolpa mucha gente para escucharlo, solo serán sus espectadores quienes ocupen la hilera delantera. Los demás, incapaces de verlo, tienden a pasar de largo. Una solución viable para el problema de la planitud es inclinar los asientos, pero tal solución ha de aplicarse también con cierto cuidado. Si la inclinación es excesiva aumentará la visibilidad a costa de provocar un posible vértigo, como podrá atestiguar cualquiera que haya ocupado un asiento en las filas altas y baratas de teatros de ópera como el Covent Garden. Igual que los parámetros para el sonido, los de la inclinación son bastante estrictos: entre 2,5 y 4,5 grados.

Por razones técnicas como estas, el mero derribo de un teatro para reemplazarlo por una plaza u otro espacio vacío no dará buen resultado. El reto está en cómo utilizar los elementos físicos de cerramiento, como las paredes o los asientos inclinados, a fin de unir el escenario y la calle. La naturaleza brinda una sugerencia.

Membranas y caparazones

Las células vivas están revestidas por dos tipos de envolturas: membranas y caparazones. Una membrana suele ser una pared delgada y blanda a través de la cual lleva el alimento al interior de la célula y expulsa con facilidad los materiales gastados, mientras que un caparazón celular es una pared más gruesa y dura, más orientada a repeler los elementos del exterior. Una membrana no es abierta en el sentido de que carezca de todo tipo de barreras. Filtra la materia para impedir que pase del interior al exterior; sin este filtro, las células no tardarían en expulsar sus entrañas y morir. Y el caparazón celular no es inerte; se da en él cierto grado de ósmosis, aunque la materia se mueve más lentamente que a través de una membrana. Sin embargo, hay una gran diferencia en el grado: la membrana es más porosa.

En la cultura urbana ocurre lo mismo que en las células: la porosidad puede servir de modelo para hacer que el escenario y la calle se abran más entre sí. Pero ¿cómo diseñar la porosidad? He aquí cuatro modelos arquitectónicos para hacerlo, si bien solo uno de ellos abre realmente el espacio de un modo que aborda la complejidad, la disonancia y la incomodidad.

La porosidad interna

Intentas llegar a tiempo a un concierto en el Barbican Centre en Londres, pero vas tarde. No obstante, los intérpretes te esperarán porque saben que no es culpa tuya. La entrada es difícil de encontrar, sobre todo desde el transporte público, y el hecho de recorrer las cercanías no lleva a adivinar que esté teniendo lugar algún tipo de arte.

En la era medieval, una barbacana era una torre de arqueros situada a las puertas de una ciudad y, a partir de entonces, pasó a designar cualquier espacio fortificado y difícil de traspasar. Las salas de conciertos del Barbican Centre están barbacanizadas, como lo está la mayor sala de conciertos europea construida en los tiempos modernos, la Filarmónica de Berlín, obra de Hans Scharoun, una maravilla por dentro y una fortaleza poco acogedora por fuera.

Con este caparazón artístico, sin embargo, el espacio es poroso. Copa en mano, se puede deambular por salas de recepción, bares y restaurantes, o pasar desde el interior a una enorme piscina exterior que encara los bloques de apartamentos que circundan el espacio de los otros tres lados.

Lo significativo del modelo Barbican es que a los residentes les disgusta el ruido y la suciedad derivados de la asistencia del público a los actos artísticos. Mis alumnos, que estudiaron este conflicto, repararon en que los residentes se quedaban dentro de sus apartamentos cuando el público salía a disfrutar del estanque. El City of London, el distrito que controla el Barbican, tiene normas estrictas que prohíben el acceso a los espacios residenciales al público, que a menudo hace caso omiso de ellas y, pese a no ser precisamente un hatajo desaliñado de saqueadores, se pasea por todo el recinto. El gran defecto del Barbican es que tiene caparazones invisibles que limitan la porosidad: el espacio no es poroso legalmente.[3]

Perforación

La acción más directa de romper un caparazón urbanístico se denomina «perforación». La perforación consiste en abrir puertas y ventanas a través de los muros sólidos de un edificio, de forma que no exista barrera física entre el interior y el exterior; es más: es una abertura no vigilada. Recordemos que el dintel de Jano sobre las puertas de las casas antiguas indicaba a la gente por dónde moverse entre habitaciones, pero no hacía saber ninguna norma sobre cuándo estaban abiertas, ni quién tenía derecho a ir de un sitio a otro de la casa. Las personas podían llegar a ser, además, doblemente conscientes: saber lo que ellos estaban haciendo al tiempo que veían y oían a las personas que estaban en un espacio contiguo. También esto tiene una raíz antigua: las actividades sincrónicas del ágora, en la que sucedían muchas cosas al mismo tiempo.

Si la perforación hace posible esta conciencia en estratos, un teatro u otro espacio escénico cuyas paredes han sido

223

perforadas puede, curiosamente, debilitar la experiencia de la representación. Un ejemplo es el teatro Half Moon de Londres, una obra maestra de la perforación arquitectónica diseñada por el arquitecto Florian Beigel entre 1975 y 1985.

El Half Moon se construyó en torno a un patio, al que se accedía a través de una puerta situada en la viva y bulliciosa Mile End Road. En el patio, Beigel construyó dos teatros, uno grande y otro pequeño, separados por una senda en la que la gente se congregaba en los entreactos. Beige perforó los muros de ambos teatros, abriendo en ellos puertas y ventanas que podían abrirse y cerrarse con facilidad, e imaginó que había creado la arquitectura perfecta para la *commedia dell'arte*, en la que los personajes entran y salen por puertas a ras de suelo, y aparecen en ventanas más altas, detrás de los espectadores, y luego desaparecen.

Durante las representaciones simultáneas en los dos teatros, las cosas tendían a desbaratarse. Al mantenerse las puertas y ventanas abiertas, los espectadores tenían la sensación de que estaban asistiendo al mismo tiempo a dos representaciones. No podían centrar la atención, y acababan desconectándose. La perforación es como estar al mismo tiempo en dos reuniones de Zoom: no puedes concentrarte del todo en ninguna de ellas. La porosidad pudo salvarse en el interior del Half Moon gracias a un artilugio sencillo. Se cerraron puertas y ventanas, pero se levantaron persianas: el sonido, en cada espacio, se mantenía, y se permitía la vista de otro espacio.

Esto transformó la perforación en un estado más membranoso, al dejar entrar una sensación, filtrando la otra. El teatro pasó a ser verdaderamente poroso. Pero ¿con qué objeto? La perforación tiende a fragmentar la percepción. En un teatro o una sala de conciertos no queremos experiencias blandas, aguadas.

Espectáculo sellado

¿Y si tienes que controlar el acceso y, por mucho que quieras, no puedes derribar muros? ¿Cómo vas a hacer que el espacio resulte abierto y poroso? Este fue el problema al que se enfrentaron los arquitectos Elizabeth Diller y Ricardo Scofidio al abordar la renovación del Alice Tully Hall. La legislación urbanística de Nueva York, en 2007, ordenaba que, por motivos de seguridad, debía controlarse el acceso a cualquier sala de conciertos. Fuera, en Broadway, los coches se pasaban la noche tocando el claxon, y el metro retumbaba bajo la calle. Los arquitectos podrían haber construido algo parecido al Barbican, totalmente cerrado, pero en lugar de ello buscaron hacer un espectáculo de los asistentes a la función, que comían y bebían en el vestíbulo, perfectamente visibles para quienes paseaban por una de las esquinas más densas de la ciudad. El cristal utilizado para hacer que el interior se expusiera al exterior es de una calidad óptima y de un bello acabado, da la impresión de ser de una sola pieza. Para reforzar la impresión de estar viendo una escena interna, los arquitectos crearon en la esquina de la calle un pequeño anfiteatro que mira hacia el atestado interior.

El espectáculo sellado va en contra de la lógica de las sedes corporativas típicas, cuya entrada a ras de suelo, aun en caso de ser de cristal, no mostraría multitud alguna en su interior —tan solo un mobiliario de gusto excelente, y unas recepcionistas que custodian el vacío detrás de un mostrador—. Sin embargo, el Tully Hall lleno de público resulta problemático. Funciona como un acuario. Su cristal es una provocación visual: entre, pida una bebida, compre una entrada. Pero es un acuario caro: las bebidas son caras. Además, cuando no hay concierto, hay poca gente dentro. Nadie, ya sea alumno en Juilliard, el conservatorio colindante, o trabajador de los bastidores del Lincoln Center, pasa el rato allí. El espectáculo sellado puede crear un caparazón en lugar de una membrana. Diller y Scofidio lo sabían perfectamente, pero eran responsables de la estética del edificio y no del uso que pudiera dársele después.

En resumen, tanto si está delimitado internamente o perforado o tiene aspecto de acuario, la exhibición visual de apertura no aviva el deseo de participación. ¿Es, por tanto, vano ese proyecto de porosidad? Un cuarto tipo de teatro se resiste a esta conclusión, y reformula más radicalmente el significado de porosidad.

El teatro móvil

Los romanos creían que los penates sobrevolaban lugares específicos. Alexander Pope, que ayudó a fundar la disciplina de la arquitectura paisajista, pensaba que el entorno local debía guiar la mano del diseñador:

> Consulta en todo al genio del lugar,
> que dice a las aguas que se alcen, o desciendan,
> o ayuda a la ambiciosa colina a escalar hacia los cielos,
> o saca teatros envolventes del valle...

El contraste se da con paisajistas como André Le Notre, que, al diseñar los jardines de Versalles, desarrolló geometrías severas que podrían imponerse –y lo harían en todas partes y en cualquier tipo de terreno.[4]

Hoy solemos suscribir las virtudes del *place-making** y

---

* Literalmente, «creación de espacios»: el término designa la planificación de los espacios públicos que se hace teniendo en cuenta las opiniones y necesidades de la comunidad. *(N. del T.)*

el arte basado en el lugar. Es un movimiento políticamente peligroso, si el lugar es el hogar de una clase predominante de un tipo de personas, blancas o negras, cristianas o judías, y excluye otras a quienes se considera forasteras. El «genio del lugar» puede servir de caparazón-mantra.

El arquitecto Tadao Ando quiso contrarrestar la idea de «es mi espacio» creando un teatro que, según sus palabras, llevara «el exterior al interior», basándose en el principio de que en las comunidades debía mostrarse arte que jamás verían de otra manera. En 1986 diseñó un teatro que podía trasladarse de un barrio a otro: el Kara-Za, cuyas paredes y techo son fáciles de montar y desmontar, los materiales susceptibles de «ajustarse» acústicamente a la forma que el teatro adopte en los diferentes espacios públicos, y sus paredes tipo carpa adaptables a cualquier emplazamiento.

No es un teatro pensado para mezclarse con el genio del lugar como si siempre hubiera estado ahí; su forma negra y voluminosa lo cataloga de inmediato como una estructura especial. En él están ausentes también marcadores visuales interiores del teatro «normal» en Japón, las zonas y los gestos a los que la gente se ha llegado a habituar. En el Kara-Za se representaban obras desconocidas y música extranjera. El prestigio de Ando como arquitecto atraía a la gente, pero, a pesar de ello, el Kara-Za no se llenaba. *Muerte de un viajante*, de Arthur Miller, encontró una resistencia inicial, al igual que muchas de las obras que importaba el Kara-Za. Aun así, con el tiempo, estas obras extrajeras fueron aceptadas localmente.

El credo de Ando era sencillo: «El lugar donde vivimos no tiene que determinar el arte que vemos». Se dedicó a llevar a la comunidad local experiencias que de otro modo nunca vivirían, en un edificio que podía montarse y desmontarse con facilidad, desplazándose de un lugar a otro de la ciudad. El arte de otras latitudes se brinda a los espectadores locales, pero no trata sobre ellos.[5]

De los cuatro teatros porosos, el de Ando es el más abierto en el sentido sistémico de la palabra. La arquitectura afirma el valor fundamental de la complejidad: que el arte debe estimular a la gente exponiéndola a formas de expresión foráneas, extrañas o desafiantes. Además de resultar accesible o servir de espejo de la comunidad, el proyecto teatral de Ando acepta que la carpa no es un espacio en armonía con su entorno. La carpa está pensada para albergar un mensaje del exterior, en lugar de una institución local muy querida.

A modo de experimento de pensamiento, he tratado de imaginar qué le habría parecido a Carl interpretar su música difícil, antipática en la carpa de Ando. Aliviaría la maldición que los espacios informales pueden suponer para los intérpretes, como los clubs de jazz, donde la música de Carl no servía más que de sonido de fondo de las charlas y las copas. Si el teatro de Ando se hubiera montado en Harlem, el grupo de Carl, si bien todos ellos vivían en la zona, se presentaría del mismo modo que *Muerte de un viajante* en Tokio: brindando noticias de otras latitudes, noticias del otro. El cuarteto de Carl, liberado de sus identidades, liberado de la obligación de representar a la comunidad, habría llegado a ser como el mensajero de la tragedia griega, que entra, hace un anuncio importante y se va. La carpa móvil de Ando podría ofrecer este papel a los actores.

III. EL ÁGORA CURATIVA

El realismo de Simmel

«Puede que no sea más que la fantasía de un arquitecto.» El sociólogo George Simmel, que escribía esto a comienzos del siglo XX, sin duda pensaba así. El Berlín de su tiempo tenía cierto parecido a Lagos. En su centro sucedían demasiadas cosas al mismo tiempo: multitudes que hacían la compra a pie, un flujo incesante de tráfico de caballos, ruido de talleres que se mezclaba con los olores de cocina en bloques de apartamentos lindantes con polígonos industriales; gente sin hogar mendigando o durmiendo en los huecos entre edificios, estallidos frecuentes contra los judíos o contra forasteros que parecían inundar la ciudad...

Los berlineses respondían, pensaba, poniéndose una máscara de indiferencia, no reaccionando de manera visible ni comprometiéndose socialmente en la calle. La gente no sabe gestionar, pensaba Simmel, la superpoblación urbana. Pueden soportar condiciones similares a las de Lagos durante un tiempo, pero, al final, condiciones tipo «no ocurre nada», «todo está en paz y tranquilidad» como las de Seúl resultan más soportables. Dado que la gente no puede soportar demasiada complejidad, la ciudad abierta da paso inevitablemente a la ciudad cerrada. Y un teatro de carpa no va a cambiar eso.

Algunos etólogos modernos han suscrito esta idea en estudios de entornos animales densos, con escritos como los de E. O. Wilson sobre comunidades de insectos. Se trata de hábitats que mantienen el orden y rechazan la disonancia –con especial hostilidad frente a la intrusión de otros–. Biológicamente, según este punto de vista, la disposición de los seres humanos es estar con los de su especie y repeler a los ajenos. Somos más criaturas «de caparazón» que «porosas». Dicho de otro modo, se trata del elefante en el cuarto del cosmopolitismo liberal de aceptación mutua.[6]

Aunque el realismo de Simmel puede parecer de mero sentido común, su urbanita retraído puede permitirse desentenderse de los demás. En el Berlín de la época de Simmel, la mayoría de la gente de las calles tenía que estar allí, transportando y vendiendo cosas, entrando y saliendo de oficinas, ocupándose de escuelas y hospitales; no tenían la opción de retirarse del contacto sensorial con la humanidad maloliente y fastidiosa.

Podría parecer que la antigua ágora, tal como la hemos explorado en el capítulo 4, sería una buena contraposición a la imagen de Berlín de Simmel. Él teorizaba que tal espacio resultaría demasiado estimulante, y que la gente pronto se recluiría en sí misma y se comportaría con los demás con frialdad e indiferencia. En la antigua ágora no era así. Duró mil años, mientras que Pnyx se marchitó al cabo de unos cuantos centenares. La sociabilidad del ágora importaba más a la gente que la política de Pnyx. Pero el problema de este modelo antiguo era que se hallaba abierto a unos pocos y cerrado a muchos; abierto a una minoría masculina de ciudadanos de la ciudad, y cerrado para las mujeres, esclavos e inmigrantes.

En el pensamiento social moderno, se han dado dos modos de argumentación contra Simmel, y en su lugar se ha concebido un ágora vigorosa, abierta a todos, inclusiva de todos. Uno de estos modos imagina el ágora como un espacio discursivo, y el otro concibe el ágora como un espacio teatral.

El ágora de Hannah Arendt

El ágora discursiva se encarna de modo más notable en lo expuesto por Hannah Arendt en su libro *La condición humana*, publicado en 1958. Se refiere al ágora ateniense como piedra de toque, aunque ningún ateniense se sentiría a gusto en ella.

Arendt creía que la gente del ágora moderna debía poder despojarse de su identidad, sobre todo si eran pobres, negros o catalogados de un modo u otro como marginados. El viejo adagio alemán «*Stadtluft macht frei*» se traduce, como hemos visto, como «El aire de la ciudad nos hace libres». Para Arendt, significa concretamente que, cualesquiera que fueren el origen y el género y el estilo de vida y la clase social de los individuos, tales circunstancias no han ser las que convierten a estos en ciudadanos; las circunstancias privadas no tienen cabida en el ámbito público.

Arendt era enemiga de lo que hoy se denomina «política de identidad». Para ella, una frase que comience «Hablando en calidad de afroamericano...» no es apropiada para presentarse; tampoco lo es «Nosotros, los obreros, queremos...». No es que Arendt fuera ciega a rasgos como la raza o la clase, pero pensaba que la interlocución identitaria disuade a los interlocutores de involucrarse abierta y plenamente cuando sus identidades difieren. La interlocución identitaria hace del negro del gueto un avatar de rabia, al judío refugiado un emblema del sufrimiento, y así sucesivamente. A la gente se le niega la propia personalidad. El remedio es crear un espacio donde sus identidades puedan permanecer anónimas. Confiaba en convertir a los vecinos en ciudadanos.

Su idea debería importarnos porque brinda un modo de imaginar cómo podría salir la gente del teatro de la derrota que hemos analizado en el capítulo anterior. Debería haber un ámbito público en el que la gente corriente fuera liberada de tener que, por así decirlo, actuar para su cena, un lugar que pudiera habitar sin ser juzgada.

Arendt había vivido en ese lugar. El West End Bar and Grill del Upper West Side de Nueva York se parecía a los cafés alemanes de sus años de estudiante: locales ruidosos, atestados, con olor a cerveza rancia y humo, no muy diferente del Downtown gay del Dirty Dick's por la noche. En el West End Bar and Grill Arendt discutía, a veces con estudiantes, a veces consigo misma. La algarabía de cosas diferentes sucediendo al mismo tiempo parecía estimularla y focalizar su energía. En el aula formal, donde todo estaba bajo su control, se sentía más fría, menos intensa, quizá incluso un poco aburrida. El West End Bar and Grill era su ágora.

Su sentido de lugar la diferencia del otro gran filósofo del ámbito público, Jürgen Habermas, cuya obra *La transformación estructural de la esfera pública* se publicó en 1962. Gracias a Habermas, la reflexión sobre la vida pública comenzó a centrarse en los medios de comunicación de masas, y en especial en los periódicos. Desde la aparición de los periódicos de gran tirada en el siglo XVIII, razonaba, sus páginas incitaban a un amplio público a pensar en lo que leía; hoy internet podría, en principio, servir al mismo propósito. Sobre los lectores de periódico en los cafés de Habermas, Arendt podría haber dicho –lo imagino: nunca la oí hablar de él– que la vida pública de los moradores de cafés comienza cuando dejan el periódico a un lado y se ponen a hablar entre ellos.

El concepto que Arendt tiene de lo discursivo afecta al acoplamiento del escenario y la calle de dos maneras. En primer lugar, porque, a su juicio, cualquier espacio público puede convertirse en un ágora: un bar, la sala de espera de un hospital o un teatro. Arendt vio teatros utilizados como espacios cívicos durante las revueltas sociales de su juventud, en la década de 1920. En segundo lugar, porque la suya es una visión del ágora en la que, como en el ágora de la antigüedad, no se hace distinción entre actor y espectador. Pero, a diferencia de lo que sucedía en el ágora antigua, cree en la igualdad; y su idea de igualdad era que la gente podía y debía desprenderse del caparazón de la identidad para hablar abierta y libremente con sus semejantes.

Su ágora es un lugar donde reinan las palabras. Más aún, un lugar en el que la gente se motiva con las palabras de los demás. Y este es su reproche, creo, a George Simmel: en la ciudad de Simmel, el urbanita defensivo y encerrado en sí mismo se irá desanimando poco a poco. La gente acabará por pensar, como muchos residentes de los nuevos barrios de Seúl, que su vida es más mortecina que segura. Pero ¿y si las palabras no resultan –o no pueden resultar– motivadoras para los ciudadanos? ¿Dónde y cómo podrán obtener estos la estimulación sensorial positiva de otro modo? La respuesta a esta pregunta preocupaba personalmente a Roland Barthes.

El ágora de Roland Barthes

En 1966, Barthes fue a Tokio a dar clases: le habían pedido que expusiera ante una audiencia de distinta nacionalidad sus ideas sobre semiología, la ciencia del significado verbal. Para entonces ya se había aburrido de esta ciencia de las palabras, y, como Arendt, estaba cansado de sí mismo en su papel de catedrático. Viajar a otro país le pareció al menos una oportunidad para recargar pilas. Un año después volvió a Tokio, pero esa vez no para dar clases. La ciudad le avivaba los sentidos: le gustaba su comida, aunque él apenas podía digerirla; sus antiguas ceremonias, de las que no entendía ni una palabra; la telebasura, tan similar a la de los canales comerciales de Occidente, aunque con extraños interludios; los baños comunitarios, que nada tenían que ver con las sexualmente serias saunas gais de su país. Su obra *El imperio de los signos* se inspira en estas impresiones con tal espíritu que los propios lectores japoneses se sienten cautivados por él.

A Barthes, quizá el mayor lector literario del siglo XX, Tokio le parecía ilegible. Muchas de las calles no tenían nombre, y los números en los edificios de una calle no seguían el orden secuencial lógico. Escribió que es difícil saber dónde está uno exactamente en un espacio tan «carente de clasificación». El forastero en Tokio ha de caminar por las calles para conocerlas, «no por un libro o una dirección, sino por haberlas recorrido y visto, por el hábito, por la experiencia».[7]

Este, creo, fue el origen de la atracción que Tokio ejercía sobre Barthes. Al no haber referentes fijos ni sustancia verbal, el extranjero tenía que utilizar la imaginación y los sentidos en los espacios de la ciudad. Sin duda, el modo de sensibilizarse de Barthes era a menudo deambular y perderse voluntariamente en el intrincado entramando de las calles de Tokio. La de Barthes es una versión moderna del *flâneur* de Baudelaire, que deambula por la ciudad, seducido por una vista o un sonido que le llega de otro punto, sin saber lo que podrá encontrar.

La indeterminación estimulaba sus sentidos. En cierta ocasión, Barthes me llevó a un restaurante japonés de París, un lugar para entendidos donde el menú estaba escrito en japonés, con molestas identificaciones en francés como «sabrosas bolas de pescado» o «sopa de miso con ingredientes extras». Tales descripciones inútiles, vacías de referencias reales, proporcionaban un gran placer a Barthes: «Para saber en qué consiste el plato, pruébalo; y eso es lo que es».

La falta de referentes-guía en Tokio se daba tanto en el centro mismo de la ciudad, como en muchas de las calles laterales. La capital japonesa «brinda esta hermosa paradoja: posee un centro, pero ese centro está vacío. La ciudad entera gira en torno a un lugar prohibido e indiferente a un tiempo, una residencia oculta bajo el follaje, protegida por fosos, habitada por un emperador al que nunca se ve».[8] En cambio, el Louvre o Notre-Dame son puntos de referencia que anclan las actividades a su alrededor.

Así que no había ágora, en el sentido occidental, como lugar geográfico. Pero seguía habiendo un ágora como espacio social. Y esta ágora consistía en gestos a través de los cuales las personas se comunicaban entre sí. Barthes considera estos gestos un teatro cotidiano que une a la gente en espacios físicos que de otro modo son ambiguos o ilegibles, indeterminados. Los gestos teatrales convierten los espacios vacíos en lugares vivos. Es lo que ocurre, por ejemplo, cuando los japoneses hacen una reverencia.

La reverencia suele ir acompañada de un intercambio de tarjetas. Es probable que quien hace la reverencia no conozca el estatus de quien la recibe. Una vez intercambiada la tarjeta y leído el título de la persona en cuestión, la reverencia se ajusta en consonancia. La reverencia japonesa se parece en esto a las reverencias que practicaba Luis XIV. El preciso ángulo de inclinación de la cintura y la rapidez con la que desplegaba los brazos dependía del estatus de la persona a quien el rey estaba saludando. Pero la reverencia japonesa, como Barthes la imaginaba, es un acto de vinculación: abre las puertas a una comunicación ulterior, crea un espacio social.

La palabra «social» es importante en esta versión de la reverencia. *Social*, más que *simbólica*. Esta diferencia surge al contrastar la reverencia japonesa con los gestos de los luchadores franceses, un tema que abordó en uno de sus primeros libros: *Mitologías*. Los luchadores armaban un espectáculo obviamente fingido (en opinión de Barthes): exageraban el dolor y protestaban contra la labor de los árbitros, a quienes acusan de injustos. Hacían hincapié en la injusticia al exagerar hasta qué punto estaba amañado el ring. Muchos de los gestos descritos en *Mitologías* entrañan una homilía de este tipo; es ciertamente una vieja tradición en la literatura francesa, que se remonta a la narrativa de La Bruyère. Con razón o sin ella, Japón le parecía a Barthes una cultura sin tal elocuente bagaje. Una reverencia es una reverencia es una reverencia. Lo que importa es hacerla con propiedad, hacerla con gracia; con el arte que confiere sentido a la reverencia y crea un vínculo social.

El relato de Barthes sobre cómo se abrió camino en Tokio enlaza con su creencia en el vínculo social creado por los gestos bien ejecutados. El espacio de la ciudad es indeterminado; el lugar que uno ocupa en él se crea mediante gestos ritualizados. Su Tokio, visto así, no es un lugar tan extranjero. Como hemos visto en los rituales del *Kaddish*, los rituales corporales obran el mismo tipo de labor de socialización. La reverencia difiere del vínculo de las palabras teorizado por Arendt; estos rituales japoneses no son igualadores: reconocen —ritualizan, de hecho— las diferencias. Los gestos, ante todo, son habilidosos. También aquí hay algo no puramente japonés. Barthes estaba en sintonía con la moda, y en cierta ocasión me dijo: «El aspecto de la gente importa más que lo que dice». Con tal afirmación de factura a lo Andy Warhol quería decir que la moda es como hacer reverencias; hace una declaración, pero es una declaración no personal. El traje o vestido de buen corte es algo en sí mismo; uno responde a ese algo, más que a la persona que lo lleva. (Él era más bien descuidado en el vestir.) El teatro de las calles lo crea el cuerpo artístico, y este teatro corporal es la vía por la que las personas que no se conocen, que nunca se conocerán, podrán sentir un vínculo común.

No es casual, supongo, que el teatro de carpa de Tadao Ando comparta algo de este mismo *ethos*: proporcionar una experiencia estimulante pero fugaz. En cierto modo, la idea de Barthes de los encuentros corporales no es tan diferente de la evocación de Baudelaire de la modernidad como algo temporal y parcial. Todas estas visiones del teatro de las calles comparten con la idea de Arendt del ágora discursiva la creencia de que volverse hacia el exterior es bueno; alejarse de la comunidad, del entendimiento local íntimo y compartido para dirigir la mirada hacia vínculos más impersonales.

En mi opinión, de lo que trata la ciudad abierta es de este giro hacia el exterior. La apertura lleva consigo mucho bagaje, por así decir. La apertura no se produce simplemente eliminando barreras. No acontece con facilidad; hay que trabajar duro para hacer la ciudad abierta. De todas estas opiniones, me inclino más por la de Roland Barthes: los vínculos entre extraños se crean mejor mediante la experiencia física, el gesto, ese gesto, más que natural, mañoso y artificioso –un gesto teatral–. Pero aquí acecha un problema inmenso, como habría de descubrir cuando tocamos música juntos.

12. LOS CUERPOS COOPERAN
El intérprete sociable

Hemos dado por sentado, y con razón, que los intérpretes pueden trabajar juntos. A pesar de los supuestos egos desmesurados de los artistas, en el escenario tienen que cooperar con colegas que no les caen bien o la actuación habrá de suspenderse. Los músicos nos enfrentamos a un problema específico: cuando viajamos, a menudo trabajamos con personas que no conocemos. Es entonces cuando los gestos impersonales nos sirven de ayuda. Son formas de comunicación expresiva con los desconocidos. En la carretera, nos convertimos en japoneses.

Hay un aspecto de la cooperación que se acerca más a la preocupación de este estudio por el carácter no verbal, corporal de la actuación, que atañe a todas las formas de actuación, desde los rituales a las obras de teatro, desde la danza a la música.

La expresión les resulta más natural a las personas que, como dicen los franceses, «se sienten bien en su piel». Todos los intérpretes lo saben; para actuar bien tienen que sentirse cómodos físicamente. Si no están relajados, no se comunicarán con los demás de manera efectiva; los gestos serán rígidos o espasmódicos o distorsionados. Surge una desconexión entre lo que el intérprete siente en su interior y lo que expresa a los demás.

La capacidad de cooperar con los demás tiene su base en el cuerpo. Las personas deben sentirse cómodas las unas con las otras. Trataré de mostrarlo, en primer lugar, describiendo a Roland Barthes tocando el piano. En el capítulo anterior, mi amigo aparecía como un Diógenes cuya lámpara iluminaba el ágora; al interpretar música, su lámpara se apagaba.

I. ROLAND BARTHES TOCA APASIONADAMENTE Y MAL

Al piano

En París, de cuando en cuando, tocaba el piano para Barthes mientras él leía y fumaba. A Barthes le gustaba escuchar las *Barcarolas* de Fauré, piezas con un primor superficial y una belleza más perturbada en el fondo. En algunas ocasiones nos comprometimos de forma más activa, e intentamos tocar el piano a cuatro manos: algo de Schubert y transcripciones de cuartetos de Mozart. Lo que me extrañó sobremanera fue que Roland, un escritor tan sutil, tocara apasionadamente y mal.

Siempre que se topaba con un pasaje difícil –notas que echaba a perder o que sencillamente no sabía tocar–, ralentizaba de pronto el tempo o tocaba con mucha fuerza para enfatizar el sentimiento más que las notas. Muchos músicos *amateur* que se las ven y se las desean con la parte física exageran la expresión. Y al igual que a ellos, a Barthes le preocupaban en exceso sus fallos, lo cual no hacía sino aumentar la probabilidad de cometer más. Era también melindroso en lo relativo al contacto físico, por lo que se alejaba de mí inclinándose hacia un lado. Al ladear el cuerpo de este modo distorsionaba la relación del tronco con los brazos, hasta el punto de no poder utilizar el peso completo de los antebrazos al caer sobre las teclas. Para compensar esta deficiencia tenía que martillear con más fuerza desde las muñecas, exagerando con ello momentos que no tenían nada de apasionados.

La ansiedad desbordaba la naturalidad. En la *Fantasía en fa menor* para piano a cuatro manos, de Schubert, por ejemplo, una nota de gracia del do al fa y vuelta al do viene al principio del movimiento de apertura para orientar a la mano derecha que «canta», y luego el pequeño giro reaparece a lo largo de todo el movimiento. Sienta muy bien tocar este giro, porque estabiliza la mano en el teclado y libera tensión. Pero Barthes, por lo que pude ver, no sentía el placer de tocar ese aderezo. En lugar de hacer un gesto gracioso, irrumpía en la melodía, martilleando el do inicial. Esto distorsionaba la pequeña frase de dos notas, y el do acentuado sonaba arbitrario.

Como sucede de modo más general, los movimientos de un cuerpo tenso suelen ser espasmódicos o descontrolados porque una persona presa de la ansiedad física está demasiado absorta en sí misma para gesticular con libertad. La orden «¡Relájate!» rara vez conseguirá que alguien se relaje: solo conseguirá que se ponga más tenso.

Un desconocido que escuchara a Barthes tocar el piano podría llegar a la conclusión errónea de que no entendía la música, lo cual no era el caso; escribió bellamente sobre ella. El desconocido caería en la cuenta acertadamente, sin embargo, de que en esos momentos críticos Barthes no respondía a su entorno, y hacía caso omiso a la ceja levantada con la que yo pretendía avisarle de la entrada que se acercaba, y no respondía a los *ritardi* que le proporcionaba para darle más tiempo para ejecutar una carrerilla. Estaba demasiado ensimismado en sus dificultades para sintonizar con alguien. Abrumado por la ansiedad, su «cuánto lo siento» iba en detrimento de la conciencia de los demás.

Roland Barthes sabía que algo iba mal en su forma de interpretar el arte que amaba. En el ensayo *Música práctica* declaraba que «hay dos músicas [...], la que se escucha y la que se toca. Son dos artes totalmente diferentes». Uno nace del «deseo de hacer música», mientras que el otro «libera al oyente de toda actividad [...], y elimina en la esfera de la música la noción misma de hacer». Esa división en dos no hacía feliz a Roland Barthes: «Soy», me comentó después de una crisis de errores, «un "autoalienado"».[1]

Idealización

Fue la idealización lo que vino a interponerse en el camino de Barthes. Goethe describió la idealización en su novela *Las penas del joven Werther*, en 1774. Werther eleva a Charlotte al único amor, el amor perfecto, pero se trata de un amor desesperado: nunca podrá poseerla. Nuestro héroe se suicida. (Se cree que el libro inspiró una oleada de suicidios entre sus lectores más jóvenes.) La obra se hace eco del amor del propio Goethe por Charlotte Buff, comprometida ya con otro pretendiente. Cuanto más frustrado se sentía él, más angelical parecía ser Charlotte. En contra de la idealización, Goethe acabó encontrando el placer en Italia, caminando por un limonar, oyendo el tañido de las campanas, vagando por las calles a primeras horas de la mañana; yo diría que en general es cierto que los amores físicamente sencillos son mejores para nosotros que las pasiones humanas idealizadas.

Barthes fue un gran autoanalista del daño que puede

causar la idealización; esta inspira algunas de las páginas más tristes de sus escritos. En el ensayo *Fragmentos de un discurso amoroso*, describe la espera en un café a que un galán le llame por teléfono. El silencio del aparato provoca una escenografía de la espera. De hecho, había decenas de jóvenes enamorados de Barthes, pero no figuraban en su experiencia del deseo. El que no llama debe de ser el amor de su vida: tan guapo, tan inteligente, el ideal mismo del ser amado. «El ser que estoy esperando no es real», reconoce, y a continuación cita al psicólogo R. W. Winnicott: «Lo creo una y otra vez, partiendo de mi capacidad de amar, partiendo por mi necesidad de ello». La descripción de Barthes de la espera del timbre del teléfono en el café Odeon también es un eco de la canción «Die Taubenpost», de Schubert; ambas evocan la *Sehnsucht*, el anhelo puro, el canto de sirena de Eros. En él, deseo y ausencia son inseparables.

Experimentar la incomodidad física tiene su lado bueno en todo arte. Enfrentado a la resistencia, el artista puede implicarse más que cuando las cosas se presentan fáciles. Además, el intérprete se mide a sí mismo frente a un estándar ideal de cómo debería sonar la música. Como hemos visto en el capítulo 3, creer en una forma correcta, que de momento es su manera, combate la resistencia; estás luchando, sí, pero luchas para hacerlo bien.

¿Qué pasa, sin embargo, si uno no lo hace? Al igual que con intérpretes como Barthes, si crees que no puedes responder al reto, que no estás a la altura de una actuación, te sentirás aún más empujado hacia el interior de ti mismo. Ya hemos visitado la experiencia de no estar a la altura de una actuación. Fue la crítica de Herbert Marcuse al principio del rendimiento en el trabajo cotidiano: la brecha vergonzosa y paralizante entre el trabajador ideal que deberías ser y el que realmente eres. En los muelles, tal brecha impulsaba a los trabajadores a replegarse en sí mismos y a beber más copiosa y silenciosamente a medida que transcurría la tarde.

El reto en el arte, el amor y el trabajo es el mismo: «desidealizar» lo que haces, pero esforzándote por hacerlo bien. Tal desafío, creo, puede afrontarse en el propio cuerpo.

II. EL CUERPO EN CALMA

Voy a dejar un momento a Barthes batallando con el piano para describir cómo se ha operado la desidealización en los violonchelistas. El problema surge cuando nos enfrentamos a una dificultad inherente a nuestros instrumentos.

Vibrato

En un instrumento de cuerda, el vibrato es un movimiento de balanceo de la mano izquierda sobre una cuerda que colorea una nota en torno a su tono preciso; las ondas del sonido se extienden en el vibrato como ondas de un estanque en el que se ha arrojado una piedra. El sonido vibrante no es exclusivo de los músicos de cuerda; los cantantes producen vibraciones en la laringe; los trompetistas en los labios temblorosos. En los instrumentos de cuerda, la yema del dedo realiza el contacto inicial, aunque la energía para vibrar viene de más atrás, de la articulación del codo, y el movimiento pasa a través del antebrazo a la palma de la mano y luego a la yema del dedo.

La dificultad del vibrato en el violonchelo reside en que el instrumento no es en absoluto fácil de tocar. Puede emitir un sonido áspero cuando el violonchelista toca las notas mi y fa en la cuerda sol, un sonido semejante al balido de

243

una oveja. El defecto puede empeorar cuando el violonchelista vibra en la zona de peligro; entonces suena a estática de radio. La dificultad de manejo surge a causa del tamaño del chelo. Las notas altas del instrumento están lejos en el diapasón, en lugar de cerca de la mano. Para acceder al punto requerido, la mano izquierda ha de situarse en posición de pulgar, lo que significa que el pulgar tiene que desplazarse desde debajo del mástil hasta las propias cuerdas, movimiento que desencadena una resistencia mínima en el subclavio, el músculo que conecta la axila con la masa pectoral. Vibrar en la posición del pulgar provoca con frecuencia la tensión del subclavio.

¿Cómo puede el intérprete conectar con un instrumento que no es muy «amable»? El violonchelista quiere evitar que la dificultad física deforme la expresión. Describiré brevemente algunas formas de hacer frente a este reto en el cuerpo, de forma natural, y más artificialmente utilizando una máscara.

Fuerza mínima

La manera más sencilla de relajar el cuerpo es emplear la mínima fuerza al tocar el instrumento. Cuando era adolescente toqué una vez el Quinteto para violonchelo, de Schubert, con la chelista Madeline Foley, que se mostró fascinada por los famosos pasajes del movimiento lento en los que el segundo chelo puede quedar atrapado en la zona de peligro de la cuerda sol. Descubrió que el feo ruido podía transformarse llevando el arco hacia atrás, hacia el cuello, cuando comenzara el balido, al tiempo que se atenuaba la presión sobre el arco. Por descontado, la fuerza mínima puede ayudar en todo tipo de música. Cuando Maria Callas se adentró en un terreno difícil en la ópera *Norma*, de Bellini, contuvo el volumen de la respiración en lugar de forzar el flujo de aire a través de la tráquea.

Trabajar con ambigüedad

A los principiantes en instrumentos de cuerda se les suele enseñar a tocar notas en sintonía con el maestro pegando pequeños trozos de cinta adhesiva en el diapasón, para que sepan dónde poner los dedos. Sin embargo, una vez que se retiran las en apariencia útiles cintas, los alumnos suelen sentirse contrariados al encontrarse con que la superficie ahora en blanco no ofrece ninguna pista sobre dónde han de ir exactamente los dedos. Un procedimiento mejor es dejar el diapasón sin cinta. Al tener que buscar desde el principio dónde deben ir los dedos, el alumno acaba estableciendo un contacto más seguro y relajado con el diapasón.

Kyudo

La tercera forma de relajarse al encontrarse con una dificultad, en lugar de abordarla de inmediato, es detenerse y no hacer nada durante un instante. Podrá darse un momento en el que uno se quede en blanco, en el que se deje de sentir ansiedad porque no se sienta nada; entonces uno empieza a tocar, y a menudo se sorprende al darse cuenta de que está tocando bien. Un poco de filosofía zen nos enseña por qué sucede esto. En 1948, el filósofo Eugen Herrigel describió, en *Zen en el arte del tiro con arco*, cómo un arquero aprende a sostener el arco en una práctica zen llamada *Kyudo*. En trance, «el arquero deja de ser consciente de sí mismo como alguien que se dedica a dar en la diana que tiene delante. Este estado de inconsciencia se alcanza solo cuando, completamente vacío y libre del yo, el arquero se vuelve uno con el perfeccionamiento de su habilidad técnica [...]». La esencia del *Kyudo* es disciplinarse para no hacer nada: así, apartando la mirada de la diana, es como se entra en el *Kyudo*; del mismo modo, al interpretar música, apartar la mirada de la partitura o, mejor aún, cerrarla es un ritual que te prepara para tocar mejor.[2]

El miedo de Barthes a tocar puede abordarse mediante el *Kyudo*. Los compañeros al piano se sientan en silencio, sin hacer nada, pero con los muslos juntos. Tal es la mediación del *Kyudo*. En el transcurso de unos minutos, la ansiedad sexual o el simple remilgo pueden desaparecer. Cuando el ejercicio termina y los participantes empiezan a tocar, no se apartan unos de otros, y eso hace que sus cuerpos se tensen; los muslos se sienten cómodos con los muslos. No puedo asegurar que la experiencia haya tenido éxito con Roland Barthes, pero he comprobado que funciona cuando se enseña a chicos y chicas a tocar el piano a cuatro manos.

Artificio que permite la naturalidad

El problema de Barthes permite otra clase de solución completamente diferente si el actor lleva determinado tipo de máscara.

Hace casi un siglo, el diseñador de vestuario Amleto Sartori ideó tal máscara tensando cuero sobre un molde de madera, y dándole la forma de rostro completo, rígido, sin expresión alguna y normalmente pintada de blanco. Sartori había estudiado con detalle la enorme variedad de máscaras de medio rostro de la *commedia dell'arte*, pero rechazaba las expresiones y caracterizaciones fijas que transmitían, ya que el actor tenía que comportarse en consonancia con las máscaras que llevaba. Sartori quería liberar al actor de la exigencia de actuar conforme al uso. Tampoco estaba de acuerdo con el maquillaje de mimo utilizado por Marcel Marceau y otros maestros de este arte. El rostro del mimo realizaba un trabajo expresivo excesivo –o al menos eso pensaba Sartori–, en detrimento de los gestos del resto del cuerpo del mimo. (Lo cual es erróneo, por cierto: un gran mimo como Marcel Marceau utiliza de forma expresiva todo el cuerpo.)

No obstante, Sartori hizo un descubrimiento importante. Llevar una máscara neutra puede relajar el cuerpo del actor. No mostrar nada en el semblante significa que toda la energía se vuelca en los movimientos físicos. Muchos músicos llevan a cabo un descubrimiento similar. Si uno no gesticula, suspira o dibuja una sonrisa arrebatada cuando actúa, lo hará de forma más natural, y el oyente se involucrará más con la música que si subraya lo mucho que uno está sintiendo.

Después de la Segunda Guerra Mundial, Sartori trabajó con Jacques Lecoq, que se había formado como mimo. Enseñaron a una larga lista de actores y directores a utilizar la máscara neutra para liberar el cuerpo, y su labor inspiró a creadores teatrales tan diversos como Giorgio Strehler y Ariane Mnouchkine. La lógica de la máscara de Sartori habría mostrado su obviedad a cualquiera que hubiera visto a los bailarines del centro urbano en 1963, sobre todo en el estudio neoyorquino de Merce Cunningham. Si un bailarín esbozaba una sonrisa o mostraba cualquier otra expresión facial, los profesores de Merce a veces le gritaban: «¡Sonriendo!», a modo de reproche. En la parte alta de la ciudad, los profesores que trabajaban con el maestro de ballet George Balanchine hacían algo parecido, que la bailarina y profesora Alexandra Danilova llamaba «aclarar la cara». La cara se mantenía inexpresiva para que los bailarines concentraran sus energías en el movimiento.

La máscara de Sartori resulta particularmente útil si uno actúa desnudo. Hoy en día, la danza desnuda es una experiencia bastante aburrida, pero hace cincuenta años era algo muy impactante para el público, y muy incómodo para los intérpretes, como en el caso de los bailarines del Judson. Se les miraba para satisfacer fantasías sexuales voyeristas en lugar de ser contemplados por su arte. Llevar la máscara de Sartori los ayudaba a aliviar esa incomodidad. Con el rostro cubierto, bailaban con mayor libertad, porque lo hacían como cuerpos anónimos.

La máscara en blanco como artificio que permite la naturalidad se remonta a los debates sobre el gesto que tenían lugar en la época de Diderot. Imaginemos a Madame Alexis en el papel de Fedra, alzando muy despacio el brazo izquierdo hacia el hombro de su hijastro Hipólito, a quien Fedra desea sexualmente. La pasión no se detecta en el rostro de Madame Alexis; su semblante está en blanco. Toda expresión emana del gesto de posar el brazo en el hombro del actor que interpreta a Hipólito, que tampoco reacciona facialmente. Esta es la idea de Sartori del artificio que libera el cuerpo para que sea expresivo, cuando la cara misma se ha convertido en una máscara.

En el siglo XIX, y sobre todo con el advenimiento de la ciencia darwiniana, se sentó que los gestos faciales revelaban lo animal que había en nosotros. En *La expresión de las emociones en los animales y en el hombre* Darwin adelantaba la idea de que los gestos faciales y corporales de los animales eran involuntarios –genéticamente programados, como diríamos hoy–. Las pruebas humanas de Darwin proceden en gran medida de fotografías de pacientes mentales, que gesticulan de dolor, o de gente que ríe, impotente, o presa de los coletazos de la ira; son estas imágenes de gente en situación extrema, incapaz de controlarse, las que compara con las expresiones de simios u otros mamíferos superiores.[3]

El libro de Darwin establecía una distinción errónea que sigue funcionado hoy. Consistía y consiste en dividir lo natural de lo artificial, en suponer que los artificios como la máscara de Sartori son engañosos, al ocultar lo que la gente siente realmente. Lo cierto es que necesitamos el artificio para liberarnos de forma natural, para expresarnos físicamente. El artificio, *in extremis*, doma el cuerpo: crea un abanico de expresiones naturales más amplio que las expresadas por personas enfurecidas o que ríen fuera de control. Pero lo importante sobre el artificio, o sobre las técnicas corporales como el *Kyudo*, o la utilización mínima de la fuerza, es que estas formas de relajar el cuerpo permiten a las personas trabajar con facilidad unas con otras. El cuerpo relajado puede convertirse con facilidad en un cuerpo que coopera.

III. COOPERACIÓN SIN PALABRAS

Al proponer este argumento, he de admitir un prejuicio. Cuando ensayo, detesto las discusiones sobre las intenciones del compositor, las disquisiciones sobre el contexto cultural y cosas por el estilo, y prefiero alzar una ceja, soltar un gruñido o inclinar levemente el torso para comunicarme con los demás. Estas señales no verbales no detienen el flujo del juego conjunto, lo cual también es cierto en los deportes y, en general, en grandes aéreas del trabajo. La expresión no verbal permite a plantillas de cocineros, obreros de la construcción o cirujanos comunicarse eficaz y eficientemente sin necesidad de detenerse para explicar lo que están haciendo. Desde el punto de vista verbal, la cooperación se describe demasiado a menudo como un contrato, como un objetivo acordado con personas que se prestarán a perseguirlo juntas. Se trata de una visión superficial, porque las personas tienen que trabajar juntas, ver lo que es posible y lo que no, a fin de saber luego cómo relacionarse unas con otras. Igual que se piensa erróneamente que la cooperación es contractual, se piensa también que la cooperación debería funcionar como un reloj, cada individuo ocupándose de una parte especializada que soporta las actividades de los demás. El sociólogo Émile Durkheim llamó a esta imagen de colaboración eficaz «solidaridad mecánica». La colaboración más profunda se pone en marcha cuando se tiene entre manos una tarea difícil, de forma que la gente que trabaja junta necesita hacer un esfuerzo de comprensión mutua en lugar de limitarse a cumplir con la tarea especializada asignada. Las circunstancias inesperadas exigen interpretaciones sobre el terreno, igual que las operaciones militares en el campo de batalla. Un soldado que se limita a cumplir las instrucciones de un cuaderno militar no va a ayudar a que funcione como es debido su escuadrón o su compañía. Más que un contrato, la cooperación es un proceso no verbal.

Cooperación sin palabras en una jerarquía

El mayor error a la hora de entender la cooperación es pensar que se trata de un proceso compartido entre iguales. Y es precisamente aquí donde los ensayos musicales resultan esclarecedores. Al ensayar con un director de orquesta, se supone que los músicos siguen las órdenes de un superior que les dice lo que tienen que hacer. Pero esto es solo en teoría. En la práctica, ni siquiera el director más dictatorial puede dar instrucciones explícitas para cada nota a treinta músicos, y mucho menos a un centenar. Como el director y los músicos se comunican de forma no verbal, el director tiene que hacer un gesto –normalmente un simple movimiento de la mano, alzar una ceja o mirar fijamente–, que el músico traduce presionando con más fuerza el arco, soplando la trompa con más suavidad o golpeando el tambor más cerca del aro en lugar de en el centro.

Además, existe una retroalimentación desde el suelo hasta el podio. La mayoría de los directores de orquesta, incluso los más autoritarios como Toscanini, modifican las señales que dirigen en respuesta a cómo las interpretan los músicos de la orquesta. El trabajo de Toscanini con la orquesta de la Scala de Milán era muy diferente de los métodos que empleaba cuando dirigía su propia NBC Symphony neoyorquina. La retroalimentación está integrada en las señales con las que un director marca el ritmo de los músicos. El director tiene que oír el sonido un instante antes de que tenga lugar físicamente, para indicar a los músicos lo que ha de suceder; si la batuta del director cayera exactamente en el tiempo o en un cambio de volumen, sería demasiado tarde: el sonido ya se habría producido. El director va siempre por delante, de forma que puede dirigir. A su vez, los músicos tienen que juzgar cuándo responder antes de que el brazo del director llegue al final de su movimiento. De nuevo, esperar a que el brazo se extienda por completo sería demasiado tarde. El buen director, incluso cuando dirige a intérpretes desconocidos, se dará cuenta de esa respuesta y ajustará la velocidad y el estiramiento del brazo.

Las explicaciones sobre la dirección de orquesta a menudo incluyen una tabla de gestos manuales para los diferentes tiempos. Si el tiempo es de tres medidas por compás, el director deberá ondear las manos en triángulo; si es de cuatro tiempos por compás, habrá de hacer un movimiento hacia abajo, y luego de lado a lado, y luego hacia arriba, y así sucesivamente para cada compás. Estas imágenes suelen ser guías que se autodestruyen. (Cuando estudiaba en el conservatorio, una de mis bromas-torturas preferidas era darle a un aprendiz de director la partitura de la ópera *Carmen*, de Bizet. Siguiendo el método estándar de las señales manuales, el director se verá enseguida en un lío, ya que los compases de muchas de las arias cambian con frecuencia y los tempos lo hacen también con mucha fluidez.) Creo que lo mismo ocurre con las imágenes que Darwin recopiló para su libro sobre la expresión. Las expresiones de pacientes maníacos con dolor nos dicen que esos pacientes sufren, pero no te brindan ningún modo de entender cómo es exactamente ese dolor para poder responder a él con empatía.

En suma, los gestos físicamente relajados y expresivos como los utilizados en la dirección median entre desiguales. Resultados de la cooperación.

Tuve el privilegio de experimentar este tipo de cooperación sin palabras durante una semana bajo la batuta del anciano Pierre Monteux, aunque los comentarios que siguen provienen de grabaciones más que de mis ahora débiles recuerdos de hace sesenta años. En 1943 creó una escuela de dirección en Hancock (Maine), donde, entre mosquitos rollizos y en noches heladas de verano, reunía a músicos jóvenes que participaban en una orquesta y a quienes instruía en el arte de la dirección. Parecía frágil si te fijabas solo en su espalda encorvada o reparabas en cómo arrastraba los pies cuando iba y venía del podio. Para los músicos con los que se encaraba, la cosa era diferente. Al dirigir la Octava sinfonía de Beethoven con la Sinfónica de Chicago en 1961, por ejemplo (filmada y aún disponible en YouTube), consigue un sonido asombroso de los músicos, a veces exuberante, a veces salvaje, a veces tan rítmicamente pulsante que podía bailarse. Estéticamente, la música suena natural y sin forzamiento alguno, un resultado logrado técnicamente por el director y sus pequeños gestos dirigidos a los músicos, a veces solo una elevación de la muñeca izquierda a los segundos violines, o un ligero giro del cuello hacia la derecha para mirar a los timbales.[4]

Estos gestos miniaturizados se guardaban en la llamada «caja Monteux», un rectángulo imaginario enmarcado horizontalmente por el espacio entre los hombros, y verticalmente por el espacio entre el cuello y el vientre. En parte, la miniaturización obligaba a los intérpretes a concentrarse en él visualmente: no había grandes indicaciones como los giros de cuerpo entero de Leonard Bernstein, que uno podía seguir sin enfocar con demasiada precisión. Y, como la caja de Monteux es en gran medida invisible para el público, la audiencia presta atención a lo que oye, en lugar de hacer como con Bernstein, que lo ven bailar. Monteux animaba a los intérpretes a mirarse unos a otros, y a él mismo, desde sus partituras impresas, y los músicos lo hacían, imitando las mismas señales leves de cejas levantadas o inclinaciones hacia delante que les llegaban desde el podio.

Para que la caja de Monteux funcione, el director necesita estar cómodo, relajado, a fin de hacer pequeños gestos –un cuerpo tenso tiende a hacer gestos mayores, y a menudo más convulsos–. Y la dirección de Monteux ejemplificaba el lado social de la gestualidad ambigua. Ocurría cuando hacía lo que se conoce como el «encogimiento de Monteux». Una ligera elevación de los hombros indicaba que no todo iba bien y que tendríamos que repetir el pasaje. El encogimiento de hombros, sin embargo, no indicaba qué había ido mal. En los ensayos, Monteux solía dejar la solución en manos de los intérpretes, en lugar de expresar con palabras cómo solucionar el problema.

253

El encogimiento de hombros ejemplificaba un uso social de la ambigüedad. Mi experiencia en las orquestas profesionales me dice que la resolución de un problema ambiguo puede darse con rapidez –basta un encogimiento de hombros seguido de la repetición de un pasaje para que todo se arregle–. No es algo tan misterioso; una vez que el movimiento corporal parece correcto, el sonido se corrige. Los relámpagos de la inspiración, tan apreciados por los directores artísticos y los publicistas, raras veces surcan la sala de los ensayos. En su lugar, una cooperación más silenciosa, corporal y sin palabras hace que los ensayos avancen.

Entre iguales

La cooperación sin palabras puede funcionar en entornos en los que los participantes son iguales. Una vez más, la práctica musical ofrece ejemplos instructivos, entre los que elegiré los ensayos del Cuarteto de cuerda, de Debussy, pieza que he ensayado muchas veces para interpretarla en público. Escrita en los comienzos de la vida del compositor, se trata de una pieza radical; en palabras de Pierre Boulez, el cuarteto liberó a la música de cámara de su «rígida estructura, de la retórica glacial y la estética severa». Ello se traduce en pasajes fluidos en el movimiento de apertura, cuando un instrumento ha de tomar el relevo de otro de forma natural, como si estuviera tocando un solo instrumento. ¿Cómo conseguirlo en los ensayos? Si los músicos tocan sus entradas y salidas sin ninguna expresión (ni hinchiéndose ni desvaneciéndose), empezará a tomar forma una conexión sin fisuras, como tuberías que encajan sin ninguna unión visible. El *Kyudo* aparece aquí como la suspensión momentánea de la expresión a fin de hacer posible la cooperación conjunta.

254

Entre iguales, la cooperación corporal puede parecer sencilla, en especial si los intérpretes han trabajado juntos durante un tiempo. Pero, aun así, la cooperación suele ser abierta. Una ceja levantada podría significar tanto que vamos demasiado deprisa como que vamos demasiado despacio. En el Debussy, la tensión puede hacer que un intérprete envíe una señal falsa, como una oleada, que los demás intérpretes pueden captar e imitar, simplemente porque todos están en pie de igualdad, y nadie está al mando. Si las cosas se pueden arreglar, la reparación consistirá en cómo se siente el gesto. Si libera tensión, se comunicará a los demás en pequeños detalles, como inclinarse de pronto hacia delante en lugar de sentarse rígidamente hacia atrás, gesto de alivio de tensión que los demás intérpretes captarán sin dificultad. Esto se ve a menudo en una actuación: inclinarse hacia delante es un gesto que parece pasar de intérprete en intérprete. Sus cuerpos se están comunicando.

La cooperación se ha convertido en un mantra en la oficina moderna, sencillamente porque es muy escasa. Los músicos en los ensayos muestran cómo podría mejorarse la cooperación en la vida cotidiana: una sugerencia obvia sería que la gente dejase de hacer Zoom o de enviar correos electrónicos y trabajase cara a cara, físicamente juntos, comunicándose físicamente. Pero estas prácticas de ensayo son importantes para los artistas, dentro de un marco más amplio de creación artística.

En todo trabajo creativo se da una tensión entre proceso y producto. Trabajar incesantemente sobre una pieza musical o un poema –el arte como puro proceso–, comienza, llegado cierto punto, a degradar la obra. El autor se cansa o empieza a preocuparse de detalles que distraen del conjunto. En un momento dado, el proceso ha de detenerse; es decir, el artista tiene que aprender a rendirse. Por otra parte, el arte impulsivo, en el que un arrebato creativo se deja intocado y se presenta como producto final, suele ser también mal arte (nuestros primeros impulsos no suelen ser los mejores).

El culto al impulso, a la espontaneidad en el arte, se apodera a veces de los artistas, hasta el punto de afirmar que la verdad y la autenticidad no son premeditadas. Los artistas escénicos no pueden permitirse sucumbir a este culto. Necesitan trabajar con otros colegas que no son calcos exactos de ellos, y que tendrán por tanto otros impulsos diferentes. Pero, aun así, el intérprete puede trabajar de forma natural trabajando de forma no verbal. Tal trabajo requiere disciplina, o, por decirlo de manera diferente, la naturalidad requiere artificio. El resultado de este trabajo corporal será que el intérprete se convertirá en un artista sociable, receptivo a los demás en un arte intrínsecamente colectivo.

13. EL INTÉRPRETE INVENTA
Improvisar y cortar

Recordamos que la antigua palabra griega para creación, *poiesis*, significaba «hacer algo que antes no existía». La mayoría de los intérpretes no pueden practicar el arte en estos términos. Siempre hay un texto, una partitura, una coreografía que estamos representando; podrán interpretarse de formas distintas, pero el resultado es siempre un punto de partida. Lo que significa, por supuesto, que la libertad del intérprete es limitada. Sin embargo, ningún buen violonchelista anunciaría, orgulloso: «Ahora toco las suites de Bach exactamente igual que hace veinte años».

Las páginas siguientes exploran cómo el intérprete lleva a cabo la modificación de una interpretación. En mi opinión sesgada de persona de edad avanzada, solo en las últimas etapas de la vida los intérpretes entienden realmente cómo hacerlo, un regalo que el envejecimiento hace al arte, aunque lleve aparejada una cruel ironía. Al músico de edad avanzada se le debilita la sujeción manual; el actor artrítico ya no puede andar dando brincos por el escenario; el sino del bailarín, quizá el más cruel, es que se le considera profesionalmente viejo al comienzo de la edad madura. Estos decaimientos aparecen justo cuando el intérprete ha profundizado y madurado su comprensión de la música, el guión o la coreografía. Pero un intérprete no puede quedarse paralizado por la ironía de saber más y poder hacer menos. Pueden surgir nuevas formas de interpretar una partitura, un guión o una coreografía: las dos más importantes, a mi juicio, son la capacidad de improvisación y el conocimiento de lo radicalmente que se pueden eliminar las cosas.

En general, envejecer percibiéndolo como una pérdida hace un flaco favor al intérprete y a los demás; un compañero que se ha ido no querría que el superviviente se sumiera en una pena interminable. Al igual que las lecciones tienen su origen en los ensayos musicales sobre la cooperación en la vida, los modos de renovarse de los intérpretes de edad avanzada pueden tener un mayor alcance.

I. ALBERTA HUNTER IMPROVISA

Pérdida

Renovarse a través de la improvisación marcó la historia de una cantante de jazz anciana, Alberta Hunter, que abandonó su retiro para transformar una obra de arte icónica. El soporte de su historia es el legendario empresario Barney Josephson, que en 1968 creó el Cookery* –bar, restaurante y club de jazz en la Calle 8 con University Place, en Manhattan–. El Cookery no habría ganado ningún premio de arquitectura, pues no era sino una gran sala acristalada en la planta baja de un edificio de apartamentos. A la hora del almuerzo servía comidas sobre todo a profesores de la Universidad de Nueva York. Limpio y anodino, el local parecía

---

* Cocina. *(N. del T.)*

un augurio de la gentrificación que habría de erosionar la bohemia de Washington Square.

Pero, a partir de las nueve de la noche, el Cookery cambiaba de carácter. En los años setenta, era uno de los pocos locales de la ciudad donde se podía escuchar jazz de alto nivel; otro de esos locales era el Blue Note, unas manzanas más al sur. También era uno de los pocos locales de fuera de Harlem que daba la bienvenida a la clientela negra.

Josephson rompió el molde del entretenimiento con la que quizá sea su producción más famosa, en la que la cantante Billie Holiday interpretó «Strange Fruit», canción sobre el linchamiento en 1930 de dos hombres negros, Thomas Shipp y Abram Smith. Escrita por Abel Meeropol, la letra es indirecta, y se tarda un rato en sentir que los dos cadáveres colgados son como frutas en los árboles. La música es más bien suave, susurrada más que voceada; su tesitura –la gama de notas graves a agudas– es comprimida. Cuando Holiday interpretó «Strange Fruit» por vez primera en 1939, Josephson dispuso que se presentara de forma contenida. Se utilizó iluminación de focos en una sala habitualmente en penumbra. Durante la interpretación de la canción –que cerraba la actuación de Holiday– no se servía comida ni bebida. La gente, abrumada por la historia, no solía aplaudir, y no había bis.

En el Cookery, Josephson pidió a la anciana Alberta Gunter que cantara «Strange Fruit» recreando el célebre tema cuarenta años después. Descubrí que le gustaba que la llamaran *miss* Hunter, como muestra de respeto y para hacer hincapié en el hecho de que no pertenecía a ningún hombre. Había vivido años con otra mujer, Lottie Tyler, tanto en Nueva York como en Francia. En la madurez de *miss* Hunter se produjo una crisis cuando murió su madre, y la artista dejó el canto para trabajar durante décadas de enfermera de hospital.

En esta etapa actuó solo muy de cuando en cuando, de forma que cuando volvió al Cookery tenía ya una edad avanzada y destilaba miedo al público a raudales. Además, la decadencia de sus cuerdas vocales significaba que incluso la limitada tesitura era demasiado para ella; «decadencia», en comparación con las asombrosas interpretaciones que había grabado a pleno pulmón en los años treinta.

Improvisación

Para hacer frente a estas dificultades, Hunter empezó a practicar el *scatting*, una forma de interpretar de largo arraigo que ella reinventó en parte para enfrentarse a sus discapacidades. El *scatting* consiste en utilizar sílabas o sonidos en lugar de palabras enteras, tratando las sílabas como las notas de un saxofón, una trompeta o un bajo. Así, el *scatting* de jazz incorpora al cantante en un grupo de músicos, en lugar de diferenciarlos. Alberta Hunter actuó a finales de los años veinte con Sidney Bechet, el saxofonista que difundió la improvisación basada en el blues tradicional; para trabajar con él, primero empezó a hacer *scatting*.

La improvisación en el jazz de los comienzos seguía el principio del «soplo», encajando los vuelos melódicos en estructuras armónicas preexistentes. Durante la era del bebop de los años cuarenta, la improvisación se hizo más compleja armónicamente, como se refleja en las grabaciones de Hunter de esa época en Londres, por ejemplo «Down Hearted Blues», una pieza que ella misma había escrito. La era del bebop forjó nuevas formas de improvisar cristalizadas por el trompetista Charlie Parker (1920-1955). Organizaba improvisaciones en torno a la «focalización», en la que los fundamentos armónicos solo se revelan lentamente a medida que el intérprete toca. A diferencia del soplo, el curso de una línea no sigue una progresión de cadencia establecida. Parker estructuraba el desarrollo armónico según lo que técnicamente se denomina relaciones de «3 a 9 bemol» en un acorde. El 9 bemol no sirve como tono principal, como lo haría una 7.ª disminuida, resolviendo la armonía; en cambio, este tramo más largo y disonante enmarca nuevas exploraciones que se liberan de esta tensión en otras claves.

Cuando se le planteaba un reto técnico en el Cookery, *miss* Hunter recurría a la técnica de Parker, adaptándola a su voz. (Me baso en las notas que tomé en su momento, dado lo musicalmente sorprendentes que eran estas actuaciones.) Cantaba sílabas, pero las afinaba a la manera del bebop, de forma que al final se extendían entre el 1 y el 9 bemol, que era lo máximo a lo que podía llegar (las notas las separa medio paso más de una octava). Una vez que establecía la relación, su pianista tomaba el relevo en largas improvisaciones que le permitían descansos de la voz.

Este tipo de improvisación, que modifica una técnica aprendida en el pasado, no es, por supuesto, solo musical. Sirvió también, por ejemplo, al coreógrafo de edad avanzada Merce Cunningham. Fue la figura paterna que presidía a los bailarines Judson de mi juventud, que en los años noventa tuvieron que enfrentarse al envejecimiento de sus propios cuerpos. Para entonces, el cartílago de Cunningham había desaparecido en gran medida de las articulaciones de hombros y rodillas, lo cual le producía dolor cada vez que se movía. Creó algunas obras totalmente nuevas para eludir ese dolor, recurriendo a la tecnología digital para interactuar en la pantalla con bailarines más jóvenes, como en la pieza *Hand-drawn Spaces*, de 1998. Pero cuando bailaba él mismo, remodelaba movimientos que había diseñado años atrás, haciendo un mayor uso de las muñecas y añadiendo un movimiento lateral de las piernas que no forzaba las articulaciones de las rodillas.

Estos podrían parecer pequeños cambios y, como en el caso del *scatting* de *miss* Hunter, innovaciones sin gran calado. Pero eran de gran importancia para los intérpretes en proceso de envejecimiento. Encontraron una nueva libertad de expresión cuando ya no pudieron seguir rindiendo físicamente. En cierto modo, esta sensación de libertad no es muy distinta de la libertad que los músicos de cualquier edad pueden experimentar al improvisar a partir de una partitura impresa.

Improvisar a partir de una partitura

La coronación de Popea, de Monteverdi, es un buen ejemplo de los paralelismos entre improvisar en el jazz e improvisar sobre un texto impreso de música clásica. La trama de Popea habría provocado un infarto a Juan de Salisbury, ya que trata del triunfo de una prostituta que consigue hacer asesinar a la esposa de un rey y que la coronen reina a ella. Como celebración de la autoconstrucción inmoral, Pico también habría odiado este argumento. Pero su interpretación resulta estimulante, ya que hace que tanto cantantes como músicos sientan una sensación de libertad mientras improvisan.

A finales de la Edad Media, la música aún no se imprimía, y los músicos aprendían principalmente escuchando cantar, soplar o puntear a los demás músicos. Incluso cuando existían partituras escritas para la música vocal, solían mostrar tan solo una línea fija; las otras líneas se rellenaban gracias a las tradiciones de ritmo e instrumentación que el intérprete había aprendido. Esta situación cambió en la época del Renacimiento, cuando la imprenta fijó los sonidos

262

sobre el papel. La música impresa serviría al maestro compositor del Renacimiento Josquin des Prés (*circa* 1450/1455-1521), en parte porque su música era compleja en un sentido nuevo. Josquin daba el mismo valor a cuatro o seis partes voces; las voces interactuaban melódicamente, y la textura de su interacción era cada vez más densa en lo armónico. Una música de tal densidad debía escribirse para interpretarse; gracias en gran medida a la imprenta, el intérprete se convirtió en siervo del compositor.

La música impresa podía, pues, parecer que limitaba la libertad de improvisación del músico. Pero lo que en realidad hizo fue posibilitar que surgiera otro tipo de libertad, como quedó patente en *La coronación de Popea*, de Monteverdi.

Cuando Popea se enfurece, por ejemplo, el cantante puede transmitirlo añadiendo repeticiones cortas y agudas de la misma nota, lo que se conoce como «trino». El cantante tiene que averiguar cómo hacer que esas ráfagas tartamudeantes suenen furiosas: ¿deben aumentar el volumen poco a poco o estallar en una repentina explosión que acaba agotándose? Para decidir, el intérprete ha de entender qué es lo que ha enfurecido al personaje: ¿un desastre súbito, imprevisto, o una ira lenta e hirviente que finalmente se desborda? No hay ninguna forma correcta de tocar el «trino»; depende de la interpretación del cantante. Del mismo modo, hay pasajes en los que el cantante añade notas recorriendo la línea de base, como en la improvisación de jazz, a fin de enfatizar la acción que tiene lugar en el escenario. También hay interjecciones, llamadas *grazie*, que retardan el ritmo de la música, normalmente alargando el tempo, como si la música se mantuviera en suspenso. Por último, los intérpretes rubrican su presencia en los momentos llamados «recitar cantando», que median entre las explicaciones casi habladas y las arias dramáticamente interpretadas. Los giros y vueltas de la trama requieren muchas explicaciones, por lo que, a medida que estas se alargan, el acompañante tiene libertad para añadir adornos.[1]

En las versiones impresas de Popea, muchos de estos *riffs* están escritos, pero algunos estudiosos piensan que las partituras registran *a posteriori* lo que realmente se ha actuado en los ensayos. Una vez que los músicos han trabajado las posibilidades, los trinos y *passaggi* cambian todas las noches en las interpretaciones reales. Como digo, la libertad de un improvisador de jazz es algo que de antiguo ha tenido su reflejo en la música clásica. Si Alberta Hunter hubiera cantado Popea, podría haber adaptado estas técnicas de improvisación a sus circunstancias vocales y haberlo hecho de forma convincente.

Estilo tardío

Popea es una obra tardía de Monteverdi. En los estudios culturales, a la expresión que llega tarde en la vida de una persona se le otorga un valor espacial. El crítico Theodor Adorno consideraba el «estilo tardío» como un rechazo del presente; en particular, un rechazo al final de una carrera artística a comprometerse con las expectativas del público. Para él, esa clase tan trascendente de estilo tardío aparece en la *Misa solemne*, de Beethoven, o en sus últimos cuartetos de cuerda. A Adorno le parece que el estilo tardío tiene una vertiente socioeconómica más amplia que la música clásica. El artista de edad avanzada rechaza la expresión que puede ser explotada por la industria cultural, la explotación institucional y el abaratamiento del arte, y, al final de la vida, el artista puede liberarse. Para bien o para mal, Adorno celebraba la supuesta explosión de genios poco comunes en la vejez.

264

El escritor Edward Said ofrece una visión más integradora del estilo tardío. El creador se siente emocionalmente centrado en un tiempo anterior. Lamentar el pasado y, sobre todo, la sensación de que algo apremiante está llegando a su fin marcan lo tardío. Uno no está centrado en su propio tiempo; su corazón está en otra parte. Un ejemplo sería la ópera de Richard Strauss *El caballero de la rosa*, escrita en vísperas de la Primera Guerra Mundial, embargada de nostalgia de las gracias aristocráticas de un pasado que se desvanece.

Miss Hunter se enfrentaba a la «etapa tardía», recurriendo a lo que sabía y podía hacer en décadas anteriores; pero no hay pesar, ciertamente no hay ningún intento de reproducir lo más fielmente posible la versión de «Strange Fruit», de Billie Holiday. Cuando la memoria le falla, *miss* Hunter omite de cuando en cuando alguna línea, sin recurrir a *scatting* para cubrir la laguna. Sus cortes –caí en la cuenta después de oírla actuar noche tras noche– eran astutos. Siempre cortaba partes de las estrofas intermedias, para que la historia fuera aún más oscura; el oyente debía involucrarse y completar lo que faltaba entremedias. Aunque no podría probarlo, tengo la impresión de que *miss* Hunter se apaciguaba con estos cortes, al liberarse de la tensión de recordar. Pero es un diálogo con el pasado, un diálogo basado en el daño que la edad infligía a su persona. En ese diálogo, se liberaba de estar acabada, de ser «tardía».

II. GEORGE BALANCHINE HACE UN CORTE DESPIADADO

El otro modo mediante el cual un intérprete de edad avanzada puede liberarse es un corte más despiadado. En

265

lugar de dormirse en los laureles, puede, por así decirlo, hacerlos trizas.

El corte

Como otros amantes del ballet, el 1 de mayo de 1979 asistí atónito a la reposición del *Apollo*, de George Balanchine, en el New York City Ballet. Balanchine creó *Apollo* en 1928 basándose en el *Apollon musagète*, de Ígor Stravinski, uno de los grandes ballets del siglo, y obra de arte reputada como perfecta. En su autobiografía, Stravinski había declarado: «George Balanchine, como maestro de ballet, dispuso las danzas exactamente como yo había deseado». Balanchine sintió lo mismo respecto de la música. En 1948 declaró que «en *Apollo* y en toda la música que sigue, es impensable la sustitución de cualquier fragmento por el fragmento de cualquier otra partitura de Stravinski. Cada pieza es única en sí misma, nada es sustituible». *Apollo*, entonces, en 1979, había sido radicalmente alterado por Balanchine: la escena inicial y la final cortadas, la música de Stravinski acortada. De un plumazo, faltaba casi un tercio del ballet.

Originalmente, *Apollo* tenía una trama clara. Nacido de Leto, el dios descubre su propia belleza y poder. Las musas de la música, la poesía y la danza actúan para él, y elige a Terpsícore, diosa de la danza, como la que más ama. Al final, Apolo conduce a las tres musas al Parnaso, donde a partir de entonces viven para siempre. Balanchine había eliminado la juventud de Apolo y su apoteosis; solo quedaba, en medio, la danza.[2]

Cuando Stravinski empezó a colaborar con George Balanchine en la década de 1920, ambos reafirmaron los valores formales del clasicismo. En 1936, en las conferencias Norton de Harvard, Stravinski declaró: «En la danza clásica

266

percibo el triunfo de la concepción estudiada sobre la vaguedad, de la norma sobre lo arbitrario, del orden sobre el azar». El público esperaba ese equilibrio y, por ello, aquella noche de mayo, cuando Balanchine presentó su nueva versión de *Apollo*, no reaccionó bien. En *Ballet Review*, Robert Garis tachó de «depredación» el resultado. Balanchine reaccionó mal ante sus numerosos críticos. A su biógrafo, Bernard, le dijo airado: «No tengo que explicar por qué cambio las cosas. Puedo hacer con mis ballets lo que me venga en gana». Pero siguió dando explicaciones. En una entrevista declaró: «He sacado toda la basura», como si los recortes fueran como tirar cosas que no necesitas cuando te mudas a un sitio más pequeño.

He aquí el estilo tardío tal como lo imaginaba Adorno; el artista liberado del público y de la industria cultural que había proliferado en torno a Balanchine y el New York City Ballet, una industria llena de publicistas, recaudadores de fondos y mánagers de giras. En gran medida, Balanchine se hallaba libre de estas atenciones gracias a Lincoln Kirstein, socio del coreógrafo. Había recuperado –más bien, a mi juicio– un impulso que aparece por vez primera cuando los niños son muy jóvenes, que se suprime en la edad adulta y que vuelve a surgir en la ancianidad.

Todos conocemos al niño que desmonta un muñeco para ver lo que hay dentro y cómo funciona –si le hubiera dado un bisturí a mi nieto, nuestra casa se habría llenado de cadáveres descuartizados–. La destrucción de un muñeco o de cualquier juguete por parte de un niño es algo más que mera curiosidad: es una exploración agresiva, violenta. El objeto intacto parece tener una vida propia que excluye al niño; destrozar el muñeco es una forma de reclamar algo como propio.

La mayor parte del trabajo creativo adulto tiene que

reprimir esa especie de reposesión violenta. Queremos, por el contrario, que nuestras creaciones tengan vida propia, que se conviertan en algo sólido y tangible que muestre lo que somos capaces de hacer. Pero soterrado en este deseo eminentemente sensato de hacer algo valioso por uno mismo subyace, creo, el impulso de volver a poseer, de empezar de nuevo, de renovación... destruyendo. Y ese impulso puede materializarse en la vejez, cuando el trabajo se ha amontonado como un museo cabal de tu pasado, que quieres recuperar para sentir que no estás fuera de juego.

Caigo en la cuenta de que esto es psicoanálisis de andar por casa (aunque, ¿por qué no?). Pero este tipo de recuperación ha afligido abiertamente a compositores como Brahms, que fue un eterno revisor, y a intérpretes como Daniel Barenboim, que grababa piezas una y otra vez —no por ningún motivo rentable; lo único que quería era volver a hacerlas—. Balanchine llevó al extremo este impulso de recuperar su obra, y no parece casual que lo hiciera con *Apollo*: era un ballet clásico juvenil y perfectamente formado. Lo recuperó del pasado, y de su pasado, acortándolo.

Hay, en la obra misma, elementos inestables que hicieron que tal corte despiadado no fuera tan arbitrario como pudiera parecer. Sobre el solo de danza de Terpsícore, por ejemplo, la crítica de ballet Arlene Croce apunta: «Vemos saltos que no avanzan, saltos que descienden, trastrueques adelante y atrás que parecen mantener la constancia misteriosa de una forma pese a los cambios». De forma similar, la partitura de Stravinski recorre las armonías del siglo XVIII hacia atrás, de modo que los acordes pasan de la resolución a la irresolución, y las melodías sencillas se trocean, y sus fragmentos se ensamblan en extraños patrones a medida que la música avanza. Como Balanchine declaró en su texto *Dance Index*: «Recuerdo *Apollo* como el punto de inflexión de mi vida [...] Parecía decirme que podía atreverme a no utilizarlo todo, que también yo podía eliminar cosas».[3]

Los cortes despiadados de Balanchine se hicieron con el mismo espíritu que los *scats* y cortes de Alberta Hunter en «Strange Fruit». Para ambos, interpretar una pieza icónica implicaba algo más que repetirla: la improvisación y los cortes severos revivían al icono.

Incluso cuando Stravinski empezaba a esbozar la música que llegaría a buen puerto en *Apollo*, se preguntaba a sí mismo, en una entrada de su diario de 1917:

> ¿Por qué pueden darse cambios dentro de mí de un año para otro [...], como resultado del apetito constante y vital de hombre por el cambio, mientras que en el arte tales fenómenos son motivo de reproche? La devoción inmutable [el formalismo] carece de valor [...], no es fructífera.[4]

Stravinski habla del «apetito» personal del artista por el cambio como algo en cierto modo opuesto a las formas clásicas esenciales y duraderas que Balanchine y él se propusieron revivir. Pero es el paso inexorable del tiempo, que acerca más y más a la muerte al artista, lo que pondrá en tela de juicio la idea clásica de la forma acabada y perfecta.

Muchas personas de edad avanzada lamentan que gran parte de lo que les interesaba cuando eran jóvenes era una superficial pérdida de tiempo –conseguir un empleo mejor, parecer inteligente–. Balanchine no se arrepintió. La reapropiación violenta le permitió seguir creando.

269

Libro 6
Confrontación y reconocimiento

14. CONFRONTACIÓN
Visceral, musical, visible

La declaración del poeta romántico Percy Bysshe Shelley en su ensayo *Defensa de la poesía* de que «los poetas son los legisladores no reconocidos de la sociedad» es, a primera vista, un disparate. Aprender a componer pareados no permite diseñar pensiones de vejez. Lo que quería decir Shelley era que el lenguaje es el vehículo por el que imaginamos la sociedad, y que el lenguaje puede ser tanto «un instrumento de libertad intelectual como un vehículo de sometimiento político y social». Esto es cierto, como hemos visto, en el escenario. Los intérpretes han aparecido como agentes del poder, de los titiriteros invisibles de Platón al virtuoso comportamiento de Donad Trump en los mítines de masas. La otra cara de la interpretación, de Isabella Andreini a Bertolt Brecht, concibe la interpretación como un desafío al poder. A juicio de Shelley, ambas vertientes del espectáculo se constituyen a través del lenguaje.[1] En el escenario, son la arquitectura, los gestos corporales, el vestuario y las máscaras los que «legislan» la política, bien para servir al poder, bien para enfrentarse a él.

I. SIN PROVOCACIÓN

Palabras vacías

Las palabras suelen tener poco impacto político. Era así en tiempos del joven Luis XIV, que trataba de dar vida a tópicos como «El estado soy yo» a través de su forma de bailar; y era así también en la Revolución francesa, cuyos líderes utilizaban la guillotina para dejar claro quién era el enemigo del Estado, ya que el término «enemigo» se había vaciado de significado preciso. Se trata, en sentido más general, de un problema de lenguaje político. Las palabras mismas, en determinadas circunstancias, no pueden significar nada: son intrínsecamente vacías. Las palabras vacías se encarnaron para la generación de mis padres en la guerra civil española.

A ellos, la guerra civil española (1936-1939) les parecía una guerra «pura»: las fuerzas de la democracia defendían la República española contra el fascismo del general Franco. Gente de toda Europa y de América del Norte, incluidos mi padre y mi tío, llegaron en aluvión a España, y muy pocos de ellos eran soldados profesionales. Igual que los ucranianos que combaten hoy contra el fascismo ruso, las brigadas internacionales hicieron frente con ingenio y determinación a la ingente masa de aviones, armas y mano de obra que la Alemania nazi había puesto a disposición de los sublevados. Pero, a diferencia de la resistencia en Ucrania, la guerra civil española resultó ser un acontecimiento profundamente desilusionador incluso para las propias fuerzas de la República. La izquierda estaba dividida entre anarquistas y comunistas, que luchaban entre ellos con saña, y a menudo la guerra interna de palabras acababa en asesinatos y bombardeos de los cuarteles generales de sus adversarios. Mi tío, según cuenta en sus memorias, se salvó en parte de verse envuelto en estas luchas intestinas porque mi padre y él sabían muy poco español. Comunistas comprometidos y activos en Norteamérica, se convirtieron en asesinos en el extranjero.[2]

Quienes conocían la lengua explicaban el fratricidio en la izquierda como una enfermedad enquistada en ideologías, cuya sustancia eran las palabras: manifiestos, discursos, artículos de periódicos. Las palabras tenían poca relación con la acción. Por ejemplo, cuando la Unión Soviética firmó un pacto de no agresión con la Alemania nazi en 1939, las oficinas de prensa del Partido Comunista se volcaron en explicar esta traición decisiva de la República española como un «giro dialéctico en las hostilidades en curso». En 1939, muchos de los combatientes –mis familiares, entre ellos– estaban ya hartos de palabras y no querían oír más justificaciones ni argumentos, más palabras.

Octavio Paz, un joven poeta mexicano de la época, futuro distinguido diplomático, era uno de aquellos combatientes internacionales, y fue presa del desaliento al percatarse de las corrupciones del lenguaje revolucionario. Los eslóganes del comunismo soviético habían llegado a parecerle, como al escritor británico George Orwell, tan vacíos como los del fascismo. Paz trató de renovar la izquierda recurriendo a prácticas no verbales. Primero buscó alternativas a la provocación verbal en el arte del surrealismo y del Dada –arte que pretendía desafiar el orden existente a través del teatro del absurdo, centrado en movimientos y gestos no verbales–. El mismo impulso movió a su contemporáneo ruso Vsévolod Meyerhold, que trabajó con el mimo como técnica escénica en la década de 1920, y que inspiró a Charlie Chaplin y a otros actores del cine mudo. Para Meyerhold, la mofa corporal era una herramienta política más poderosa que la argumentación. Creó mucha de la gestualidad que utilizó Chaplin en la película *El gran dictador*, el Hitler/demagogo desinflado por sus gestos dementes cargados de una irrealidad tipo dadaísta.

En los años cuarenta, Paz dio un nuevo giro al abrazar «el poder político de las ceremonias». En *El laberinto de la soledad* detalla cómo ciertos rituales ancestrales mexicanos proporcionaban una forma de llevar a cabo la resistencia colectiva sin hundirse en el fango verbal. Lo importante para Paz era que los mexicanos se unieran para separarse sin palabras del poder. Se centró en las danzas que celebraban los cultos a la muerte en tiempos de los antiguos mayas. Un obispo de Roma, por ejemplo, podía ver una de estas ceremonias de los muertos y no darse cuenta de lo que estaba sucediendo. El clérigo visitante creía que las marionetas con forma de esqueleto se referían al milagro de la resurrección, mientras que para los mexicanos las calaveras sonrientes contaban una historia maya más antigua sobre la inevitable derrota de los poderosos a manos de la muerte: una historia dirigida al obispo blanco romano visitante.[3]

Carnavalesco

En espíritu, estos rituales mexicanos ejemplifican lo que el crítico ruso Mijaíl Bajtin, en un texto de la década de los años treinta, denominaba «carnavalesco». Este término describía una representación concreta que tenía lugar en muchos pueblos y ciudades medievales una vez al año, en la que, durante un día, los campesinos se disfrazaban y actuaban como sus señores, y los nobles como campesinos y sirvientes domésticos, obedeciendo a quienes normalmente les obedecían a ellos. Bajtin depositó muchas esperanzas en los cambios de papeles del carnaval. Los señores podían experimentar qué se siente al ser tratado como un inferior;

276

pero, más importante aún, Bajtin esperaba que los campesinos y sirvientes experimentaran lo que se siente al ser libres, y que esa percepción perdurara. A la sombra de la tiranía rusa de Stalin, Bajtin imaginó que lo carnavalesco podría resultar una práctica energizante, incluso provocar la revuelta de sus propios compatriotas. En 1939, Stalin, quizá presintiendo el peligro, hizo de Bajtin una «no persona», alguien silenciado, invisible.

Bajtin había malinterpretado los carnavales medievales. Estos funcionaban como una válvula de vapor que, al abrirse, liberaba presión. Terminado el carnaval, las cosas volvían a la normalidad. La liberación consistía en apropiarse de los trajes y gestos de los maestros más que en imitar su discurso. El regreso, de modo semejante, se caracterizaba por la reanudación de las viejas vestimentas y las muestras de deferencia. La inversión de roles en carnaval había funcionado así desde tiempos inmemoriales. Las mujeres atenienses, por ejemplo, celebraban una fiesta llamada Adonia, en la que una noche al año subían escaleras para reunirse en los tejados de las casas en las que estaban confinadas durante el día. Las mujeres arrojaban macetas de hierbas a la calle, como advertencia a los hombres de que se mantuvieran alejados, mientras ellas bebían y cantaban para celebrar la solidaridad femenina. Pero, al amanecer, las celebrantes bajaban de los tejados, limpiaban el desaguisado que habían dejado en la calle y volvían a sus casas serviles y silenciosas.

La celebración de un ritual de liberación política por parte de Paz y Bajtin tiene un marco más amplio en las relaciones esencialmente incómodas entre interpretación y ritual, tal como se analizó en el capítulo 1. Se necesita algo más que un ritual, con sus fijezas y normas. No es que haya nada «malo» en lo carnavalesco, pero el ritual no es un acontecimiento creativo. Ha de haber otro tipo de espectáculo más original que asuma la tarea de desafiar y socavar al maestro.

II. EN LUGAR DE PALABRAS

Esto es lo que ocurre, por ejemplo, en la ópera de Mozart *Las bodas de Fígaro* cuando se representa de un modo determinado. Podría parecer que la política de la ópera reside en las palabras del libreto. *Fígaro* se basaba en una obra de Beaumarchais en la que un criado más inteligente que su patrón burla las depredaciones sexuales de este. La obra, hoy, se considera política, ya que asocia clase y privilegio con injusticia. Sin embargo, en su día, la década de 1780, se representaba como una mera comedia, de la que disfrutaban la reina María Antonieta y muchos de los aristócratas a los que ridiculizaba. Un siglo antes, como vimos en el capítulo 8, Luis XIV intentó superar las rancias declaraciones verbales de supremacía real poniendo en escena danzas en las que él era la estrella. En *Fígaro*, el proceso se invierte; su música, la marcación de los personajes en escena y sus gestos pueden ser artificiosos para dar más fuerza a la política de confrontación.

Las arias de *Fígaro* están llenas de frases que en un principio parecen decorosas, pero que luego, cuando las repite varias veces, se alteran melódica o armónicamente, de forma que la impresión inicial se invierte; oímos a Fígaro burlándose de sí mismo por ser amable. A lo largo de la ópera, los intérpretes pueden enfatizar esta mueca de desprecio haciendo *ritardi*, *accelerandos* y otras alteraciones del pulso que se mofan de las pulidas declaraciones del conde. Incluso cuando *Las bodas de Fígaro* se representa en el desnudo escenario de un concierto, sin vestuario ni decorados, el público capta lo que sucede con solo escuchar. Los sonidos que oyen los inclinan a ponerse del lado de los sirvientes.

La política auditiva existe desde los comienzos mismos de la ópera, desde *La coronación de Popea*, de Monteverdi, hasta las obras modernas como *Billy Budd*, de Britten. No es necesario conocer el idioma ni el libreto para entenderlo. Y por eso, siempre que se respete fielmente la música, una ópera como *Fígaro* puede trasladarse de un elegante salón a una tienda de maletas Louis Vuitton (como en cierta ocasión propuso el director Peter Sellars) sin que la ópera pierda en absoluto su mordiente. La mordiente está en la música.

El intérprete que encarna a Fígaro puede, por así decir, reforzar esa mordiente. Recordemos en el capítulo 3 –estoy de humor para recapitular– la pistola roja utilizada en una puesta en escena de *La fuerza del destino* para hacer que un asesinato –de otro modo absurdo– funcionara en el escenario. Al principio de *Fígaro*, en el acto I, escena 1, el tiroteo podría rendir un efecto más político. Al final de esta escena, ambientada en el cuarto de trabajo donde viven Fígaro y Susanna, Fígaro coge un mosquete de un armario y se pasea por la cama, la mesa y las sillas como si estuviera en una misión de comando para disparar contra el conde, que amenaza el honor de Susanna. En el compás 121, cuando acomete un fa agudo, aprieta el gatillo y finge una mueca de dolor por el retroceso. Muy divertido. Pero esta escena puede ser políticamente reveladora si el arma está cargada con una bala de fogueo. Cuando se produce una explosión real es en el fa agudo, y entonces Fígaro debe apartar el arma y mirarla fijamente. La escena inicial discurre con rapidez, pero en este punto debe quedarse perfectamente inmóvil, para transmitir primero su incredulidad y luego su conciencia de que realmente podría matar al aristócrata. Ya no es divertido.

Una marcación adecuada puede también agudizar el aspecto político de esta ópera. El acto III, escena 1, se desarrolla en el estudio del conde, la estancia desde la que gobierna su pequeño imperio. Está solo con Susanna, que ha urdido un plan con la condesa para poner al descubierto las infidelidades de su marido. Al principio de esta escena, él está sentado a su mesa escribiendo, mientras ella está de pie esperando sus órdenes: una forma de marcar espacialmente la diferencia de poder. Cuando él se siente excitado por ella, da un brinco desde el escritorio y hace que ella se siente con él en el sofá. Para seducirla, se pone de rodillas y le suplica; ahora las posiciones de poder están invertidas. Pero, entonces, él canta una de las arias más bellas y sentidas de Mozart («Mi sento dal contento pieno di gioia il cor»), y queda al descubierto que se siente profundamente solo, necesitado de amor más que de sexo. Ella le dice que tendrá un encuentro con él más tarde, en el jardín, y sobre el cuerpo arrodillado del conde, que ha apoyado la cabeza sobre su regazo, se fuerza a pronunciar palabras de falso amor –ha de fruncir el ceño al público mientras miente–. Y se levanta y se aleja deprisa del sofá.

La marcación de los dos cuerpos hace que esta escena funcione como un juego de poder; de pie, sentados solos, sentados juntos, arrodillados, levantándose y yéndose. La marcación define su desigualdad. Pero no se trata de una simple diferencia, porque el conde no es una persona sencilla, y Susanna, tras su gran declaración, está llena de vergüenza por su falsedad, así como de aborrecimiento del conde. Para que la representación funcione bien, los intérpretes han de transmitir su aislamiento. Si Susanna se mantiene erguida, el conde sollozante nunca la mira.

Si la marcación y las posturas se ejecutan como es debido, esta escena dramatizará una desigualdad de tipo complejo, de mutua incomprensión, en lugar de una dominación descarnada. Las palabras, por sí solas, no lo consiguen; son irrelevantes o pensamientos a medias o elementales. Los intérpretes tienen que actuar contra las palabras, y de este modo ahondar en nuestro sentido del abismo existente entre siervos y señores. A veces se dice que estas personificaciones se «añaden» al sentido; muy al contrario, lo crean. La encarnación es necesaria especialmente si el lenguaje de confrontación ha quedado obsoleto.

Lo mismo ocurre en la calle. Técnicas como las de *Las bodas de Fígaro* pueden emplearse en la protesta política.

III. MARCHA SOBRE WASHINGTON

El 28 de agosto de 1963 tuvo lugar la «Marcha sobre Washington por el empleo y la libertad». La organizó Bayard Rustin, líder del movimiento por los derechos civiles de los negros, que pretendía movilizar en la capital del país el apoyo nacional a la lucha contra la injusticia racial que se estaba produciendo en el sur de los Estados Unidos, racialmente segregados. Hoy el acto se recuerda por el discurso final de Martin Luther King («Tengo un sueño»). Pero este discurso fue la culminación de un acto de diseño más cuidado, deslumbrantemente teatral.

Las autoridades habían movilizado perros de ataque, cañones de agua y policías montados para combatir la violencia previsible, convencidos de que cualquier reunión multitudinaria se convertiría inevitablemente en una turba violenta, tal como la describe Gustave Le Bon en el capítulo 3. Pero Rustin había organizado una ceremonia política que eludió todas las expectativas de las autoridades de un enfrentamiento sangriento, como venía aconteciendo en todo el Sur.

La no violencia era un credo para Martin Luther King, muy influido por el movimiento de desobediencia civil de Mahatma Gandhi en la India. Este credo no es, como se piensa comúnmente, un movimiento de resistencia pasiva. Gandhi buscaba lugares y actividades a las cuales las autoridades pudieran responder de forma violenta. Por ejemplo, hizo campaña para que las masas fabricaran sal, ya que la producción de sal era un monopolio controlado por los señores británicos de la India. Sabía que a las gentes corrientes que secaban y envasaban sal los británicos las tratarían como delincuentes. Gandhi creía que, al responder con violencia a actividades inocuas, los británicos pondrían de manifiesto la vacuidad de su derecho a gobernar.

En los Estados Unidos, la no violencia adquirió un carácter diferente. En lugar de centrarse en una sola actividad, King entendió que debía hacer frente a la discriminación en todo ámbito. Las luchas en el Sur para acabar con la segregación en las escuelas, los restaurantes y el transporte público estaban vinculadas de forma inseparable: una escuela racialmente integrada implicaba un autobús racialmente integrado, que a su vez comportaba un restaurante racialmente integrado. Sin embargo, la vinculación automática aumentaba la probabilidad de una reacción violenta por parte de los poderes dominantes, que tratarían de eludir su responsabilidad alegando que los manifestantes los habían provocado para que pusieran en acción la violencia estatal.

Esta reacción exagerada era la dinámica que Rustin tenía que vencer. En general lo consiguió. Aunque hubo algunos altercados menores en la marcha, no ocurrió nada que justificara la violencia oficial. Lo cual dejó a la policía, a la Guardia Nacional y al FBI perplejos; contemplaban a esas enormes y ordenadas multitudes y no parecían saber qué hacer. Eran irrelevantes.

Rustin tomó algunas precauciones básicas al introducir a la prensa nacional e internacional en la multitud misma, en lugar de permanecer de pie o filmar desde la barrera, de forma que cualquier incidente fuera de lugar pudiera denunciarse desde dentro. Pero, como organizador, su trabajo creativo fue mucho más allá. Por ejemplo, el *kettling* es una técnica de uso frecuente de control de masas –confinando a los manifestantes en espacios muy estrechos y forzándolos a seguir una ruta oficial–. El *kettling* dificulta también que quienes presencian la manifestación se unan a ella, ya que se hallan separados por barreras policiales. Rustin y su equipo subvirtieron los esfuerzos de las autoridades por acorralar a los manifestantes simplemente sometiéndolos a desgaste pidiéndoles información calle tras calle. ¿Dónde estaban exactamente los puntos en los que los asistentes podían unirse? ¿Dónde debían ubicarse los aseos portátiles? ¿Qué licencia debía solicitar cada uno de los vendedores ambulantes de comida (en aquellos días, las licencias para las comidas norteamericanas y las extranjeras que se vendían en las calles eran distintas)? La policía no estaba habituada a manifestantes que coreografiaban tan cuidadosamente sus protestas. A las autoridades les sorprendió sobremanera, pienso, la suposición del racismo norteamericano de que los negros son criaturas espontáneas, fuera de control, indisciplinadas; la suposición de rebeldía que el capataz de la plantación había asumido durante los siglos de esclavitud para justificar el látigo.

La propia experiencia de Rustin como intérprete lo ayudó en gran medida en la concepción de la marcha. De joven había sido un actor y cantante muy competente. En el instituto interpretó «Una furtiva lágrima» de *El elixir de amor*, de Donizetti (lo cual no era ninguna nimiedad para un adolescente). Eligió una universidad, la Wilberforce, en gran parte por su programa de música, y se aficionó «más profundamente» –como recordaría más tarde– a compositores como Palestrina y Bach. De adulto siguió cantando, y su camino se cruzó con el de Alberta Hunter cuando ambos actuaron en el club de jazz de Barney Josephson, el Café Society. Lo más importante para él fue conocer a Paul Robeson, el mejor actor y cantante negro de la época, cuando actuaron juntos en 1939 en la obra *John Henry*. Si bien su formación no era la habitual de un organizador político, sí le resultaría útil para idear alternativas al teatro político habitual de la confrontación.[4]

Rustin y su equipo aplicaron a las calles algo parecido a la lógica de la porosidad que, como hemos visto, los arquitectos habían utilizado en los edificios teatrales. Desde la estación de tren y los aparcamientos de autobuses que traían a los visitantes había muchas entradas y salidas que los manifestantes podían utilizar para llegar caminando hasta el Washington Mall, su destino final. En las fotografías aéreas, la multitud del Mall parece apiñada, pero, a ras de suelo, los jefes de policía se aseguraban de que las vías se mantuvieran abiertas para la que la gente pudiera entrar y salir a voluntad. De este modo, los organizadores posibilitaron que la gente pudiera unirse a la protesta, si así lo deseaban, y los manifestantes abandonarla si les venía en gana. La porosidad resultaba ineficaz, ya que la multitud se congregaba más lentamente que si siguiera un único camino, pero más impresionante. Transmitía el mensaje de que la gente estaba en todas partes de la urbe, y de que hoy en día, en la ciudad, era libre para moverse a su antojo.

Rustin moldeó la relación de las calles con el Mall en términos de flancos (las calles) que conducen hacia y desde el escenario (el Mall, el centro comercial). Las calles, ciertamente, estaban llenas de manifestantes con pancartas, pero Rustin quería que siguieran avanzando hacia el Mall y lo llenaran, para que la inmensa multitud se convirtiera en un fenómeno impactante en sí mismo. Al organizar la marcha, decidió que las multitudes debían llenar el escenario como en el acto II de *La Bohème*: el escenario se iría llenando lentamente desde los flancos, en lugar de que el telón fuera subiendo sobre una escena ya poblada.

Los diseñadores del Half Moon tuvieron que lidiar con el problema de la atención distraída, y lo mismo hizo Rustin una vez que el Mall estuvo lleno. La mayoría de los discursos que se pronunciaron en el escenario del Mall no lograron captar la atención de la masa de manifestantes, que se encontraba lejos; el peligro estribaba, como en todas las manifestaciones, en que la gente perdiera el interés. Rustin resolvió este problema con miniactos sobre el terreno: bandas de diferentes partes del país que interpretaba música local, discursos programados con amplificación a pequeña escala entre la multitud. El desenlace, el trascendental discurso de Martin Luther King, funcionó, en términos de coreografía de multitudes, porque todos los pequeños actos se interrumpieron de repente y los micrófonos se enlazaron, de forma que la masa se centrara en una figura que muy pocos podían ver. La coreografía de Rustin recibió en su momento algunas críticas, ya que al haber muy pocas tribunas elevadas tanto a lo largo del itinerario como en el Mall la gente no podía ver.

En aquel momento, la coreografía de Rustin recibió críticas porque apenas había puestos elevados a lo largo de la ruta y en el Mall que permitieran ver a la gente. Rustin replicó que quería subrayar la igualdad y homogeneidad poniendo a todos en el mismo plano horizontal. Era una respuesta coherente, porque, como se vio en el capítulo 4 acerca de los tres escenarios de la ciudad, desde sus inicios en los antiguos anfiteatros, un asiento elevado era compatible con la distinción entre actor y espectador. Para ver mejor en un anfiteatro, uno debía literalmente alzarse y alejarse de la acción.

La coreografía de la igualdad en el mismo plano horizontal tiene un coste, como se vio en el capítulo 11 acerca de la reunificación del escenario y la calle. En un plano de igualdad, solo la gente inmediatamente cercana al intérprete podrá ver y oír lo que está haciendo. El plano de igualdad por fuerza reduce el tamaño de una actuación. Rustin se enfrentaba a un problema en apariencia irresoluble: unos ochocientos mil manifestantes y una masa de igual tamaño de espectadores que no participaban en la marcha. Hay formas de sortear el nexo entre el terreno plano y el tamaño pequeño de una actuación, como la protesta de Occupy Wall Street de hace una década: las personas a la cabeza de la masa de Occupy hablaban o hacían señales con la mano a los que iban detrás para informarles de lo que ocurría delante: el «megáfono de Occupy», lo llamaban. El procedimiento es engorroso y depende de un público entregado que soporta la lentitud de transmisión de los mensajes. Normalmente, la puesta en escena de una protesta a ras de suelo significa que los vecinos inmediatos importan más, porque la conexión física íntima determina si la gente se queda o se aleja poco a poco. Aquí Rustin tenía un problema personal.

La multitud enmascarada

En esta marcha había algo más de lo que se veía a simple vista, algo debido a la vida de Rustin como homosexual. En su época, Harlem era mucho menos tolerante con la homosexualidad que el bohemio Greenwich Village. Los prejuicios contra los homosexuales negros no eran nada sencillos en las comunidades de esta raza, ya que los padres pobres que luchaban por mantener a sus familias intactas veían la homosexualidad como una fuerza desestabilizadora más, lo cual significaba que los homosexuales negros estaban doblemente marginados. Sin embargo, para Rustin no era cuestión de llevar o no una vida secreta. No ocultaba su sexualidad desde que en los años treinta se había afiliado al Partido Comunista. En 1953 había sido detenido por «ofender la decencia pública» y pasó un breve período en la cárcel.

Como había vivido abiertamente como comunista gay, al organizar la Marcha sobre Washington pretendía que esta incluyera a todo el mundo, negros o blancos, heteros o gais: por consiguiente, toda persona, sin distinciones. Sabía que, para el éxito del proyecto de acción racial afirmativa, tenía que organizar actos que estuvieran abiertos a la clase trabajadora blanca. Si esta se sentía excluida, los sindicatos a los que pertenecía no podrían prestarle ayuda institucional, ni el Partido Demócrata podría participar de forma plena. En la presente acción era de crucial importancia que la masa de la gente no estuviera separada por identidades.

Para lograr tal inclusión, Rustin hizo uso de la neutralidad de las palabras no provocativas, imprimiendo, por ejemplo, pósteres «contra el racismo» o «por el pueblo» que cualquiera podía enarbolar. Intentó organizar el flujo de la multitud para que los miembros de las distintas organizaciones locales marcharan juntos en lugar de permanecer al lado de los suyos. Si no me engaño, Rustin no tenía ninguna teoría sobre «cuerpos corporativos», pero sin duda, como artista, sabía lo importante que era estar físicamente cómodo en el escenario. En la Marcha hizo cuanto pudo, frente a la hostilidad de las autoridades, para crear un ambiente relajado e informal entre aquellos que en su vida privada bien podrían haber estado enfrentados. En esto, la marcha inclusiva difería de los actos políticos de la derecha, que casi siempre escenificaban una distinción radical y demonizadora entre «nosotros» y «ellos».

La marcha abordó la cuestión de quiénes somos nosotros desde un punto de vista arendtiano. El «nosotros» perdió su referente semiológico exclusivo ligado a la raza, y así pudo hacer visibles los valores de integración e igualdad. La coreografía de Rustin muestra cómo el enmascaramiento puede servir a un propósito político. Al ocultar la identidad, el enmascaramiento promueve la solidaridad.

IV. RECONOCIMIENTOS INQUIETANTES

En el capítulo 2 analizamos la ambigüedad moral de Judas, el traidor a Jesucristo. Las consecuencias de jugar al falso amigo conmovieron al traidor hasta las lágrimas; se sentía agitado por lo que estaba haciendo. En una de las grandes escenas de *Hamlet*, Shakespeare indaga en este malestar, y explora cómo puede volverse contra los poderosos.

La obra de Hamlet dentro de una obra

La historia gira en torno a la madre y el tío del joven príncipe, conspiradores y amantes que han asesinado a su padre, han encubierto el crimen y actúan como legítimos gobernantes del reino. Hamlet descubre el asesinato muy pronto, lo cual lo conmociona porque Claudio, su tío, se comporta con amabilidad y benevolencia: «[...] uno puede sonreír, y sonreír, ¡y ser un villano!» (1.5.107-108). Cuando su madre, Gertrudis, intenta consolarlo por la pérdida de su padre, el joven vuelve a recurrir al maligno poder de la actuación: el consuelo y la benevolencia «son acciones que un hombre puede interpretar, / [...] estos no son sino los atavíos y vestimentas de la aflicción» (1.2.76-86).

Hamlet utilizará un recurso teatral para desafiar «los atavíos de la aflicción», recurso que actúa sobre las emociones de los propios asesinos. «He oído», dice Hamlet,

> que a las criaturas culpables que están viendo una obra,
> la sagacidad misma de la escena
> les golpea el alma de tal forma
> que no tardan en proclamar sus maldades.

(2.2.588-592)

Hamlet hace que su tío y su madre vayan al teatro a ver una obra con el embeleco de una diversión inocente. La función consta de dos partes. La primera es una representación muda del envenenamiento de su padre (el veneno se lo vierten en el oído al rey dormido, mientras la reina prodiga carantoñas al envenenador). Luego se repite la misma acción con un diálogo rimado. En este punto, Claudio no lo soporta más y se levanta, ante lo que Polonio detiene bruscamente la representación: «¡Parad la función!», «¡Luces, luces, luces!», dice Claudio (3.2.268-270).

La obra de *Hamlet* dentro de una obra es como un espejo que la gente evita porque no puede soportar ver su reflejo. En el escenario, este tipo de turbación ha de prepararse con cuidado. Se ha de tomar desprevenidos tanto a los espectadores del público como a los espectadores del escenario. En *Hamlet*, la función de mímica atrae a ambos grupos de espectadores, ya que ningún personaje resulta identificable; al principio, los espectadores en escena no imaginan que la mímica tenga que ver con ellos, del mismo modo que, en México, el arzobispo que asiste al ritual del levantamiento de los muertos no sabía, al principio, que la función quería representar el levantamiento contra él. Cuando toma conciencia de esa realidad turbadora, el arzobispo no huye, como los espectadores culpables del escenario, sino que ordena encarcelar a los celebrantes. A partir de ese momento se convierten en una causa célebre, que pone a la devota comunidad mexicana en su contra.

Los mimos tienen que llevar a cabo este tipo de provocación siguiendo el principio de «mostrar, no contar». En las buenas producciones de la obra de Hamlet dentro de una obra, han de hacer una mímica de gestos que sean difíciles de reconocer como violentos. Verter el veneno en el oído del rey dormido, por ejemplo, debería hacerse, más que con un cuentagotas, con una jarra o, en las producciones modernizadas, con una botella de agua San Pellegrino. No debería ser obvio que el contenido es veneno. De igual forma, en este punto, una buena actriz que haga de Gertrudis sonreirá con ternura al rey durmiente mientras su amante está dándole muerte; el acto silencioso debería invitarnos a preguntarnos: «¿Qué está pasando?». Entonces, los pareados rimados se volverán más impactantes, más amenazantes, y provocarán la toma de conciencia de la realidad.

La obra dentro de la obra, que expone el crimen del tío y la madre, difiere del desenmascaramiento del verdadero comportamiento de los personajes. El desenmascaramiento del verdadero carácter de una persona es un tropo escénico habitual. En *Las bodas de Fígaro*, el conde descubre que la mujer con la que iba a hacer el amor no es la criada Susanna, sino su esposa disfrazada. En *Così fan tutte*, Mozart pone en escena el mismo disfraz seguido de un súbito reconocimiento, ahora desplegando dos parejas de amantes: los hombres, disfrazados de albaneses, hacen el amor con la pareja del otro, y las mujeres se enamoran de los falsos amantes. Entonces llega la revelación del desenmascaramiento.

En cambio, la obra dentro de la obra implica un fenómeno mayor pero más desconcertante, una manera puramente teatral de «cantárselas claras al poder».

Mise en abyme*

En términos literarios, este «cantárselas claras» implica una *mise en abyme*. Roland Barthes definió esta expresión como el «reflejo negativo» de una apariencia, como cuando se intercambian el negro y el blanco al retocar una imagen. El psicoanalista norteamericano Roy Schafer utilizó la *mise en abyme* como una «terapia de reflejo», en la que repetía algo que el paciente había dicho a fin de que este pudiera examinarlo críticamente. El término tiene asimismo una dimensión política.

Una declaración directa de que alguien o algo es falso puede encararse, como saben demasiado bien los estadounidenses de hoy, con un aluvión de «hechos alternativos», de forma que la diferencia entre verdad y falsedad acaba siendo una mera diferencia de opinión. La *mise en abyme* es un recurso concebido para deshacer esta evasión de la verdad remedando lo que dicen los poderosos de un modo que consiga desacreditarlos.

La *mise en abyme* destruye la confianza de los actores en sí mismos. En la vida cotidiana, no hay nada más perturbador para una persona que verse parodiada, que los aspectos más estúpidos o negativos de lo que hace se escenifiquen para

---

* Literalmente, «puesta en abismo». Es un recurso consistente en imbricar una narración dentro de otra de igual trama o similar. *(N. del T.)*

ella. La idea de Brecht del teatro político, en sus primeras colaboraciones con Erwin Piscator en obras como *El buen soldado Svejk,* recurría a la imitación más que a la denuncia directa, para que los espectadores pudieran identificarse con los personajes en escena y luego distanciarse de ellos. Algo muy similar sucede con las arias de *Fígaro*; son sus recapitulaciones de temas floridos y pomposos lo que las desacreditan.

Difícilmente esperamos que un dictador renuncie al poder a causa de la *mise en abyme*, pero su autoridad podrá verse mermada por una técnica teatral como esta. Se reirán de él, mientras que la simple denuncia no logrará afectarlo. La *mise en abyme* actúa de forma diferente de las burlas en el carnaval, cuando los poderosos saben que las cosas volverán a la normalidad, que la gente no hace sino desahogarse. La obra de *Hamlet* dentro de una obra no ofrece esa seguridad: el falso rey huye porque la exhibición podría continuar y continuar. Lo carnavalesco proporciona una catarsis, la *mise en abyme* la retiene. En tal retención reside su fuerza.

La *mise en abyme* es una confrontación, pero ¿qué hace el poder desafiante por el retador? En la obra de Shakespeare, Hamlet sigue siendo profundamente infeliz; en las calles, la confrontación es un acontecimiento catártico para manifestantes y opositores. ¿Debería serlo?

V. LA ACTUACIÓN LIBERADORA

Desapego hegeliano

Todos los padres tienen que vérselas con las escenas siguientes: el niño pequeño rompe un juguete para llamar tu atención; el hijo adolescente deja la universidad para que «le tomes en serio». El objeto de la transgresión es obtener reconocimiento. Cuanto más furioso o disgustado estés, más estrecho será el vínculo. Este comportamiento juvenil es la «dependencia desobediente», como la he llamado en un estudio sobre la autoridad en el lugar de trabajo. En la vida adulta puede tener consecuencias muy negativas para el empleado que reclama atención. El patrono fija los términos del reconocimiento; el empleado pierde de vista sus propias necesidades, aparte de la consideración del jefe.[5]

La dependencia desobediente no es una idea original mía. Se remonta al filósofo G. W. F. Hegel, a principios del siglo XIX, y en concreto a un pasaje de *La fenomenología del espíritu* sobre «señorío y servidumbre».

Como proposición general, Hegel declara que los seres humanos se realizan «solo al ser reconocidos» por los demás; para que una persona se sienta cabal respecto de sus semejantes es necesario «un proceso de reconocimiento mutuo». Esa verdad general desvirtúa la relación entre señores y sirvientes. El «servidor», como lo llama Hegel, quiere el reconocimiento de sus señores; el servidor grita: «¡Me duele!» o «¡Me está haciendo daño!». El señor que no responde, que ni siquiera se percata, es el señor contra el que la gente está más dispuesta a luchar; la indiferencia es insufrible. Este es para Hegel el elemento crucial de la autoridad. No importa cuándo alguien con autoridad tenga razón, sea justa o razonable; lo que importa es que sea el punto de referencia. Igual que en la desobediencia dependiente, los servidores luchan para obtener su reconocimiento. El señor fija las condiciones de la lucha por el reconocimiento.

Una lista de siervos de hoy abarcaría muchos más lugares de trabajo que los que estudié cuarenta años atrás. Incluiría mujeres, gais, inmigrantes, minorías étnicas. Lo que Hegel sabía era que, aunque los sexos o religiones tengan los mismos derechos a ojos de la ley, la lucha por el reconocimiento continuará en la sociedad civil. ¡Véanme! ¡Reconozcan mi presencia! ¡No me traten, como al protagonista de la novela de Ralph Ellison, como a un «hombre invisible»! Si el siervo quiere libertad –en lugar de reconocimiento–, tiene que salir del marco de referencia del señor.

Para Hegel, el paso personal a la libertad se produce en cuatro etapas. El siervo, primero, se muestra estoico ante su propio sufrimiento; luego se vuelve escéptico respecto del derecho del señor a infligir dolor; le sigue un período de desapego en el que el siervo se siente libre del señor y al mismo tiempo inseguro e infeliz respecto de lo que debe hacer; y, por último, la razón acabará descubriendo cómo resolver esta infelicidad.

A juicio de Hegel, el arte escénico desempeña un papel en este proceso –justo en la segunda etapa–. La comedia ayuda al siervo a dudar del derecho del señor a mandar (como en *Las bodas de Fígaro*). Creo que la idea que tiene Hegel de la comedia se remonta a la arcaica idea griega de *mitis*, según la cual los antiguos dioses, como Prometeo, eran plurimorfos y embaucadores, y por lo tanto nunca se limitaban a adoptar una sola forma. La comedia mozartiana o la *commedia dell'arte* tienen también un poder embaucador: se mofan, ironizan, trastocan la realidad de las cosas.

Brecht dio al distanciamiento hegeliano otro nombre (*Verfremdungseffekt*), según el cual el espectador deja gradualmente de identificarse con los personajes y las acciones en escena, recula y comienza a pensar de forma independiente sobre la obra. En esencia, se trata de una idea hegeliana, pero el paso atrás ha de escenificarse con sumo cuidado. Normalmente, la gente creerá lo que ve, o, al menos, se identificará con los personajes y los hechos. Brecht entendió que el silencio puede tener este poder distanciador. Se acabó la discusión. Fin del diálogo. No más «comunicación significativa». Un proverbio etíope dice que «cuando pasa el gran señor, el campesino sabio hace una gran reverencia y se tira un pedo en silencio». El gran problema es que el silencio sigue respondiendo a la presencia de un «gran señor». Más que guardar silencio en general, la *Verfremdungseffekt* surge de la resistencia silenciosa a un señor concreto.

Así pues, Hegel también imagina el arte escénico como político cuando libera al espectador de tener que identificarse con un señor específico representado en el escenario. Una obra de teatro no es, por supuesto, como un seminario en el que las características estructurales de dominación pueden debatirse a fondo. Sin embargo, este tipo de teatro político tiene su trampa cuando se aplica a la calle: libérate de las tareas de la desobediencia dependiente, rechaza a un señor concreto y podrás pensar que has resuelto el problema. Lo cual no es cierto, porque otra persona ocupará su lugar. Necesitas una liberación más impersonal de la identificación, una liberación que te haga un ser verdaderamente independiente.

Esto puede parecer alejado de lo que el arte puede hacer, pero era el objetivo de una pieza moderna de arte performativo, *La artista está presente*, expuesta en una galería de arte de Nueva York en 2010. La artista es Marina Abramović, que se sienta en silencio en una silla durante 736 horas y 30 minutos. Se invita a miembros del público a sentarse a una mesa enfrente de ella durante el tiempo que deseen, desde cinco minutos a un día entero. Ella mantiene contacto visual constante con ellos mientras están sentados. Al parecer, su mirada es imperativa, hipnótica. El galimatías de la comunicación del departamento de prensa de la galería afirmaba que, sometidos a la mirada fija de Abramović, las personas sentadas tenían *flashes* de iluminación, repentinos sentimientos de unión con ellos mismos y experiencias de este tipo.

Después del acto, sin embargo, muchos de ellos declararon que lo que habían hecho era calcular sus facturas domésticas o pensar en comer. No era precisamente el tipo de desapego al que se refería Hegel.

Una forma de desapego más consecuente es la que encarna el trabajo de otro artista performativo; más consecuente porque retirarse del compromiso con los poderosos es el preludio de volver a conectar con otra gente.

Tania Bruguera da un giro a su arte

En 2008 asistí a una representación de Tania Bruguera en el exterior de la Tate Modern en Londres. Había planeado que dos actores hicieran de policías montados en la cavernosa Turbine Hall del museo. Vigilaban las entradas a las galerías, a veces obligando a los visitantes a marcharse, a veces metiéndolos en espacios reducidos y atestados de los que no se les permitía moverse. Bruguera, artista cubana cuya obra a menudo ha sido reprimida por las autoridades de su país, quería mostrar a los visitantes de la Tate cómo es la represión popular.

Lo más interesante de *El susurro de Tatlin #5*, como se ha llamado a su obra (título que sigo sin entender), residía en la reacción de una parte de los visitantes de la exposición. Todo el mundo sabía que se trataba de un acto escenificado, y la mayoría cooperó, haciendo lo que los policías montados les decían que hicieran, salvo en el caso de unos pocos visitantes que asistieron varios días después de la inauguración de la exposición. Estos eran gente bastante mayor, vestida con ropa de tweed y calzado apropiado, y claramente acostumbrada a los caballos. Los que se resistían les hablaban a los animales con autoridad, y los caballos obedecían y se apartaban de las entradas. Con estas despejadas, la gente entraba en el recinto. Los actores a caballo se quedaron perplejos: sus corceles, al no conocer en absoluto el arte performativo, habían roto el hechizo.

Cuando le conté a Bruguera esta escena más tarde, se mostró –sorprendentemente– bastante satisfecha. La escenificación de la obra provocó la acción política; el público de edad avanzada se resistía a ser oprimido por ella. Tania no estaba siendo inteligente. Su trabajo como artista performativa estaba siendo cada vez menos sobre una exposición de la confrontación y más sobre la implicación del público.

El giro tuvo lugar en 2018, cuando la Tate volvió a llamarla. Ahora ideó una pieza llamada *10.148.451*, que hace referencia al número de personas que el año anterior había emigrado de su hogar a diferentes partes del planeta. Bruguera quería utilizar la Tate Modern como lugar de encuentro de los refugiados. Uno de los imanes que atraía al público al interior era una complicada maquinaria en la cual la gente se tendía sobre una pantalla gigante, sensible al movimiento, y agitaba brazos y piernas, lo cual hacía que el movimiento revelara la imagen de un conocido refugiado en la pantalla que tenían debajo. Este reclamo escénico, que en un principio atraía a los niños, aunque luego también a los adultos, se combinó con otro proyecto a más largo plazo que planeaba llevar a la Tate a un número elevado de refugiados que vivían en las inmediaciones.[6]

La Tate promocionó *10.148.451* como una obra transgresora, lo cual equivocó su objetivo. Tania, con *10.148.451*, no quería hacer un montaje de «voluntad radical», como en cierta ocasión lo calificó Susan Sontag; lo que Tania quería era crear una comunidad.

Su obra me trae a la mente el dilema en que se vieron los bailarines del Judson. Desde la óptica de hoy, parece que quizá se equivocaban al temer que sus innovaciones artísticas les hubieran hecho perder el favor de la comunidad de polacos e italianos de edad avanzada a quienes Trisha Brown buscaba involucrar «democráticamente». Las personas de edad avanzada de Washington Square no retiraron en absoluto el favor a los bailarines trepadores de muros de Brown. Siguieron interesándose por lo que hacían los jóvenes y no abandonaron su iglesia comunitaria. Del mismo modo, a los refugiados a quienes agrupaba la obra de Tania no les desanimó el hecho de no saber nada sobre la tecnología que activaba la pantalla asentada en el suelo.

Tal vez parezca forzado entrelazar estos hilos del teatro político, pero existe un modo sencillo de que lleguen a formar una sola hebra. Todos ellos practican la política sin palabras. Y esa práctica se me antoja más convincente que el debate político. Cuando fui alumno de Hannah Arendt, su fe en la palabra fue una de las razones por las que no pude convertirme en seguidor suyo. Al recordar mis años de formación en Nueva York, cuando el Juilliard Conservatory parecía tan aislado de quienes participaban en la política en favor de la justicia racial, cuando el Judson Dance Theater luchaba por cuestiones de clase social, veo que tales asuntos parecen importar más que los manifiestos de la nueva izquierda y sus disputas con la vieja izquierda. El teatro visceral llena la ausencia que dejan las palabras vacías.

15. RECONOCIMIENTO
Actuación que dignifica la vida

Al hilvanar los hilos de este ensayo, la memoria me lleva al hotel Algonquin de Nueva York, a un almuerzo con Norbert Elias, a finales de los años setenta. Elias era un joven académico de Frankfurt que huyó cuando los nazis llegaron al poder en 1933, primero a París y luego a Gran Bretaña. Tras un paréntesis en África, después de la guerra, Elias llevó una existencia de *émigré* en la Universidad de Leicester (Inglaterra). La suya podría haber sido la historia de cualquier miembro de la generación de mis padres, salvo en un aspecto. A mediados de la década de 1930 ya había escrito un gran ensayo sobre la cultura –*El proceso de la civilización*–, que caería en el olvido durante décadas. Había ido a Nueva York, cuarenta años más tarde, para tratar de dar una nueva vida a su ensayo en una traducción inglesa. Mi alemán era demasiado rudimentario para poder brindarle alguna ayuda. Él se tomó mis fallos como traductor con estoicismo judío: claro que las cosas no salen bien. Al final de la comida, Elias comentó algo así como «Europa se está muriendo dentro de ti», a propósito de mi asimilación a Norteamérica. Puede que tuviera razón.

I. KULTUR Y ZIVILISATION

Muchas culturas trazan una línea divisoria entre lo que la lengua alemana llama *Kultur* y la *Zivilisation*. Por un lado están los comportamientos, valores y rituales que conforman la vida cotidiana. Son actuaciones espontáneas: la gente sencillamente las realiza. Este es el ámbito de la *Kultur*. Por otro lado, hay comportamientos que hay que aprender: modales y cortesías que nos permiten llevarnos bien unos con otros, sin violencia, así como fingimientos y argucias de tipo maquiavélico en la política y los negocios. Y esto pertenece al ámbito de la *Zivilisation*. La *Kultur* a menudo se considera una especie de expresión inocente que sale del corazón, mientras que la *Zivilisation* parece designar algo más artificial y teatral.

En *El proceso de la civilización* Elias trató de ir más allá de este contraste en blanco y negro entre lo sincero y lo interesado. La *Zivilisation*, tanto la buena como la mala, tiene su origen en el autocontrol. Rastreó la historia de cómo, siendo aún virgen la era moderna, la gente fue desarrollando poco a poco códigos de autocontrol, de forma que, con el tiempo, ya no necesitó pensar en esos comportamientos; la autocontención se había afianzado ya en ellos. El tipo positivo, no violento, de *Zivilisation* era –lo sabía– frágil. Elias lo había visto venirse abajo en las calles de Alemania en los años treinta; podría volver a suceder, según dijo, en cualquier momento.

Elias eligió contarme toda la historia del autocontrol centrándose en el cuerpo humano y en la cultura material. Su trabajo detallaba cómo hombres y mujeres iban enmascarando gradualmente las funciones corporales, como tirarse pedos; empezaban a utilizar tenedores para comer en lugar de las manos; reprimían las maldiciones cuando hablaban. Tenía en mente algo que abarcara más que los meros modales elegantes. Las escuelas, por ejemplo, se convirtieron en el siglo XVII en reguladoras del comportamiento de los niños, en lugar de meras inculcadoras de conocimiento. Los manuales alemanes del profesorado indicaban cómo debía enseñarse a los niños a no enredar, a hablar en lugar de gritar. Para cuando estos pequeños granujas dejaban la escuela, ya no era necesario decirles lo que tenían que hacer. La autodisciplina corporal les había sido tan profundamente inculcada que les brotaba de forma espontánea.

El trabajo de civilizarse a uno mismo no es, por así decirlo, una calle de sentido único. El autocontrol va y viene. La criatura salvaje que hay en el niño la doman primero la disciplina paterna y en la escuela. El adolescente luego se rebela, y se despoja de las restricciones para poder ser su propia persona. El adulto joven se disciplina con la sacudida de otros egos, las confusiones del deseo personal y los límites de las aptitudes personales. El adulto final acepta estos límites y se acopla a una vida dentro de las restricciones de la normalidad.

El proceso de civilización parece, pues, traer a las mientes el ideal renacentista de Pico della Mirandola, según el cual la persona es su propia hacedora; aunque con una gran diferencia. Más que expandir la experiencia, como sostenía Pico, el proceso de civilización la contraía. Freud, una generación más viejo que Elias, suscribía algo parecido en *La civilización y sus descontentos*, escrito una década antes que *El proceso de la civilización*. La fecha es importante. Aunque escrita antes de los horrores del nazismo, Freud opone la civilización a la barbarie, una oposición radicada dentro del pecho del ser humano, y luego expandida a las relaciones sociales. La bestia del interior necesita que la domestiquen en el exterior, más que ser enjaulada. Para desprenderse de la ira y de los impulsos violentos, la gente debe cambiar en el interior de sí mima. La rígida imposición del control social imaginada por Thomas Hobbes no puede transformar el interior de la bestia. Para Freud, la civilización se inicia con la experiencia de la renuncia, reprimiendo los impulsos físicos y emocionales de uno en favor de la cohabitación con los demás.

Freud era un realista en dos sentidos. En primer lugar, sabía lo frágil y excepcional que era el proceso de la civilización de uno mismo: la barbarie es la norma. En segundo lugar, entendía que la renuncia no puede dar placer a la gente. Este es el descontento de la civilización: actúas de una forma civilizada en lugar de bárbara porque la moralidad, la religión o las experiencias de la compasión y la empatía te llaman.

Hay un aspecto de la *Zivilisation* como autocontrol y renuncia que aparece en los escritos de Elias, pero no en Freud: la relación de la *Zivilisation* con la clase. El autocontrol aparecía como una medida dura de desigualdad social en los libros de modales escritos hacia 1630, cuando en el bajo estatus adulto de criados y campesinos se consideraba a estos incapaces de controlarse a sí mismos tanto en las ventosidades como en el habla. El inferior social suelta las cosas bruscamente, habla en voz muy alta, mientras que la persona más civilizada sugiere, insinúa, se contiene. Esto es evidentemente falso, por supuesto, lo cual nunca ha impedido que la gente socialmente privilegiada lo crea así –a modo de prejuicio profundo–. El término «bruto» acabó unido indisolublemente a «clase baja». En la época victoriana, este prejuicio se había transformado en la idea de decoro: la versión cruda, burguesa, de los buenos modales. Elias añadió una dimensión corporal a las críticas marxistas de la desigualdad: la represión que la burguesía practicaba económicamente en los trabajadores, la practicaba corporalmente en ella misma.

En el siglo XIX, el arte desempeñaba un papel desafortunado en este constructo de la *Zivilisation* basado en la clase. El ensayista victoriano Matthew Arnold declaró, en *Cultura y anarquía*, que la civilización consiste en un arte elevado inaccesible para la «gente común». El prejuicio apenas ha desaparecido. Los telespectadores de cierta edad recordarán la voz pastosa, aristocrática del historiador del arte Kenneth Clark hablando de las artes como de las cimas del logro civilizado. Clark era un «popularizador», tal vez la actitud más condescendiente que el hombre de cultura puede adoptar en relación con las masas: explicar e «iluminar», la palabra más condescendiente de todas.

La relación del arte con la *Zivilisation* se vuelve menos esnob si nos centramos en el arte performativo. En el capítulo 3 se rastrean las formas en que el arte escénico puede divorciar la experiencia de violencia de la gente en el escenario de la realidad del dolor. La suspensión voluntaria de la incredulidad puede sin duda inducir a las masas a practicar la violencia colectiva en las calles. Para Gustave Le Bon, la calle violenta es un espacio teatral, como en los peores días de la primera Revolución francesa. El individuo sobrio es el tipo de persona autocontrolada que Elias imaginó como civilizada en el buen sentido, en el sentido no violento.

El reino de la interpretación parece, pues, antitético de la *Zivilisation*. O, más bien, imagino, si Elias, Freud y Le Bon pudieran sopesar las virtudes del escenario abierto, como aparecen en el «Libro 5», estas parecerían más livianas, menos consecuentes en sustancia, que los poderes malignos del escenario. La actuación maligna no es solo violencia; es asimismo una forma de degradar la experiencia, como en el caso de los estibadores de Nueva York, o de paralizar la acción, como en el caso de los jóvenes negacionistas climáticos de Washington.

II. EL ARTE COMO EXPERIENCIA

Una visión más positiva del papel de la *performance* en la cultura la brinda el gran pensador pragmatista norteamericano John Dewey. Su libro sobre arte y sociedad, *El arte como experiencia,* apareció en 1934, apenas cinco años antes que *El proceso de la civilización* de Elias, y su espíritu era muy diferente. Dewey tenía setenta y cinco años. Tuvo la intuición de que las preocupaciones de toda su vida respecto de la educación, la justicia racial y el socialismo democrático podrían conectar de algún modo con la expresión artística. Dewey confirmó su intuición mientras era residente de la Albert Barnes Foundation, una institución de Filadelfia que albergaba obras de Matisse y otros pintores modernos. Pero Dewey miraba también más allá de Europa. Estudió la cerámica de los indios pueblo, la pintura rupestre de los bosquimanos, la ornamentación escita, la escultura africana y la caligrafía china. Dentro de Norteamérica, se tomó muy en serio la pintura afroamericana en un momento en el que el «arte negro» figuraba en la cultura de masas norteamericana sobre todo como música sensual y de entretenimiento.

Dewey dio forma a estas maneras diversas de incorporar el arte a la vida estableciendo la distinción entre «una experiencia» y el término más fluido y amorfo de «experiencia». «Una» experiencia es coherente cuando sus comportamientos y sentimientos actúan en sinergia; el todo es más que la suma de sus partes. Digamos que a una persona que deambula por la calle la aborda un desconocido de otra raza que le pregunta por unas direcciones. El paseante, al principio, se aparta, pero después, al ver que el desconocido solo quiere saber dónde está el sitio que busca, toma conciencia de que es el estereotipo racial lo que erróneamente le ha hecho sentir miedo. La persona habrá tenido, pues, una experiencia; un incidente que tiene una forma en el tiempo, más que un mero flujo de sensaciones. Además, la experiencia es socialmente expansiva, porque la próxima vez que la persona se encuentre con un desconocido de otra raza no se apartará de manera instintiva.

Dewey no era ningún ingenuo. Sabía que la mayoría de las experiencias carecen de esta forma y, por tanto, son menos esclarecedoras. La mayoría de las experiencias consisten en un flujo indiferenciado, el «flujo de conciencia», como lo llamó William James. Henri Bergson, contemporáneo de James, pensaba que este flujo enriquecía la vida, como cuando uno se pierde en una calle atestada de gente y siempre cambiante. Aunque respetaba a Bergson, Dewey no aceptaba este punto de vista. La conciencia solo puede ser estimulante si se configura en torno a cosas materiales.

Dewey no era un «popularizador», al modo condescendiente de Kenneth Clark. Era más bien democrático en espíritu, porque creía que el hacedor y el consumidor comparten las mismas experiencias de clase, género, raza, etnicidad, y las mismas confusiones interiores, las mismas búsquedas de sentido. Dewey rechaza cualquier deificación del arte y del artista; todos estamos en el mismo barro. El artista solo es especial en que tiene dominio sobre los materiales y el oficio, lo cual podrá resultar esclarecedor a otra gente, que entrará en la experiencia –idealmente– como interrogadora, sin miedo a criticar y juzgar. Su juicio empodera al espectador.

La relación del espectador con el escenario ha seguido dos trayectorias. En una de ellas, encarnada por la Comédie-Française de la época de Montesquieu, los espectadores ignoran en gran medida el escenario; se hallan ensimismados en la apariencia y acciones de unos y otros. Una trayectoria más antigua procede de los griegos, y en ella los espectadores se someten al escenario. Dewey rompió con ambas versiones: rechazó la idea misma de ser espectador. En lugar de ello, quería participar, imaginando la *performance* –tal como la concibieron los creadores de los celebrados rituales de la antigua Grecia– como una experiencia intrínsecamente colectiva que unía a los individuos.

A los filósofos pragmatistas que vinieron después de Dewey les disgustaba la creencia en el arte como experiencia compartida, unificada. Así pensaba Richard Rorty sobre los cambios en las ciencias. En lugar de «estar de pie sobre los hombros de gigantes», como dice el viejo cliché sobre el conocimiento científico, Rorty pensaba que el trabajo nuevo tiende a dar patadas en la ingle a los gigantes. Para Arthur Danto, filósofo preocupado por el arte visual, el trabajo de hacer arte implica crear brechas, discontinuidades, transgresiones que no pueden subsanarse. Eran pragmatistas que se centraban en las tensiones y resistencias irresolubles de la cultura.

Y, sin embargo, hay algo esencialmente inspirador en Dewey como filósofo del arte. Retomó una dimensión de la civilización a la que Norbert Elias no da mucho crédito: cómo el arte puede expandir la experiencia de formas que hacen que las gentes se abran más unos a otros; digamos, utilizando el término en sentido positivo al fin, cómo el arte puede «civilizar».

III. PRACTICAR LA CIVILIDAD

La palabra «civilidad» es prima de «civilización», pero no son hermanas. La civilidad se refiere a un comportamiento que respeta a los demás. Es más, la civilidad no pertenece a la misma familia que la cultura. Hoy, por el contrario, la *Kultur* −en el sentido tradicional− se ha convertido en enemiga de la civilidad. A la *Kultur* la impele el resentimiento contra aquellos que son diferentes. La *Kultur* fija la atención en el interior, en la identidad.

En el hotel Algonquin, Elias y yo nos pusimos a debatir sobre la oposición entre civilización y cultura, tan importante para él como para mis antepasados. La *Kultur,* en la época nazi, había desbaratado su vida, pero Norbert −como lo llamaba ya al final del almuerzo− parecía lejos de la autocompasión. Demostró tener incluso más gusto por la abstracción que yo, pero la comida terminó sin que la teoría aportara una solución a la cuestión de cómo uno podía llegar a ser civilizado en el buen sentido. Si hubiéramos mirado por el ventanal del restaurante, podríamos haber visto un ejemplo de civilidad en plena calle.

El hotel Algonquin está en el extremo oriental de Times Square, el distrito teatral de Nueva York, en aquellas fechas muy poco civilizado en el sentido que le daba a este término Elias. Las calles laterales de Times Square rebosaban de traficantes de drogas y drogadictos, y a veces estaban alfombradas de cadáveres por sobredosis, mientras las prostitutas merodeaban por los portales o intentaban conseguir clientes al borde de la carretera.

La escabrosidad a ras de suelo en cierto modo oscurecía la presencia de un gran número de pequeñas oficinas cuyos interiores parecían conejeras. Muchos talleres daban servicio a los teatros: vestuario y material de escenografía; otros se dedicaban a la fabricación y reparación de instrumentos musicales. El *New York Times* tenía su propia –y numerosa– mano de obra en Times Square, ya que algunas secciones del periódico de la época se imprimían en la calle 43. A la masa de trabajadores se le sumaba la de los espectadores de los teatros (unos ochenta mil todas las noches cuando los teatros se llenaban).

A la salida del teatro, en restaurantes que, por una u otra razón, eran griegos en su mayoría, los espectadores se mezclaban con los trabajadores que salían de sus turnos en el *New York Times*. Durante el día, esos mismos restaurantes daban de comer a oficinistas y artesanos, amén de a taxistas que se congregaban en ese punto a la hora de comer (había menús económicos para ellos). La concurrida escena contrastaba con el área cercana al Dirty Dick's Foc'sle Bar del centro por la tarde, que era en quintaesencia un interior, con un único grupo encerrado en sí mismo.

Fuera de los restaurantes había una masa humana igualmente mixta, noche y día, sobre todo durante los entreactos de los teatros, cuando los espectadores salían a fumar y eran presa de carteristas y drogadictos fuera de control. No había gran presencia policial en Times Square en aquellos días, y los asistentes a los teatros tenían que defenderse ellos mismos, charlando en grupo y sorteando a prostitutas y camellos.

Lo hacían haciendo gala de civilidad. Las amenazas de los drogadictos y prostitutas se solventaban no prestándoles atención de forma consciente. La gente tenía ese tipo de conversación, ligeramente forzada, ligeramente artificial, como si no hubiera ningún intruso al acecho. Y, más positivo aún, en los restaurantes, los clientes entremezclados se las arreglaban para que los impresores de los periódicos pudieran disponer de mesas vacías que los asistentes a los teatros, de noche, y los taxistas, de día, no ocupaban, si bien estos restaurantes griegos estaban por lo general tan llenos que las mesas libres eran escasas.

Estas son, al parecer, civilidades triviales. ¿Se pueden considerar habilidosas? Yo diría que estas urbanidades lo son, aunque no tuvieran un coreógrafo como Bayard Rustin. Las conversaciones forzadas en las aceras cuando acechaban los intrusos contrastaban, por ejemplo, con las evitaciones de la multitud que pululaba en torno a mi amigo herido Jamal; en Times Square, la gente actuaba teatralmente en lugar de alejarse.

Cuando salimos del Algonquin, fuimos a buscar el metro de la Séptima Avenida, a unas cuantas manzanas de distancia. Elias llevaba un sombrero —creo que era de fieltro— que lo hacía destacar de la multitud en un medio en el que normalmente los hombres no usaban sombrero. Cuando entramos en el metro, Elias preguntó a la taquillera unas direcciones del Alto Manhattan. Ella se las indicó con detalle, en un inglés con acento haitiano, de forma que no estuvo muy claro cuánto de todo ello había entendido Elias, aunque se levantó el sombrero en señal de cortesía, y ella inclinó la cabeza para agradecérselo.

Elias había practicado la civilidad.

NOTAS

INTRODUCCIÓN

¹ *Free Jazz*, Rhino Records, CD reeditado en 1998.
² Josiah Fiske (ed.), *Composers on Music: Eight Centuries of Writings: A New and Expanded Revision of Morgenstern's Classic Anthology*, Boston, Northeastern University Press, 1997, p. 271.

1. LA ACTUACIÓN Y EL RITUAL COEXISTEN CON INCOMODIDAD

¹ Victor Turner, «Symbols in African Ritual», *Science*, 16 de marzo de 1973, vol. 179, pp. 1100-1105.
² Hillel Halkin, *After One-Hundred-and-Twenty: Reflecting on Death, Mourning, and the Afterlife in the Jewish Tradition*, Nueva Jersey, Princeton University Press, 2016; Leon Wieseltier, *Kaddish*, Londres, Vintage, 1998. Recomiendo encarecidamente el esclarecedor libro de Wieseltier.
³ Walter Benjamin, «The Storyteller», *Illuminations*, trad. de H. Zohn, Nueva York, Shocken Books, 1969.
⁴ Cicerón, *De Oratore*, trad. de G. L. Hendrickson y H. M. Hubbell, Loeb Classical Libray, Cambridge (MA), Harvard University Press,

1939. (Hay varias ed. en esp., como, por ejemplo: *El orador*, trad. de Eustaquio Sánchez Salor, Madrid, Alianza Editorial, 2013.)

[5] Allen Ginsberg, *Kaddish and Other Poems*, 1958-1960, San Francisco, City Lights Books, 1967. (Ed. en esp.: *Kaddish*, trad. de Rodrigo Olavarría, Barcelona, Anagrama, 2014.)

[6] «Kaddish», de Allen Ginsberg, en *Programme*, Robert Kalfin (dir.), Chelsea Theater Center, Nueva York, 1972.

[7] *Ibid.*

[8] Richard Schechner, *Environmental Theater*, Nueva York, Hawthorn Books, 1973, *passim*.

[9] Leonard Bernstein, *Sinfonía n.º 3 «Kaddish»*, Boosey & Hawkes, 1963, rev. 1977.

[10] Gibson Kente, *The Call*, Pretoria State Theatre, Sudáfrica, 2003.

2. LA AMBIGÜEDAD MORAL DE LA ACTUACIÓN

[1] Jean Piaget, *The Construction of Reality in the Child*, Nueva York, Basic Books, 1954. (Ed. en esp.: *La construcción de lo real en el niño*, trad. de Rafael Santamaría, Barcelona, Crítica, 1989.)

[2] Donald W. Winnicott, *Playing and Reality*, Londres, Penguin, 1971, p.120. (Ed. en esp.: *Realidad y juego*, trad. de Floreal Mazía, Barcelona, Gedisa, 2013.)

[3] John L. Austin, *How to Do Things with Words*, Cambridge (MA), Harvard University Press, 1962; Roland Barthes, «The Death of the Author», en *Image Music Text*, trad. de Stephen Heath, Londres, Fontana, 1977.

[4] *Machiavelli and his Friends: Their Personal Correspondence*, trad. de J. B. Atkinson y David Sices, Dekab (IL), Northern Illinois University Press, 1996, pp. 262-265.

[5] Mi agradecimiento al director de orquesta Michael Tilson Thomas por descubrirme el mundo del teatro New York Yiddish. Para saber

más de su historia, véase Nahma Sandrow, *Vagabond Stars: A World History of Yiddish Theater*, Nueva York, Harper & Row, 1977.

[6] Denis Diderot, *Rameau's Nephew*, trad. de Richard Howard, Nueva York, Hill and Wang, 1971, p. 32. (Ed. en esp.: *El sobrino de Rameau*, trad. de Ana Patrón, Madrid, Nórdica, 2012.)

3. LA ACTUACIÓN MÁS PROBLEMÁTICA

[1] Aristóteles, *Poetics*, libro XXIV, trad. de S. Halliwell, W. H. Fyfe, D. A. Russell, D. Innes y P. Demetrius, Loeb Classical Library, Cambridge (MA), Harvard University Press, 1995, p. 63. (Ed. en esp.: *Poética & Magna Moralia*, trad. de David Hernández de la Fuente, Madrid, Gredos, 2016.)

[2] Citado en Thomas H. Huxley, *The Major Prose of Thomas Henry Huxley*, A. P. Barr (ed.), Athens (GA), University of Georgia Press, 1997, p. 357.

[3] Max Weber, *Sociology of Religion*, Boston, Beacon Press, 1963, p. 271; Max Weber y Stephen Kalberg, *The Protestant Ethic and the Spirit of the Capitalism*, Londres, Routledge, 2013. (Ed. en esp.: *Sociología de la religión*, trad. de Enrique Gavilán, Madrid, Akal, 2020.)

[4] Samuel T. Coleridge y John Shawcross, *Biographia Literaria*, vol. XV, Oxford, Clarendon Press, 1907. (Ed. en esp.: *Biographia literaria*, trad. de Gabriel Insausti, Valencia, Pre-Textos, 2010.)

[5] Citado en Jonathan Bate, *Radical Wordsworth: The Poet Who Changed the World*, New Haven, Yale University Press, 2020, p. 99.

[6] Theodor W. Adorno, «Freudian Theory and the Pattern of Fascist Propaganda», en G. Roheim (ed.), *Psychoanalysis and the Social Sciences*, vol. III, Nueva York, International Universities Press, 1951, pp. 408-433.

[7] Antonin Artaud, «The Theatre of Cruelty» en E. Bentley (ed.), *The Theory of the Modern Stage: An Introduction to Modern Theatre and Drama*, Londres, Penguin, 2008.

4. LOS TRES ESCENARIOS DE LA CIUDAD

[1] Richard Sennett, *Flesh and Stone: The Body and the City in Western Civilization*, Londres, Faber & Faber, 1994, pp. 61-66. (Hay traducción en español: *Carne y piedra: El cuerpo y la ciudad en la civilización occidental*, trad. de César Vidal, Madrid, Alianza, 2019.)

[2] Platón, *The Republic*, libro VII, Nueva York, Books Inc., 1943, 514a,2-520ª,7. (Hay varias ed. en esp., por ejemplo: *La República o el Estado*, trad. de Patricio de Azcárate, Madrid, Austral, 2011.)

5. EL ESCENARIO SE RETIRA DE LA CALLE

[1] Inigo Jones, citado en J. Laver, *Drama – Its Costume and Décor*, Londres, The Studio Publications, 1951, p. 76.

[2] Sebastiano Serlio, *Regole generali di architettura*, libro II, capítulo 3, trad. en Alois M. Nagler, *A Source Book in Theatrical History*, Nueva York, Dover Publications, 1959, pp. 73-81.

[3] *Ibid.*

[4] *Ibid.*

[5] Montesquieu, *Persian Letters*, carta 26, trad. de Margaret Mauldon, Oxford, Oxford University Press, 2008. (Ed. en esp.: *Cartas persas*, Madrid, Cátedra, 1997.)

[6] Richard Sennett, *The Fall of Public Man*, Nueva York, Knopf, 1977, pp. 141-149. (Ed. en esp.: *El declive del hombre público*, trad. de Gerardo Di Masso, Barcelona, Anagrama, 2011.)

[7] Charles Baudelaire, «Le Cygne», en *Les Fleurs du Mal*, John Tidball (ed.), Londres, Bishopston, 2016, p. 283. (Ed. en esp.: *Las flores del mal*, trad. de Carlos Pujol, Madrid, Austral, 2015.)

[8] Wolfgang Amadeus Mozart, *Cuartetos prusianos*, 21-23 (K575, K589, K590).

[1] Stephen Greenblatt, *Renaissance Self-Fashioning: From More to Shakespeare*, Chicago, University of Chicago Press, 2005. Un iluminador estudio por el que me siento muy en deuda aunque haya tratado el tema de un modo distinto.

[2] Aristóteles, *Problems*, vol. II, libros 20-38, *Rhetoric to Alexander (Problemata XXXI)*, ed. y trad. de R. Mayhew y D. C. Mirhady, Loeb Classical Library, Cambridge (MA), Harvard University Press, 2011. (Ed. en esp.: *Problemas*, trad. de Esther Sánchez Millán, Paloma Ortiz García y Carlos García Gual, Madrid, Gredos, 2016.) Véase asimismo Richard Burton, *The Anatomy of Melancholy*, Londres, Penguin, 2023. (Ed. en esp.: *Anatomía de la melancolía*, trad. de Alberto Manguel, Madrid, Alianza, 2015.)

[3] Giovanni Pico della Mirandola, *Oration on the Dignity of Man*, trad. de A. R. Caponigri, Washington D. C., Gateway, 2015, p. 7. (Ed. en esp.: *Sobre la dignidad del hombre*, trad. de Dangello Medina, Madrid, Aubiblio, 2024.)

[4] Ovidio, *Metamorphoses*, libro IV, Dallas, Spring Publications, 1989. (Ed. en esp.: *Metamorfosis*, trad. de Ely Leonetti, Madrid, Austral, 2000.)

[5] Jacob Burckhardt, *The Civilisation of the Renaissance in Italy*, trad. de S. G. C. Middlemore, Londres, Phaidon, 1950, p. 122. (Ed. en esp.: *La cultura del Renacimiento en Italia*, trad. de Teresa Blanco, Madrid, Akal, 2023.)

[6] William Shakespeare, *King Lear*, acto I, escena 2, Oxford, Clarendon Press, 1877. (Ed. en esp.: *La tragedia del rey Lear*, trad. de Vicente Molina Foix, Barcelona, Anagrama, 2023.)

[7] Carlo Goldoni, citado en P. L. Duchartre, *The Italian Comedy*, Londres, Dover Publications, 1996, p. 262.

[8] Peter Jordan, *The Venetian Origins of the Commedia dell'arte*, Londres, Routledge, 2014, p.71.

9 *Ibid.*

[10] Sobre el escenario isabelino, véase John Orrell, *The Quest for Shakespeare's Globe*, Cambridge, Cambridge University Press, 1983.

7. CAMBIO DE ATUENDO

[1] Richard Sennett, *Flesh and Stone: The Body and the City in Western Civilization*, Londres, Faber & Faber, 1994, pp. 225-226. (Ed. en esp.: *Carne y piedra: El cuerpo y la ciudad en la civilización occidental*, trad. de César Vidal, Madrid, Alianza, 2019.)

[2] Mary Douglas, *Purity and Danger: An Analysis of Concepts of Pollution and Taboo*, Londres, Routledge and Kegan Paul, 2002. (Ed. en esp.: *Pureza y peligro*, trad. de Edison Simons, Buenos Aires, Nueva Visión, 2007.)

[3] Philippe Ariès, *The Hour of Our Death*, trad. de H. Weaver, Nueva York, Knopf, 1981.

[4] A. David Napier, *Masks, Transformation and Paradox*, Berkeley, University of California Press, 1986, p. 9.

[5] Andrew Sofer, *The Stage Life of Props*, Ann Harbor, University of Michigan Press, 2003, pp. 32, 42-49.

[6] Max Weber, *The Sociology of Religion*, Boston, Beacon Press, 1963. (Ed. en esp.: *Sociología de la religión*, trad. de Enrique Gavilán, Madrid, Akal, 2020.)

8. EL ARTE DEL CARISMA

[1] Philippe Beaussant, *Le Roi-Soleil se lève aussi*, París, Gallimard, 2000, p. 151.

[2] *Memoirs of the Duc de Saint Simon, a Shortened Version*, 1691-1709, Nueva York, 1500 Books, 2007, p. 103.

[3] Jennifer Homans, *Apollo's Angels: A History of Ballet*, Nueva York, Random House, 2010.

⁴ Heinrich von Kleist, «On the Marionette Theatre». He usado la excelente traducción al inglés de Idris Parry: <https://southerncrossre view.org/9/kleist.htm>.

⁵ «Uber das Marionettetheater von Heinrich von Kleist», trad. de Kevin J. M. Keane: <https://15orient.com/files/kleist-on-the-mario nette-theatre.pdf>.

⁶ Citado en Julie Kavanagh, *Secret Muses: The Life of Frederick Ashton*, Londres, Faber, 2004.

9. EL TEATRO DE LOS VENCIDOS

¹ <https://www.youtube.com.watch?=DgG177q2XTk&feature= youtube>.

² Herbert Marcuse, *One-Dimensional Man: Studies in the Ideology of Advanced Industrial Society*, Londres, Routledge & Kegan Paul, 1964. (Ed. en esp.: *El hombre unidimensional*, trad. de Antonio Elorza, Madrid, Austral, 2016.)

³ Henry James, *The Ambassadors*, libro V, capítulo 2, Nueva York, Harper, 1903. (Ed. en esp.: *Los embajadores*, trad. de Miguel Temprano, Clásica Maior, Barcelona, Alba, 2022.)

⁴ Richard Sennett y Jonathan Cobb, *Hidden Injuries of Class*, Londres, W. W. Norton & Company, 1993.

⁵ Aristóteles, *Poetics*, trad. de S. Halliwell, W. H. Fyfe, D. A. Russell, D. Innes y P. Demetrius, Loeb Classical Library, Cambridge (MA), Harvard University Press, 1995. (Ed. en esp.: *Poética*, trad. de Alicia Villar, Madrid, Alianza, 2013.)

⁶ Thomas J. Scheff, «Catharsis and Other Heresies: A Theory of Emotion», *Journal of Social, Evolutionary and Cultural Psychology*, vol. I, n.º 3, 2007, pp. 106-ss. Véase también *Catharsis in Healing, Ritual and Drama*, Berkeley, University of California Press, 1979.

10. EL TEATRO DEL MIEDO

Se grabó un vídeo que muestra la vista general de este encuentro
con António Guterres, secretario general de las Naciones Unidas, Rowan
Williams, antiguo arzobispo de Canterbury, yo mismo y dos estudiantes activistas: <https://www.youtube.com/watch?v=bvYczf9LLVU>.

Erik Conway y Naomi Oreskes, *Merchants of Doubt: How a
Handful of Scientist Obscured the Truth on Issues from Tobacco Smoke to
Global Warming*, Nueva York, Bloomsbury USA, 2010. (Ed. en esp.:
*Mercaderes de la duda: cómo un puñado de científicos ocultaron la verdad
sobre el calentamiento global*, trad. de José Manuel Álvarez Flórez, Ma-
drid, Capitán Swing, 2018.)

Jennifer Mitzen, «Anchoring Europe's Civilizating Identity:
Habits, Capabilities and Ontological Security», *Journal of European
Public Policy*, vol. 13, n.º 2, pp. 270-285.

Eric R. Dodds, «On Misunderstanding the "Oedipus Rex"»,
JSTOR, *Greece and Rome*, 2.ª serie, vol. 13, n.º 1, 1966, pp. 37-49.

Cicerón, *The Nature of the Gods*, libro II, parte 2, sección C,
trad. de P. G. Walsh, Oxford, Oxford University Press, 2008. (Ed. en
esp.: *Sobre la naturaleza de los dioses*, trad. de Ángel Escobar, Madrid,
Gredos, 2022.)

11. EL ESCENARIO SE UNE A LA CALLE

Richard Sennett, *The Craftsman*, New Haven, Yale Unviersity
Press, 2009. (Ed. en esp.: *El artesano*, trad. de Marco Aurelio Galma-
rini, Barcelona, Anagrama, 2021.)

Leo Beranek, *Concert Halls and Opera Houses: Music, Acoustics
and Architecture*, Nueva York, Springer, 2004.

<https://www.lse.ac.uk/sociology/assets/documents/Cities-
News-2012-2.pdf>, <https://lsecitiesstudio5.wordpress.com>.

317

⁴ Alexander Pope, *An Epistle to the Right Honourable Richard Earl of Burlington, Epistle IV*, Londres, impreso para L. Gilliver, 1731.

⁵ Tadao Ando, conversación con R. S.

⁶ Georg Simmel, «"Die Großstädte und das Geistesleben" (The Metropolis and Mental Life)» en Richard Sennett (ed. y trad.), *Classic Essays on the Culture of the Cities*, Nueva Jersey, Prentice Hall, 1969, p. 36.

⁷ Roland Barthes, *Empire of Signs*, Londres, Anchor Books, 1983. (Ed. en esp.: *El imperio de los signos*, trad. de Adolfo García Ortega, Barcelona, Seix Barral, 2007.)

⁸ Roland Barthes, *Empire of Signs*, trad. de Richard Howard, Nueva York, Hill and Wang, 1982, p. 36. (Ed. en esp.: *El imperio de los signos*, trad. de Adolfo García Ortega, Barcelona, Seix Barral, 2007.)

12. LOS CUERPOS COOPERAN

¹ Roland Barthes, «Musica Practica» en *Image Music Text*, trad. de Stephen Heath, Londres, Fontana Press, 1977, pp. 149-154.

² Eugen Herrigel, *Zen in the Art of Archery*, Londres, Pantheon Books, 1953. (Ed. en esp.: *Zen en el arte del tiro con arco*, trad. de Juan Jorge Thomas, Madrid, Gaia Ediciones, 2022.)

³ Angus Trumble, *A Brief History of the Smile*, Nueva York, Basic Books, 2.ª ed., 2005, pp. 50-55.

⁴ <https://www.youtube.com/watch?v=jMj-EVi5T-k>.

13. EL INTÉRPRETE INVENTA

¹ Si se desea saber más acerca de estos *riffs*, puede consultarse, como hicimos en nuestra producción, el excelente trabajo de Richard Wistreich «Monteverdi in Production», en John Wenham y Richard Wis-

treich (eds.), *The Cambridge Companion to Monteverdi*, Cambridge, Cambridge University Press, 2007, pp. 251-279.

[2] Ígor Stravinski, *An Autobiography*, Nueva York, W. W. Norton & Company, reeditado en 1998, p. 134.

[3] Véase el excelente texto de Eva Resnikova, «The Mistery of Perpsichore, Balanchine, Stravinsky and "Apollo"», *New Criterion*, septiembre de 1983, p. 24.

[4] Citado en Ígor y Vera Stravinski, *A Photograph Album: 1921 to 1971*, Nueva York, Thames and Hudson, 1982, pp. 13-14.

14. CONFRONTACIÓN

[1] John B. Halsted, «Percey Bisshe Shelley: "A Defense of Poetry"» en John B. Halsted (ed.), *Romanticism*, Londres, Palgrave Macmillan, 1969.

[2] William Sennett, «Communist Party Official, Communist Functionary and Corporate Executive, Individual Memoirs in Goverment and Politics», texto mecanografiado de una historia oral realizada en 1980-1997, Catálogo II, Regional History Office, The Bancroft Library, Berkeley, University of California Press, 1984, IV, p. 401.

[3] Octavio Paz, *The Labyrinth of Solitude: Life and Thought in Mexico*, Nueva York, Grove Press, 1961, pp. 18-23. (Hay múltiples ed. en esp., por ejemplo: *El laberinto de la soledad*, Madrid, Cátedra, 2015.)

[4] John d'Emilio, *Lost Prophet: The Life and Times of Bayard Rustin*, Nueva York, Free Press, 2003.

[5] Richard Sennett, *Authority*, Nueva York, Knopf, 1980.

[6] Tania Bruguera, *10.148.451*, Tate Modern Exhibition, <https://www.tate.org.uk/whats-on/tate-modern/hyundai-commission-tania-bruguera>.

ÍNDICE